NGO與顏色革命

Helping or Hurting

艾倫‧希拉瓦斯特瓦
(Arun Shivrastva)
等著

NGO：天使還是打手？

台灣大學政治學系教授　張亞中

非政府組織是一個客觀的公正參與者？

　　非政府組織（NGO）雖然早已存在，但是隨著冷戰的結束，NGO以一個重要的「全球治理者」角色，登上了國際政治舞台。

　　聯合國祕書長蓋里（Boutros Boutros-Ghali）在1992年就這麼說：「絕對與排他的主權時代已過去了」。一個「全球社會」的時代已經取代了「國際社會」。這表示，參與或影響著全球互動的，已經不再是以國家為主體。以前由國家為中心的治理體系逐漸受到考驗與威脅，國家或政府不再能單獨、有效地處理政治、經濟、社會、文化、環境的問題。

　　除了國家以外，還有哪些單位也參與了全球治理的事物？聯合國「全球治理委員會」是這麼認為：「治理一直被視為政府間關係，但是現在必須包括非政府組織（NGO）、公民運動（citizens' movements)、多國公司（multinational corporations, MNCs），以及全球資本市場（global capital market），它們均與具有廣泛影響力的全球傳播媒體相互作用」。簡單的說，目前參與國際事務，每個國家在內部治理時，都面臨到國際政府間組織、非政府組織、多國／跨國公司、資本主義市場、全球傳媒、跨國公民運動等「多行為者」（multi-actor）的影響。

　　在這些「非國家行為者」中，毫無疑問，NGO的角色與功能是最具有爭議性的。它們打的是公益與人權的名稱，舉的是民主與自由的旗號，但是它們到底是人類的天使，還是西方的打手？它們實踐的是「西方價值與國家利益」還是「普世價值與人民福祉」？

這些包括NGO在內的「多行為者」代表誰的利益？從表面上來看，每個行為者都是個主體，有自己的理念，有自己的目標。但是我們如果把以上行為者分成兩類，一類是以「民族國家」為基本，例如國家本身、國際政府間組織、國際建制（International Regime），它們可以算是「民族國家的家族」，這一類的行為者當然是以國家利益為思考，國家在裡面扮演著絕對的主導角色。另外一類可以歸類為「非國家行為者」。非政府組織、全球資本主義市場、多國公司、全球傳媒、跨國公民運動均屬於這一類。但若再深入了解，哪些人或國家主導了這些「非國家行為者」？非洲、拉美、亞洲國家的人可能嗎？絕大多數還是西方強權國家的人、公司、政府操控著這些組織。這些人、公司、政府在思考問題、做決策時，不會受到自己原有文化、國家利益的影響？當然是不可能的。

因此，我們可以清楚的得出一個結論，即所謂的「全球治理」，其本質其實還是「國際治理」，更進一步說，是「大國治理」，甚而有些議題，可以稱之為「美國治理」。全球化固然影響到每個國家對本身事物的治理能力，但是這只是對小國權力的侵蝕，對於西方的大國而言，全球化反而是他們治理能力的擴大與提升，他們可以透過國際組織、政府間組織、國際建制、非政府組織、全球資本主義市場、全球傳媒、跨國公民運動，來傳播他們的價值理念，運用這些有形的機制來貫徹他們所需要的利益。

因此，如果我們認為NGO是一個超越國家、放眼全球，追求普世價值與人民利益的組織，這個認知就有問題了。或許有少數NGO的確有此認識，但是絕大多數的NGO其實是在貫徹西方價值理念、為西方大國謀取國家利益的工具而已。

NGO的「本來面目」及實際作為

本書《NGO與顏色革命》，由八位知名的學者專家，就其研究觀察，提供案例以彰顯非政府組織的「本來面目」，也清楚地對若干NGO的工作做了深入的剖析，讓讀者了解到其所作所為並非如其組織名稱所呈現的美好、正義。

本書提到，美國「國際開發署」表面上是透過援外以促進國際的合作，但是從該署人員的工作及對私人事務進行了解，並與美國情報機構的反恐資料庫進行交叉比對，可以看到，這個組織其實在為美國的外交、安全而服務。

南亞地區目前面臨普遍貧困、貧富兩極化、環境災難和社會衝突等問題時，有不少國際非政府組織和本地非政府組織在該地區長期活動。本書也提到，接受外國資助的本國非政府組織，其實卻在暗中加劇教派衝突，並為外國出資方的特殊商業利益或政治目的服務，嚴重擾亂了南亞諸國國內的民主制度與政治體系。

本書也述及，西方教會對全球政治事務的無孔不入。布希政府公開違反政教分離原則，提供資金以推動「基督教福音派運動」在非洲進行激進的NGO活動。在整個非洲，基督教右翼、五角大樓、私人軍事承包商與西方企業形成聯盟，而其結果是進一步激化了教派間的衝突。

本書提到，烏克蘭的暴力抗議正是由外國資助的「慈善機構」在後面促成。「阿拉伯之春」的背後也是美國國務院的專案計畫。該專案培訓中東地方激進主義者，以非政府組織的方式出現，其目的在推翻現有政權。但是，「阿拉伯之春」並沒有給阿拉伯帶來民主與和平，反而是引發了災難性的後果。「穆斯林兄弟會」的興起，緊隨其後的埃及軍事政變以及極端武裝組織在中東的蔓延，都使得中東產生更大的不安。

本書也提到，美國中央情報局的特工們挪用美國運往巴爾幹地區的捐贈物資，除了向叛離的武裝組織和民族武裝分子祕密送交武器外，NGO還經常以教唆者的身份，與組織犯罪集團聯合起來煽動分裂國家的族群衝突。一個與多位美國總統關係密切的知名NGO，就曾經捲入把感染愛滋病病毒的血漿運到飽受戰爭蹂躪的巴爾幹地區，造成當地民眾感染愛滋病病毒。

本書又稱，在策劃第二次海灣戰爭時，美國國防部把援助組織「嵌入」軍方指揮和控制系統。多數大型國際援助機構都採取了合作態度，而那些反對嵌入的獨立且公正的非政府組織或者被裁撤，或者遭到了「國家

安全局」和地方軍事情報機構的滲透。在伊拉克戰爭中，這一整合政策卻釀成了災難性的後果，一些NGO被反政府武裝認定為參與了鎮壓行動，而受到牽連。

本書也談到「國際特赦組織」的負面形象。在1982年以色列入侵黎巴嫩、北愛獨立者遭受英國迫害、波多黎各獨立運動遭鎮壓，以及南非種族隔離政權嚴重犯罪等多個歷史事件中，曾任「國際特赦組織」的人員說，該組織「長期以來卑鄙的不作為」。

本書指出，100多個國家政府支持成立國際刑事法庭（ICC）的背後卻是由財團支持的NGO。儘管ICC負有監控全球人權事務的職責，但是ICC卻過度集中逮捕非洲黑人國家元首。其中一個重要原因就是，ICC背後的NGO支持者，代表的是美國各大基金會，這些基金會包括覬覦非洲礦產資源和採礦權的索羅斯，和一切以經濟利益為考量的羅斯柴爾德企業集團。

本書也提到，聯合國兒童基金會是由卸任的美國前總統赫伯特·胡佛及屬下莫瑞斯·佩特（Maurice Pate）所創立。而佩特個人的歷史紀錄實在不堪，他曾運營過一個支持納粹德國占領波蘭的援助項目。聯合國兒童基金會可以說是聯合國最為重要的一個機構之一，而美國對該基金會的壟斷，使得該機構已成為情報部門和參與非法疫苗接種和祕密人口控制行動的西方製藥企業的一個工具，這在非洲和南亞尤為如此。

本書還對於「透明國際」、「國際調查記者聯盟」、「卡內基國際和平基金會」、「人權觀察」、「歐亞基金會」、「慈善軍團」、「自然保護協會」的背景，以及它們的一些所作所為，做了清楚的描述。

從本書所提供的案例，可以清楚地了解到，NGO的立場並不完全如其所標榜的清白、慈善與公義。國內NGO與國際NGO有時會結盟，以落實西方大國所希望達成的目標。

另提供一例：「無國界記者組織」的本質及行為

做為本書的推薦者，願意舉一個本書沒有提到的，但是與兩岸有關的

NGO「無國界記者」組織（Reporters sans frontières，縮寫：RSF，英語：Reporters Without Borders）。這個組織在2017年4月7日發布新聞，要把其亞洲總部設立於台北。民進黨的蔡英文當然喜出望外，行政院發言人徐國勇也喜形於色地宣稱：「無國界記者組織（RSF）是致力保護記者免受迫害、促進新聞自由的國際非政府組織，在聯合國教科文組織（UNESCO）及歐洲委員會具諮詢地位，……無國界記者駐紮台北，就是對台灣人權保障和言論自由的肯定。」事實真的如此嗎？這到底是一個什麼樣的組織？

RSF其實早在2012年就被驅逐出聯合國教科文組織。RSF的問題，究竟出在哪裡？為何一個打著捍衛新聞自由名號的堂皇組織，在國際社會卻是惡名昭彰，飽受爭議？

RSF的創辦人是羅伯·梅納（Robert Ménard），自創辦開始到2008年之前，他是一直主掌這個組織的靈魂人物。梅納後來被揭露與專制的卡達王國簽下巨額合約，同時又被迫承認透過「自由古巴中心」（Center for a Free Cuba）長期領取美國國際發展局（USAAID）的捐助，「自由古巴中心」的領導人叫做弗蘭克·卡爾詹（Frank Calzon），是個掛牌的CIA幹員。美國女記者巴拉赫娜（Diana Barahona）經過長期的調查，指出無國界記者不僅長期接受美國國家民主基金會（National Endowment for Democracy，簡稱NED）和中央情報局（CIA）的支助，無國界記者所做的人權報告也要經過美國政府的指引和審核。「誰付錢，誰決定」，這是國際NGO的潛規則，RSF遵守無誤。

至於NED和CIA的關係，美國「國家民主基金會」首任主席亞倫·維恩斯坦（Allen Weinstein）的說法最為傳神，他曾經在《華盛頓郵報》上招認：「我們今天所做的大部分工作，20年前是由CIA偷偷摸摸地做。」

那麼，什麼是CIA過去必須暗中從事的勾當呢？《華盛頓郵報》在1967年所報導過的一椿CIA醜聞大致可以作為代表：以美國的國家預算，在國外支助親美的文化團體、工會、媒體、個別政治明星以及知名的知識分子。在冷戰時期，美國總統詹森也承認，華盛頓方面為了「防堵蘇聯的意識形態影響力」，他們不得不採取一些祕密的行動，透過祕密的管道，

以便將顧問、設備和資金投入歐洲各國，支援某些媒體和政黨。

　　CIA於1960年代和1970年代在拉丁美洲興風作浪，鼓動、策劃軍事政變（其中以1964年暗算巴西總統古拉特和1973年謀害智利總統阿葉德的行動最為經典），引起國際社會的譴責，也在第三世界招致重大反彈。美國參議院不得不在1975年對CIA在國外的胡作非為和軍事上的罪行展開調查。自此，情報局在海外的活動從此化明為暗，「美國政治基金會」（APF）就是在這樣的背景下，於1979年成立的。從此，也開展了以國家預算挹注民間基金會的工作模式。

　　1983年，雷根總統簽署了一項名為「NSDD77」祕密指令，要求美國的外交、軍事活動，「必需緊密地與企業界、工會組織、大學、慈善機構、政黨、媒體結合」。雷根的祕密指令，到今日依然有效，而且發展越來越完熟，幾乎已成為美國對外活動的巧門與法門。歐洲方面早就對美國以NGO之名擴張其地盤和影響力的作法相當不滿，紛紛透過媒體的揭露予以警告；俄羅斯和中國大陸方面更是已針對某些「可疑」的國際NGO進行監控。在台灣，由於美國的勢力無所不在，根本不可能有任何的戒心，對於官方外圍組織的長驅直入，甚至展開雙臂，熱情擁抱。

　　在2008年之前，RSF的主力都放在拉丁美洲，尤其是盯緊了古巴、委內瑞拉等幾個讓美國頭痛的國家，傾力支助反對陣營，攻擊這些國家的左翼政權。拉美的媒體直言指控：「RSF根本就是CIA的工具」。

　　其實，即使不算額外的捐助，法國政府每年給RSF的補助就有兩百萬歐元，但是，其中卻只有7%被用來執行救助受壓迫記者的任務，其主要的活動開銷，多用來對抗海地、古巴、委內瑞拉等拉丁美洲的左翼政權。

　　2012年3月8日，教科文組織執委會經過正式決議，撤除RSF在UNESCO的參與執行國際NGO事務的地位，理由是RSF違背「新聞倫理」，其「工作方法」尤其令人質疑。

　　RSF宣布要到台灣設立亞洲總部，蔡英文大喜過望，認為在她主政之下，台灣的自由民主成就獲得國際社會的高度肯定。然而，台灣與RSF之間的合作，其實早就開始。2007年1月28日，RSF的負責人羅伯・梅納曾

親自來到台北。為何而來？很簡單：總統陳水扁透過「民主基金會」，給了這個組織10萬美元，梅納親自來領取。

那時候，陳水扁和吳淑珍的貪瀆案已經爆發，梅納依然不吝稱許台灣是「亞洲人權最佳的典範」。而在拿到台北的經費之後，很快就創立了一個國際網站，以揭發中國大陸違反人權的事件作為宗旨。

2008年國際奧運在北京舉行，這是中國大陸的頭等大事。但是，當年3月24日，就在聖火準備從雅典啟程傳送到北京的儀式上，梅納同夥兩位RSF的人員突然衝進會場，展示控訴中國大陸人權的大布條，引發現場一片騷動。梅納當時還公開宣告，在北京奧運舉辦之前，類似的行動，將會持續展開。

於今，RSF即將到台北設立亞洲總部，蔡英文政府或許已經給了某些承諾，依據過去慣例，當局給予的捐助也不會是太小的數額。但是，如果RSF在台北鎖定的攻擊目標是中國大陸政權，那麼，它在拉美所引發的諸多事端，恐怕也難免在亞洲重演。

背後的深層文化因素

本書在結論中提到，現存的非政府組織體系正嚴重挑戰新興的多極化國際體系。許多傳統上富裕且擁有特權的「捐贈國」都曾是殖民主義大國。傳統殖民主義強權一直在試圖對「受援國」施加不當的政治影響並操縱其國內事務，旨在通過建構為西方企業聯盟精英所控制的高度協調的NGO群體，以取代主權國家的本國政府在社會服務、核心基礎設施、通訊和國家安全領域所扮演的傳統角色。我們應該如何理解這些由西方所主導或支助的非政府組織？我想從文化因素來談談，為何西方大國會認為他們所做的都是有意義、都是對的。

西方文化的基礎是基督教的精神及論述。整體來說，基督教展現的是一個雙元的世界。從上帝創造人類開始，上帝與人就處於二元的對立，彼此無法交換。西方善惡、是非的標準，也是二元的對立。在這種二元的思維下，人必須接受上帝的洗禮才能成為一個善的人，而西方從十字軍東征

到宗教戰爭，總是認為自己是站在神及善的一邊。從航海大發現到全球的殖民，傳播福音、讓非基督教文化改邪歸正是西方深層的道德訴求。

在這種善惡二元論的思維下，永遠有正義的使者在替天行道，傳送西方的價值是一項美德，接受西方文明價值就是接受福音。這種西方文明優越論主宰了近三百年的世界。「基督教文明」的善惡二元論、「物競天擇」的強者哲學、「資本主義」的擴張正當論構成了西方文明話語體系的重要內涵，西方認為他們是在幫助第三世界國家找到正確的「價值觀」。隨著器物文明的強大，西方可以界定什麼是「善的價值體系」，西方可以詮釋什麼是「帝國」、「文明」、「正義」、「民主」、及「和平」。

西方基督教文明大國，就是用這樣的二元心態來看他們與其它非西方國家的關係。在他們眼中，NGO只是落實其「道德價值理念」的一個工具與路徑而已。因而，他們願意在背後支持NGO，讓他們為西方基督教的價值而服務，當然，其最後結果，也照顧到了西方的國家利益。

在這些看法上，中華文化與西方文化的認知是有差別的。中華文化接受了佛教的一些思維，首先是「人」與「佛」間是可以置換的。「人人可以成佛」，代表著人與人的「眾生」平等，不是人皆為造物者所創造的「天賦人權」的平等。佛家與道家的思想提供了「安天命」的精神基礎，與西方的「物競天擇」形成了強烈的對比。佛家思想強調「善惡在一念之間」，每一個國家，正如同每一個人，不全然是善的。佛教判斷價值的標準不僅在於做了什麼，更在於當時的「心念」為何？從這個標準來看，西方近百年來的擴張行為，包括最近美國在全球事物的介入，透過NGO，到底是為了人權、和平，還是本身的國家利益、資本家的利益？美國決策者知曉、被介入者其實也知曉。

儒家認為，得到救贖並不是向上帝懺悔，而是要「三省吾身」。西方文明只有在面對上帝時才懂得謙卑，但是中華文化卻強調「反求諸己」。西方文明經常強迫對方接受西方的價值，而中華文化卻強調「尊重和諧」。西方文明中的「優勝、物競天擇」，中華文明的回應卻是「己所不欲，勿施於人」。西方資本主義不斷掠奪資源、人定勝天，中華文明卻主

張要「適可而止」、「天人合一」。

　　西方文化裡面有些東西是好的，例如對人的尊重，強調平等、自由等普世價值，問題在於當這些理念與國家利益結合時，好的價值就成了文化霸權的一些說詞或工具。在善惡二元論、物競天擇與資本主義的向外擴張核心依據下，西方往往將他們所信仰的價值與自己的利益結合，強加於其它文化與民族，NGO、全球傳媒、跨國公民運動、跨國／多國公司也就成為西方大國的馬前卒。

　　在面對西方大國企圖透過NGO等軟實力在中國大陸發揮影響力時，除了要揭發NGO的本來面目及實際企圖以外，更要有能力在思想論述上取得主導，也就是要建立「軟實力」的論述。中國大陸目前在崛起過程中，應該從哲學層面重新整理一套中華文化的世界觀、秩序觀、價值觀。中國大陸的責任並不是要取代西方的文明價值，而是提醒西方他們的文明價值會出現什麼樣的問題，告訴西方為何中華文明的若干價值可以豐富或補強西方的文明。也只有在這樣的基礎下，才能從根本上讓NGO有所反省，有所節制，甚而轉而明瞭NGO應有的本質及目標。

目錄

03 **導讀** NGO：天使還是打手？／台灣大學政治學系教授　張亞中

14 **作者介紹**

17 **章節摘要**

22 **前言一** 利他主義的政治覺醒／安德魯·考瑞博克（Andrew Korybko）

25 **前言二** 追憶艾倫·希拉瓦斯特瓦（Arun Shivrastva）

30 第一章 暗度陳倉——動搖德國與歐盟的「大規模難民武器」
／西爾維婭·蓋爾梅克（Silvjia Germek）

79 第二章 笑裡藏刀——為情報機構服務的美國國際開發署
／韋恩·麥德森（Wayne Madsen）

92 〔案例附錄〕 美國國際開發署——為外交政策服務賄買公民社會
／島津洋一（Yoichi Shimatsu）

100 第三章 反客為主——西方勢力在南亞次大陸的馬前卒
／艾倫·希拉瓦斯特瓦（Arun Shivrastva）

120 〔案例附錄〕 西方教會的無孔不入
／島津洋一（Yoichi Shimatsu）

126 第四章 無中生有——西方妖魔化俄羅斯對非政府組織的管理
／德米特里·拜奇（Dimitri Babich）

135 〔案例附錄〕 阿拉伯之春埋葬了民主化進程
／島津洋一（Yoichi Shimatsu）

140 第五章 瞞天過海——帝國主義在前南斯拉夫地區的暗戰
／西爾維婭·蓋爾梅克（Silvjia Germek）

149　〔案例附錄〕　為戰爭服務的「嵌入式」人道主義救援組織
　　　　　　　　／島津洋一（Yoichi Shimatsu）

156　第六章　假痴不癲──大赦國際對西方侵犯人權行為視而不見
　　　　　　／法蘭西斯・A・波義耳（Francis A. Boyle）

166　〔案例附錄〕　國際刑事法庭定點清除非洲國家首腦
　　　　　　　　／艾倫・希拉瓦斯特瓦（Arun Shivrastva）

171　第七章　偷樑換柱──美國陰影下的聯合國兒童基金會
　　　　　　／島津洋一（Yoichi Shimatsu）

189　〔案例附錄〕　主要國際性非政府組織的背景
　　　　　　　　國際調查記者聯盟（International Consortium of Investigative Journalists - ICIJ）／透明國際（Transparency International - TI）／自然保護協會（Nature Conservancy）／國際美慈組織（Mercy Corp）／卡內基國際和平基金會（Carnegie Endowment for International Peace）／人權觀察（Human Rights Watch - HRW）／歐亞基金會（Eurasia Foundation - EF）

209　結論　國中之國──亟需改造的全球殖民體系下的非政府組織
　　　　　／希爾維婭・蓋爾梅克（Silvija Germek）與島津洋一（Yoichi Shimatsu）

246　後記　「顏色革命」後世界各國規範非政府組織立法的兩次高潮與特點／勞倫特・王（Laurent Wang）

266　附錄　相關非政府組織與機構目錄及簡介

作者介紹

艾倫‧希拉瓦斯特瓦（Arun Shivrastva，1940-2015）

　　艾倫‧希拉瓦斯特瓦（Arun Shivrastva）是資深的農村社區發展顧問與《南亞資源管理》（Resource Management in South Asia）的主編，透過近距離審視數千家在印度次大陸從事減貧、種姓平等、女性權利、宗教自由與環保等活動相關的非政府組織，深度分析了西方積極參與南亞地區的非政府組織活動和提供大量援助資金的政治目的。本書第三章與部分結論由艾倫‧希拉瓦斯特瓦（Arun Shivrastva）撰寫。

島津洋一（Yoichi Shimatsu）

　　島津洋一（Yoichi Shimatsu）曾任東京《日本時報》及三藩市《太平洋新聞中心》的主編、編輯和記者，同時也是香港大學和北京清華大學新聞學院的創始教員。911事件爆發前後，島津洋一曾領導唯一一支外國獨立新聞報導隊伍在喀什米爾實際控制線兩側及巴基斯坦的普什圖（Pashtun）邊境地區進行採訪活動。他製作的《出逃的噶瑪巴》影片首次對於藏傳佛教不同教派之間的激烈分歧進行了新聞性的闡述，藏傳佛教內其他教派反對達賴喇嘛企圖個人完全主導這一被放逐的社區，但這一事實往往外界與西方媒體所忽視。本書第七章、部分結論與所有的案例附錄內容均由島津洋一（Yoichi Shimatsu）撰寫。

迪米特里‧拜奇（Dimitry Babich）

　　迪米特里‧拜奇（Dimitry Babich）畢業於莫斯科大學（MGU）新聞系。他曾任《共青團真理報》記者，該報的日發行量達2,200萬份。隨後，他成為俄羅斯多個電視臺的議會記者，包括TV6 和 RenTV。後來，他出任《莫斯科新聞週刊》的外籍編輯。在2003年至2015年間，他因在半島

電視臺、英國廣播公司和伊朗新聞電視臺上的新聞評論而為國家社會所熟識。與此同時，他還是俄羅斯國際新聞通訊社的國際政治分析師。拜奇現任史波尼克（Sputnik）廣播英語頻道的政治分析師。本書第四章由迪米特里・拜奇（Dimitry Babich）撰寫。

法蘭西斯・A・波義耳（Francis A. Boyle）

法蘭西斯・A・波義耳（Francis A. Boyle）是伊利諾大學法律學院的法學教授。大赦國際美國分支曾選舉他於1988年至1992年連任兩屆董事。本書第六章由法蘭西斯・A・波義耳（Francis A. Boyle）撰寫。

西爾維婭・蓋爾梅克（Silvjia Germek）

西爾維婭・蓋爾梅克（Silvjia Germek）出生於克羅埃西亞，並在此成長，青年時代移居美國德克薩斯州的達拉斯從事醫學工作。1990年代末，當美國和北約以人道主義的名義對前南斯拉夫地區進行軍事干預時，蓋爾梅克（Silvjia Germek）組織了一支完全由女性構成的小規模醫療援助機構，這是當時在前南戰區中唯一為民族衝突各方都能接受的有效的醫療援助機構。

而正是在她組織的援助活動中，她逐漸發現了西方帝國主義掩藏在人道主義援助的面具下的另一面，也由此發現了自己在這場暗戰中所被指定的角色。目前她正在研究和寫作關於心理干預行動起源方面的論著。本書第一章與第五章由西爾維婭・蓋爾梅克（Silvjia Germek）撰寫。

韋恩・麥德森（Wayne Madsen）

韋恩・麥德森（Wayne Madsen）現為關注情報題材的專業政治作家。麥德森著有多本關於非洲和東南亞地區主要國際衝突的書籍，尤其是關注外國情報機構在其中的作用。他著有《韋恩・麥德森報告》一書揭露了大量西方情報機構的祕密活動，以及關於美國總統巴拉克・歐巴馬的非官方傳記《總統之路》，揭露了歐巴馬家族與美國中央情報局的關係。本書第二章由韋恩・麥德森（Wayne Madsen）撰寫。

安德魯‧考瑞博克（Andrew Korybko）

安德魯‧考瑞博克（Andrew Korybko）是莫斯科國立大學的國際關係問題專家，其主要研究領域是東歐與中東問題，長期為數家刊物與新聞網站撰寫專欄與文章。

勞倫特‧王（Laurent Wang）

勞倫特‧王是一位活躍在歐洲的資深非政府組織活動家。此前，他有多個領域的從業經歷，包括學術型智庫、政府機構和私人部門等。他在非政府組織內部治理機制領域貢獻良多，而且接觸過多家重要的非政府組織。

章節摘要

前言一　利他主義的政治覺醒

　　本文是安德魯・考瑞博克為本書所作的前言，主要說明本書寫作的初衷與過程，作為本書聯合編輯艾倫・希拉瓦斯特瓦與島津洋一的年輕摯友，他瞭解本書創作的整個過程。

前言二　追憶艾倫・希拉瓦斯特瓦（Arun Shivrastva）

　　本文旨在追憶已故的書籍概念發起者與作者艾倫・希拉瓦斯特瓦，由四位從事相關領域工作與艾倫共事的專家撰寫以悼念艾倫的生平與事蹟。

第一章　暗度陳倉──動搖德國與歐盟的「大規模難民武器」

　　老歐洲正處於風雨飄搖之中，來自中東與非洲數以百萬計的難民從從土耳其出發席捲歐洲，希臘成為了整個歐洲的阿基里斯之踵，難以計數的婦孺老少亡命於地中海，顛沛流離於歐洲平原；基督教與伊斯蘭教、世俗化民主社會與宗教極端主義，富足與混亂，歷史恩怨與現實利益，矛盾與衝突在此交織。伴之以從倫敦到巴黎再到布魯塞爾的恐怖襲擊事件，老歐洲在瑟瑟發抖，恐懼彌漫社會，中東在水深火熱之中，無辜者死於碎礫之中。這一切是如何發生的，又是誰能從中謀利？

第二章　笑裡藏刀──為情報機構服務的美國國際開發署

　　美國前總統大衛・艾森豪曾對「軍事工業複合體」提出警告，而這一複合體曾經主導了冷戰時代。而今「軍事工業複合體」已經被華盛頓、倫敦和巴黎興起的「苦難情報複合體」所取代，這一新的複合體借助「保護責任」塑造了「人道主義干預」的新時代。這一戰略方針的演變定義了外交、國防和監控三者之間的關係，並且從根本上把「非政府組織」從社會動員和建國事業的偶發源頭變成了一線代理人，支持美國和北約聯合控制發展中國家和地區。

〔案例附錄〕 美國國際開發署——為外交政策服務賄買公民社會

案例研究了美國國際開發署的新規定，即要對非政府組織援助工作人員的工作及私人事務進行審查，並與美國情報機構的反恐資料庫進行交叉比對。美國正按照基於外交、開發和國防三者協調的美國新和解戰略對非政府組織部門進行重組，而這一安全專案是重組工作的一部分。

第三章　反客為主——西方勢力在南亞次大陸的馬前卒

印度次大陸（或南亞）地區位於喜馬拉雅山脈南部，包括阿富汗、巴基斯坦、印度、尼泊爾、孟加拉和不丹六個國家。從社會文化和地理角度來看，斯里蘭卡也屬於南亞國家。另外，坐落在小喜馬拉雅山脈附近的緬甸也曾歸屬在南亞國家之列，但今天學者多把其視為東南亞國家。

南亞多數國家都存在嚴重的貧困、貧富分化、環境災難和社會衝突等問題，而且也有眾多的國際非政府組織和本地非政府組織在該地區長期活動，並接受外國資金的支持。儘管西方國家宣稱援助資金的目的是旨在提高南亞次大陸廣大民眾的生活水準與公民權利，但事實上許多外國資助的非政府組織卻在暗中加劇教派衝突，並為外國出資方的特殊商業利益或政治目的服務，嚴重擾亂了南亞諸國國內的民主制度與政治體系。

〔案例附錄〕 西方教會的無孔不入

布希政府的信仰倡議為教會團體公開違反政教分離原則提供資金，因此推動了基督教福音派運動在非洲的激進非政府組織活動。在整個非洲，基督教右翼、五角大樓、私人軍事承包商與西方企業的聯盟進一步激化了教派衝突。

第四章　無中生有——西方妖魔化俄羅斯對非政府組織的管理

俄羅斯國家杜馬的2012倡議遭到了西方新聞媒體和國際捐贈者的嚴重誤讀和誤解。該倡議旨在制定和頒布關於接受外國大筆捐贈的非政府組織的立法。新公布的登記註冊指南根本不是一項打壓非政府組織的措施，遠不像美國類似的非營利組織法規那麼嚴苛。那些關於政治影響的法律條款只是在鄰國烏克蘭爆發非法非民主的政變後才開始執行，而烏克蘭的暴

力抗議正是由外國資助的「慈善機構」所組織。對比研究俄羅斯關於非政府組織改革的新法律與美國的外國代理人註冊法案（FARA）和國內稅務局的501（c）（3）免稅待遇。在法條措辭和懲罰方面，美國的法律法規都更加嚴苛。西方媒體對俄羅斯法律的譴責並沒有考慮到更為嚴格的國內安全和金融法規。

〔案例附錄〕 阿拉伯之春埋葬了民主化進程

　　阿拉伯之春是受美國國務院專案而引發的。該專案中東培訓地方活動家，以期建立旨在政權更迭的政治化的非政府組織。這種天真的隱祕干預引發了災難性的後果：穆斯林兄弟會的興起，緊隨其後的埃及軍事政變以及極端武裝組織在中東的蔓延。人權運動現在士氣低落且道德敗壞，這是其聯合製造愚蠢的阿拉伯之春運動的直接後果。

第五章　瞞天過海——帝國主義在前南斯拉夫地區的暗戰

　　政府組織的掩護下，美國中央情報局的特工們挪用美國運往巴爾幹地區的捐贈物資。除了向叛離的武裝組織和民族武裝分子祕密傳送武器外，非政府組織還經常以教唆者的身分與有組織犯罪團夥聯合起來煽動分裂國家的族群衝突。一個與多位美國總統關係密切的知名非政府組織曾捲入把感染愛滋病病毒的8號因數血漿運到飽受戰爭蹂躪的巴爾幹地區，造成當地民眾感染愛滋病病毒。

〔案例附錄〕 為戰爭服務的「嵌入式」人道主義救援組織

　　在策劃第二次海灣戰爭時，五角大樓開始把援助組織「嵌入」軍方指揮和控制系統。多數大型國際援助機構都採取了合作態度，並沒有抗議被拉進軍方運營的物流和通信業務。而那些反對嵌入的獨立且公正的非政府組織或者被裁撤，或者遭到了國家安全局和地方軍事情報機構的滲透。在伊拉克戰爭中，這一整合政策釀成了災難性的後果。無論實施何種政策，所有的非政府組織都被反政府武裝認定為參與了鎮壓行動。

第六章　假痴不癲——大赦國際對西方侵犯人權行為視而不見

　　大赦國際在中東地區的前人權參贊曾對該組織「長期以來卑鄙的不作

為」行為有過描述。由於大赦國際在1982年以色列入侵黎巴嫩時保持了沉默，因此該組織的成員與董事之間爆發了內鬥。在這次衝突中，以色列軍隊及其盟友對巴拉斯坦難民和黎巴嫩公民進行了大屠殺。大赦國際多次使用兩面派的內應策略平息組織成員對其失敗的不滿。在包括北愛爾蘭受害者慘遭國家壓迫、鎮壓波多黎各獨立運動及南非種族隔離政權嚴重犯罪等多個歷史事件中，大赦國際都未能制止美國政府及盟友的嚴重侵犯人權的行為。

〔案例附錄〕 國際刑事法庭定點清除非洲國家首腦

　　一個非政府組織聯盟促使100多個國家政府支持成立國際刑事法庭（ICC）。儘管負有監控全球人權事務的職責，國際刑事法庭（ICC）卻過度集中逮捕非洲黑人國家元首。除了種族偏見以外，國際刑事法庭（ICC）的這些決定主要是受其非政府組織支持者的影響。這些非政府組織支持者代表的是美國各大基金會的全球政府理論以及尋求覬覦非洲礦產資源和採礦權的索羅斯和羅斯柴爾德企業的經濟利益。

第七章　偷樑換柱──美國陰影下的聯合國兒童基金會

　　自1947年成立以來，聯合國兒童基金會的最高職位就是被任命的美國官員的優先投票權，例如美國前國家安全顧問安東尼‧雷克（Anthony Lake）就曾下令實施現在被稱為「黑鷹墜落」的入侵索馬里的行動。聯合國兒童基金會可以說是聯合國最為重要的一個機構，而美國的壟斷使得該機構已成為情報部門和參與非法疫苗接種和祕密人口控制行動的西方製藥企業的一個爪牙，這在非洲和南亞尤為如此。聯合國兒童基金會由卸任的美國前總統赫伯特‧胡佛及下屬毛里斯‧佩特（Maurice Pate）創立。在此之前，佩特曾運營過一個援助項目支持納粹德國占領波蘭。與聯合國兒童基金結盟的非政府組織也在戰後偽裝和安置與聯合國前祕書長庫爾特‧瓦爾德海姆有關的納粹黨戰犯中發揮了重要作用。而瓦爾德海姆因此一役而變得臭名昭著。

〔案例附錄〕 主要國際性非政府組織的背景

透明國際（Transparency International-TI）、國際調查記者聯盟（International Consortium of Investigative Journalists - ICIJ）、卡內基國際和平基金會（Carnegie Endowment for International Peace）、人權觀察（Human Rights Watch - HRW）、歐亞基金會（Eurasia Foundation - EF）、慈善軍團（Mercy Corp-MC）、自然保護協會（Nature Conservancy）。

結論 國中之國──亟需改造的全球殖民體系下的非政府組織

現存的非政府組織體系正嚴重挑戰新興的多極化國際體系。許多傳統上富裕且擁有特權的「捐贈國」都曾是殖民主義大國。傳統殖民主義強權一直在試圖對「受援國」施加不當的政治影響並操縱其國內事務，旨在透過建構為西方企業聯盟精英所控制的高度協調的非政府組織集群，以取代主權國家的本國政府在社會服務、核心基礎設施、通訊和國家安全領域所扮演的傳統角色。有關的利益攸關方利用所謂「和解」的概念和人道主義干預的名義建立起了一個無處不在的全球安全網路體系。

處於經濟增長中的新興國家和大量發展中國家，俄羅斯和中國已率先頒布了旨在改革管轄範圍的慈善項目的新法規，尤其是關注利用慈善事業作為掩護進行旨在政權更迭的政治性顛覆活動。

除此以外，本章節還透過批評性研究和法律風險評估討論了其他非政府組織違反非營利地位的情況，其中包括欺詐、洗錢和利益衝突等。另外，本章節書也將其他國家負責監管非政府組織的政府部門與美國對非營利免稅地位的嚴格法規及反對代表外國捐贈者進行政治活動的嚴苛法律進行了對比。

後記 「顏色革命」後世界各國規範非政府組織立法的兩次高潮與特點

本章節對冷戰後到現在的非政府組織的起源、發展與特點以及由此帶來的各種消極影響進行分析，並以具體的事例和數據說明瞭眾多國家（其中也包括美國）對非政府組織（尤其是境外非政府組織）進行立法和規範的必要性與現實做法，其中包括了各國對非政府組織立法、立法和未來發展的具體分析。

利他主義的政治覺醒

安德魯·考瑞博克 (Andrew Korybko)

　　自冷戰結束以來，世界經歷了深刻的變化。曾經用來分隔不同國家與陣營的物理藩籬已經消失，全球正經歷著前所未有的開放。這進而使得各種國際性「公民社會」組織幾乎無處不在，而就在不久前都無法想像一個美國的非政府組織（NGO）能在俄羅斯或中國到處生根。這個新時代開啟了大門，使得美國為首的西方國家可以直接參與到其他國家的國內事務中。總的來說，非政府組織被民眾廣泛認為代表著無私的利他主義精神，但如果我們就近仔細觀察，可以發現自新世紀初以來，這個假設並非總是成立的。

　　表面上看，非政府組織的工作目標在於保護環境和改進社會服務這些崇高的目標上，但事實上他們並不總是將自己的活動限定在這些特定的領域中。透過表象，我們會發現其中有些團體事實上是徹底的政治組織，他們參與組織連署請願書、組織抗議活動、招聘當地異議人士、毫不掩飾地直接接入當地的政治事務中。更令人震驚的是，其中的一些團體似乎就是一些政治化的等意識形態集團的各地副本而已，其中包括自由之家（Freedom House）、全國民主基金會（National Endowment for Democracy）和索羅斯基金會（Soros Foundations）等這些最近被禁止俄羅斯和其他國家活動的團體。

　　很快，世界各地的決策者都會意識到一個並不舒服的現實：他們允許所有這些與政治團體附屬的非政府組織在他們的國家進行活動，是否是引狼入室？敵對國的情報機構是否在協調組織這些非政府組織，並利用它們

進行政權更迭？將西方非政府組織對非西方國家的滲透看做是嚴重的戰略威脅，是否並非是西方觀察者看起來的「瘋狂的偏執」，而實際是經過深思熟慮的認識？顏色革命的氾濫與21世紀頭十年「阿拉伯之春」發生已經證明了，許多非政府組織不是那麼「非政府的」。

　　這些政府組織的非政府組織（Government-organized NGOs-GONGOs）在目標國建立分支組織，以幾乎不會受任何處罰的方式進行運作」反對他們所定目標國的政府利益。對感興趣的研究人員和觀察者而言，這些非政府組織與顏色革命之間的關係是如此顯而易見，因此也使得很多研究者參與調查他們可能是哪些組織，以及他們下一步可能去那裡活動。所謂的「阿拉伯之春」是一場廣泛的顏色革命行動，其首先在突尼斯和埃及得逞，這得益於某些非政府組織所從事的基層工作，其中包括與伊斯蘭運動聯繫的地方活動。有些國家直接資助具有聖戰思想的暴力團體，正好與西方社會在911事件後民眾廣泛擔憂的相反，如果這些團體在美國和歐洲這麼做早就會被禁止。

　　2011年之後，世界上其他國家似乎也已覺醒，意識到威脅就潛伏在他們的邊界，但具有諷刺意味的他們自己感覺到看似無能為力。同時，除了俄羅斯顯然想採取措施整頓日益不穩定的網路，眾多國家擔心如果他們做出任何行動反對親西方「公民社會」組織，如參與世界貿易中心的襲擊穆斯林兄弟會，他們可能會遭到華盛頓及其盟友憤怒的報復。

　　莫斯科當局決定限制外國贈款和調查「援助專案」的立法規定導致全球的批評，威脅將這些主權面臨侵犯的國家變成事實上的國際「賤民」足以讓所有他們耳提面命，而不敢越雷池一步。直到去年在巴黎發生針對音樂會聽眾的恐怖襲擊與在美國加州聖伯納第健康中心（San Bernadino health center）發生槍擊案之時，西方人才開始擔憂由非政府組織推動的難民潮的流入，並突然理解俄羅斯所採取的政策。

　　作為一場新冷戰的開端之初，由美國國務院指揮的非政府組織煽動烏克蘭武裝暴力團體發動的親歐盟示威（EuroMaidan）之際，許多不結盟國家的觀察家們開始讚賞俄羅斯在2012年針對外國代理人制定法律的智慧

和遠見。莫斯科當局採取的果斷行動減輕由外部力量帶來的這種不祥的威脅，也表明其無畏的態度。雖然還有待觀察是否其他政權更迭的主要目標國是否最終會效仿其舉措，但是其堅持國家主權的立場、應對煽動暴力行為的非政府組織的舉措，以及對西方「夥伴」的回應為世界上其他地區的國家提供了一個可資參照的例證。

上文所做的解釋只是部分說明了本書寫作的背景與主題。由艾倫‧希拉瓦斯特瓦（Arun Shivrastava）和島津洋一（Yoichi Shimatsu）發起，並由數位本領域內的專家共同努力完成的。本書旨在揭示早已潛在政治化非政府組織的本質和其顛覆性活動，成群的特工滲透和乃至把持非政府組織作為掩護事實上早已嚴重損害了非政府組織的合法性與真誠無私的聲譽。其中既包括一些早已眾所周知的大赦國際等非政府組織，也包括了已故的艾倫‧希拉瓦斯特瓦先生首次曝光的南亞次大陸地區的非政府組織的活動與幕後。

我們真誠地希望對讀者而言，閱讀本書是一個難忘的經歷。這不僅能幫助你能更多瞭解這些得到西方政府支援的非政府組織的所作所為，而且您也能將這些資訊與知識與你的親朋好友和志同道合者分享。美國霸權中的相當一部分取決於其對資訊傳播的控制能力，其中既包括傳播謠言，也包括掩蓋真相；而本書出版的目的就是在於試圖突破這種知識屏障，還真相於公眾。

我們強烈希望各位讀者都能認真閱讀本書，書中包含有大量令人難以置信但又無法否認的真實資訊。對於那些並不熟悉試圖推動政權更迭的非政府組織的讀者而言，也許你暫時會被我們披露的資訊所震驚，甚至因此感到無法接受，但是隨著時間的推移和對本書的仔細閱讀，你最終會認識到本書言之有理，而且無法辯駁。至於對那些對本書的主題已經有所認識的讀者而言，我們希望本書能幫助您瞭解更多的相關事實，也增加你在這一領域的知識儲備。

感謝每一位對本書感興趣的讀者，我們真誠地希望你會喜歡我們作者團隊所奉獻的這些引人入勝而又真實可信的報告。

追憶艾倫・希拉瓦斯特瓦
(Arun Shrivastava)

同仁們在此向本書不可或缺的發起者與作者、已故的印度知名環境專家和推動金磚國家集團經濟合作的重要宣導者艾倫・普拉卡什・希拉瓦斯特瓦（Arun Prakash Shrivastava，1940 - 2015）致敬。

蘇珊・薩菲・拉菲克（Susan Safi Rafiq）：

作為社會媒體上第一個「金磚五國」集團論壇「金磚國家，一個多極世界」（BRICS；For a Polycentric World）的創始人，我主動聯繫了艾倫後，他很快就成為我們網路管理組的同事。艾倫對於「金磚五國」集團的未來充滿激情，尤其是對於印度與俄羅斯和中國建立穩固長期的友好關係充滿期待。他相信中印兩國間合則兩利，分則兩害，只有共同合作才能應變為未來。

艾倫是一位孤獨的鬥士，他為了創建一個更美好的世界，讓所有人都能分享重要的資訊而努力奮鬥；他堅持原則勇於承擔責任，哪怕這些努力可能會因為妨礙全球霸權與既得利益集團而給自己帶來不可預測的危險。

在其母國印度，艾倫積極參與重要的發展規劃，其中包括聯合國世界糧食計畫署為印度制定的糧食安全戰略。這一發展規劃2012年已經被印度政府所採用。他積極從事調查、揭露與抨擊跨國公司的貪婪和其威脅糧食安全的行徑，並為此做出非常重要的貢獻。我能理解也是因此他決定公開揭發名不副實與偽善的非政府組織及其祕密的計畫。

他在本書中的貢獻是不言自明的。他是一位見解深刻的思想家，他清楚地理解有些人在以慈善的名義行口是心非之實，並最終導致廣大民眾為

此付出代價。艾倫另外有一部遺作即將出版，其主題討論就是南亞次大陸地區非營利機構的真實情況。由於對本地區與非政府組織相關的背景我也所知甚少，所以我毫不懷疑艾倫的這項工作絕對具有爆炸性的衝擊力。我們期待本書能儘快得以出版。

安息吧，我們的朋友和同事，我們將繼承你的遺志奮勇前行。

蘇珊‧薩菲‧拉菲克（Susan Safi Rafiq）是阿富汗婦女協會與金磚四國線上討論群組（Afghan Women's Association International and the BRICS online discussion group）的創始人。

喬恩‧赫勒維希（Jon Hellevig）：

本書作者是一位富有正義感的人，他是一位深刻的思想家和沉默的鬥士。我有幸在艾倫離世前最後幾周見過一面。我們曾經共同度過一個愉快的夜晚，品嘗了他自己烹飪和喜愛的印度菜。除了就當時的國際事務交換了意見，並討論了一些重要的工作進展後，他還和我分享他烹調的祕密。

透過與他的交談，我得知他正在烹調的另一道「大菜」，透過收集資料揭露西方利用非政府組織的外殼正在祕密地而且日益貪婪地加強對印度控制與掠奪。特別是他在本書中編制了一張非凡的資料表列明瞭那些以援助之名在非政府組織掩護下而流入印度的政治資金。如果我記憶正確的話，他曾經說過如果流入的這些現金真正用於提升基礎設施和改善人民的生活，那麼大約在十年左右的時間就可以使這個人口繁多的國家中每個城市和鄉村的公用事業和衛生基礎設施升級到人民可以接受的國際標準。

由於他的離去，我們可能將永遠失去這些寶貴的知識和見解；但幸運的是他給我們留下了這本珍貴的書。我們永遠不知道世界到底會向何處去，尤其是如此關鍵的當下，國際社會已經進入了一個新階段的對抗，人們的自由正在遭到世界強權的侵犯。不過我們仍然必須對未來保持樂觀，儘管艾倫被迫停止了他的工作；但是我仍然希望本書的作者們仍然能繼承他的遺志將為大眾的精神食糧的書籍將得以完成和出版。

喬恩‧赫勒維希（Jon Hellevig）是芬蘭律師、也是以莫斯科為總部

的赫勒維希、克萊因與烏斯夫（Hellevig，Klein & Usov Llc.）律師事務所的管理合夥人。

塔亞布・俾路支（Tayyab Baloch）：

艾倫・希拉瓦斯特瓦不僅是一個品格高尚的人，而且也是一位具有獨特品質和敏銳判斷能力的知識分子，他對印度國內事務以及國際事務有著獨到的分析。面對西方強權的剝削與掠奪之時，在強大的邏輯分析引領下他敢於無畏地提出自己深刻的論斷。

作為一名左傾的作家，艾倫經常與我討論各種複雜的時事與新興問題，這些問題看似不同於傳統的政治分野，而對其分析要求對當前國際形勢以及其對南亞的影響有著更為系統和全面的理解。

當中國政府和俄羅斯政府針對外國資助的非政府組織制定相應的法律法規之時，艾倫為了說明印度人民充分認識外國資助的非政府組織的「軟實力」在印度產生的消極影響而努力工作。他的努力促使印度政府在針對國際性非政府組織長期濫用權力方面採取更有力的行動。

由於中國、俄羅斯與印度採取的這些監管措施進一步說服了巴基斯坦伊斯蘭馬巴德政府採取相應的針對外國非政府組織的糾偏措施，甚至於巴基斯坦最高法院也主動採取法律行動（suo moto notice）。對於憤世嫉俗和百無聊賴的觀察家們而言，這是多麼令人驚訝的現象——慈善工作的道德問題終於得以認真對待了。

本地區的這個新發展在即將出版的書中艾倫關於南亞地區的章節中有所涉及；對於我個人而言，很榮幸我們之間就一系列重大問題的討論對他的寫作和編輯提供了些許幫助。

作為環境保護和地區經濟發展專業諮詢顧問，艾倫為眾多的國際非政府組織和本地社區團體提供幫助和建議。根據他在慈善領域所獲取的積極與消極的經驗，他認為必須對外國資助的國際非政府組織採取嚴格的措施進行充分的監控，以防其為外國政治利益服務。

艾倫非常擔心印巴之間的緊張局勢，希望本地區邊界兩側的人民能夠

生活在自由與和平之下。他非常高興巴基斯坦和印度都能加入上海合作組織（Shanghai Cooperation Organization - SCO）。他斷言，上海合作組織能夠為中國、印度和巴基斯坦帶來和平。基於他的深刻的洞察力，艾倫堅信世界需要重構一個多極多中心的政治秩序，只有這樣才可打破對於美國與西方強權的心理依賴。

他總是與朋友相互尊重，從不倚老賣老，總是堅持與青年人友好平等的對話，他是一位可信賴而又積極的摯友。艾倫幫助我了對超越事件的膚淺理解，深刻理解現象背後的本質，這使我受益匪淺。

記得一次他評論安德魯‧考瑞波克的一篇文章時說到，「有一天你們倆（安德魯和我）都會成為重要的記者。他的激勵使我深受感動。雖然今天艾倫不再與我們在一起了，但他與他的作品將一直留在我們的心中。我祈求上帝賜福於艾倫和他留下的遺產。

塔亞布‧俾路支（Tayyab Baloch）是總部位於巴基斯坦伊斯蘭馬巴德的《脈搏》週刊（Weekly Pulse magazine）和阿布塔克新聞網路（Abb Takk News Network）的記者。

島津洋一（Yoichi Shimatsu）：

當俄羅斯和中國的立法機構與法院宣布起草新法律對非政府組織、著名的出版社和學術出版社進行管理時，外界對此回應或是無聊的嘮叨或強烈譴責「鎮壓」；但迄今沒有一本書、雜誌專輯或期刊敢於公平和平衡地評論這些法律措施。

在與艾倫的電子郵件交流中，他敦促我徵求不同作者的意願以合作應對這個棘手的問題，因為任何作者參與寫作這本書意味著將被列入非政府組織的黑名單，無法再獲取來自他們的相關捐助，並可能會有損於作者個人的寫作生涯及公共生活。作家和記者即使是對這些偽善的捐助者進行最輕微的批評都可能導致被打入另冊，而被流放到無薪酬的網路「古拉格」中。一旦我們做出這一決定，將再也沒有回頭路可走。

促使艾倫決定倡議與組織本書寫作的重要誘因是近來在印度新德里一

個深夜公共汽車上發生的針對一名年輕女性輪姦致死案。艾倫的女兒是一位專業的紀錄片製片人，作為一名自豪的父親他對德里發生的這起輪姦案義憤填膺。

這起針對毫無防備的單身女性的可怕的罪行昭示了印度次大陸每個有抱負和進取心的女孩可能遭遇的未來，也充分暴露了司法體制和執法機構是如何成為社會腐敗的一部分，與上層政治腐敗和大企業的剝削同流合污。

當艾倫敏銳地觀察到政治化的非政府組織假借司法正義之名，利用這一悲劇性事件和受害者的痛苦為其團體的特殊利益服務，他因此變得更加絕望而懷有強烈的憤怒。他看透了這個騙人的遊戲，從而明確指出，在新德里發生的大規模抗議活動事實上已經被外國勢力劫持成為其對印度進行分而治之策略。

為了支持艾倫反對外來勢力劫持公眾信任的努力，我同意作為合作編輯參與本書的編輯，針對世界各地成千上萬的慈善團體的繁複的任務進行批判。艾倫迅速地提出本書的一系列主題：首先是針對非政府組織嚴重濫用案例進行研究；接著是關注南亞次大陸存在的大量非政府組織進行研究；最後一個戰略目標就是促進建立針對非政府組織和非營利組織的管理制度與道德規範。

現在艾倫離開了我們，我發現自己又處在一個十字路口。沒有他果斷的領導和他對本書嚴格而友善的推進，前路確實令人生畏。但作為本書的創作同仁與後死者，我們唯一的希望就是直面他離開後留給我們的挑戰。

為了紀念他高貴而創造性品格，我們承諾他高尚的夢想一定會實現，即對非營利組織進行改革使之真正服務於公共利益。

島津洋一（Yoichi Shimatsu）是本書的合作編輯、獨立的科學調查記者，也是日本英語報紙《日本時報》（Japan Times）的前主編。

第一章

暗度陳倉

——動搖德國與歐盟的「大規模難民武器」

西爾維婭・蓋爾梅克（Silvija Germek）

自2015年早春以來，數以百萬計的難民如潮水般湧入德國。整個事件留下的一連串線索都在指向與說明這是一起暗中策劃的大規模人口走私行動，正是美國與其石油美元俱樂部成員國的對外情報機構共同資助和協調了這一行動。

迄今獲取的證據表明，跨越歐洲邊境的難民浪潮的幕後黑手就是美國國家情報委員會（NIC）、英國祕密情報部（MI-6），以及土耳其間諜部門（Milli Istihbarat Teskilatı - MIT），同時還得到了那些贊助伊斯蘭聖戰分子（Jihadist）的海灣國家的祕密支持，這一行動是由這些機構的最高層一手策劃並協調管理的。本文旨在揭露了這一蓄意向德國輸送大量難民的隱祕行動背後的意圖、目標以及關鍵參與者。

根據現行適用於歐盟範圍的難民管理國際公約《都柏林公約》（Dublin Treaty），這些所謂的難民中的絕大多數都沒有資格獲得政治難民身分。此次幕後祕密行動的目標是要破壞「德國共識」（German Consensus），這一共識是德國在1989年東西德統一的進程中形成的。德國的統一促進了歐洲和歐盟的進一步融合，並加強了歐洲央行的地位，而後者正是歐元的基石。

德國各主要政黨在一些重大問題上的共識幫助了柏林當局對抗華盛頓當局在全球政策和國際金融市場上的霸權，尤其是在2008年華爾街金融危機和「阿拉伯之春」民主化運動失敗之後。

由於美國缺少令人信服的理由去公開遏制德國日益上升的國際地位，所以美國、英國和土耳其三國聯盟暗中釋放了殺手鐧——「大規模難民武器」。美國透過以平民為目標實施空中打擊和資助中東極端勢力的武裝力量而迫使該地區大量人口遷移。

正如美國情報專家凱利·格林希爾（Kelly M. Greenhill）所言，今天這場難民遷移浪潮並不是人們自發地決定遷居，實際上是由精心設計的強制性措施所激發和引導的〔1〕。這一強制性遷移是為了實現雙重目的：首先是促使敵對國家的高學歷人才和專業人士的大量流失從而導致社會解體；其次則是暗中消耗意圖更迭其政權的目標國家的社會福利，並製造嚴重的族群分裂。強制性遷移可謂是一箭雙雕。

這場針對德國的代理式攻擊源自白宮，其目的就是要破壞歐盟和俄羅斯之間的合作。促使這一攻擊的直接導火索是快速發展中的從俄羅斯通向全歐洲各地的能源油氣管道網路，這一油氣網路正在削弱歐洲對於以美元為交易基礎由英美公司把控的中東石油市場的依賴〔2〕。

為了對抗俄羅斯提議的穿過黑海區域的「南線油氣管道」路線，美國、英國以及他們的波斯灣盟國正在策劃一條替代性的地中海東部輸氣管道，該管線從卡達出發經沙烏地阿拉伯穿過目前伊斯蘭國（ISIL）在伊拉克和敘利亞占領區域的走廊，然後延伸到賽普勒斯和希臘〔3〕，而其祕而不宣的終點很可能是烏克蘭——俄羅斯和西歐之間的能源輸送咽喉。

因為有一系列相互衝突的新聞報導提及了希臘和賽普勒斯兩國政府正在討論以色列在這個地中海東部油氣管道網路中的潛在角色，所以這一祕密計畫得以被部分地洩露出來；而這一管網將用於輸送來自諾貝爾能源公司超大型海上油田的油氣〔4〕〔5〕。

涉及能源問題的地緣政治鬥爭

一個穩定的歐盟在相對可持續發展的俄羅斯支持下被公認為是美國全球金融利益和其在歐洲、中東、非洲等地軍事主導權的重大威脅。由於西歐國家缺乏內部危機，這就意味著必須要從外部引發事端，典型的例證就

是美國挑起的烏克蘭政變以及現在的難民危機。

與國際財閥喬治‧索羅斯（George Soros）及其同盟羅斯柴爾德銀行集團（Rothschild Group）相關聯的人權組織和好戰的無政府主義者引導著這場湧入德國的大規模難民運動，而喬治‧索羅斯及其同盟羅斯柴爾德銀行集團控制著石油巨頭英國石油（BP）和荷蘭殼牌石油（Shell）的大量股份〔6〕〔7〕。

羅斯柴爾德-索羅斯的投資集團與他們的海灣石油供應國共同資助了新的進入歐洲的替代性能源供給路線，以對抗俄羅斯到德國的北線（波羅的海海下管道）和南線（黑海區域）。它們提議的替代管線包括「白線」（White Stream）和納布科計畫（Nabucco Projects），目前這兩條線路都因為地緣政治原因而難以實現〔8〕。因此，羅斯柴爾德投資的石油巨頭們正在積極支援地中海東部專案。

這一尚未完全披露的地中海東部項目的提議正是創造出那個位於伊拉克和黎凡特地區（地中海東部海岸）的伊斯蘭國（ISIL /Daesh）的首要原因。伊斯蘭國的軍事人員很多都來自於該地區的軍事承包商，他們在美國入侵伊拉克後一直在協助美國的軍事占領或為西方石油公司在當地的專案服務。伊斯蘭國接受了來自海灣國家的經濟資助和武器支援，以對抗由伊朗提議的一條穿過伊拉克到達敘利亞的油氣管道。

美國、英國和海灣國家的目標是建立一條經伊斯蘭國走廊、穿越伊拉克和敘利亞，把卡達的油氣經由沙烏地阿拉伯連接到地中海東部海岸（黎凡特地區）的管線。從地中海東部海岸出發的一條海底輸油管將會通到未來的能源中心賽普勒斯 —— 事實上英國的保護國 —— 然後再連接到希臘〔9〕。美國情報部門則正努力推動將這個管線網和以色列位於地中海東部的海上油田連接起來，從而在特拉維夫當局和海灣國家之間建立起一種地緣政治同盟。

根據一些披露出來的暫定方案，從希臘出發這條管線應該會前進到義大利；但這一計畫也可能只是一個幌子，因為義大利和巴爾幹國家的能源需求不久會因從利比亞出發的跨地中海輸油管的完工而得到滿足。如果從

希臘出發，經由一條海底管道透過博斯普魯斯海峽和黑海可將該管線連接到烏克蘭，所以地中海東部管網祕而不宣的終點很可能是烏克蘭〔10〕。

烏克蘭作為西歐的重要能源供應者的角色將會因此得到提升，同時烏克蘭也正在興建世界最大的核能生產中心和放射性廢料處理場，這些設施將由美國西屋—東芝公司負責運營（他們正是應為日本核洩漏福島3號反應堆熔毀事故負責的公司）〔11〕。這些超級專案被設計用來切斷俄羅斯與歐洲的能源合作，而俄國與歐洲的能源合作正是德國現總理安吉拉·默克爾的歐洲經濟一體化計畫的關鍵所在。

地中海東部油氣網項目是由美國白宮敘利亞事務特別代表費德里科·霍夫（Frederic C. Hof）負責組織規劃的。霍夫此前是美國陸軍中東事務的專業情報官員，也是大西洋理事會（Atlantic Council）位於貝魯特的拉菲克·哈里里中心（Rafik Hariri Center）的資深工作人員，大西洋理事會是一個鷹派的智庫，由知名的冷戰鬥士布倫特·斯考克羅夫特（Brent Scowcroft）領銜，其董事會成員包括亨利·基辛格〔12〕。有媒體報導稱，霍夫曾在以色列待過相當長的時間，並與以色列總理本傑明·內塔尼亞胡的經濟團隊和國防參謀一起研討過地區能源計畫。

全球石油政治中一個曾經被嚴密保守的祕密是現希臘無政府—自由主義政府在其中所扮演的攪局者的角色。希臘政府在其與德國為首的歐洲央行發生債務糾紛之時鼓勵難民大量流入歐洲。與它此前的反全球化姿態相反，美國柯林頓基金會正對希臘執政黨激進左翼聯盟（Syriza）施加越來越大的影響，並使之轉而靠攏英國保守黨的抵制歐盟運動以反對德國支持的歐洲一體化〔13〕。

美國國務院、英國外交部，以及它們在北約國家中的追隨者承諾給雅典政府提供大量資金獎勵，以換取後者拒絕提議中的從俄羅斯到希臘的油氣線路，轉而支持從卡達經伊斯蘭國通往地中海的輸油管道〔14〕。希臘激進左翼聯盟領導人的立場轉變將會在下文中得到進一步闡述。

對於普通消費者和市民而言，主要能源生產國之間關於輸油管網的地緣政治敵對局面帶來的衝擊不僅在於加油站的燃料價格或每月的家庭

供暖費帳單上漲。由勒龐領導的法國國民陣線（Front national - FN）和德國「愛歐洲者抵制西方伊斯蘭化運動」（Patriotische Europäer gegen die Islamisierung des Abendlandes-PEGIDA）的抗議者發起了反對穆斯林難民的民粹主義反擊。

這一反難民運動出現提出了對歐洲伊斯蘭化的擔憂和新法西斯主義捲土重來的問題。不斷上升的不安和猜疑並不只是偏執性的情緒發作，因為向歐洲出售石油獲得的利潤正被海灣國家直接用來在歐洲各地的城鎮中建造大型清真寺，咄咄逼人地向當地年輕人宣傳伊斯蘭宗教信仰，並招募他們加入伊斯蘭聖戰者民兵組織，以反對中東地區的基督教社區和在當地工作的歐洲人。

歐洲人正在幫助實現自我的毀滅，因此選擇自己家裡供暖用氣是來自於卡達還是俄羅斯，或者是利比亞還是以色列，絕不僅僅是提高室內溫度的問題了。

歐元區的難民政策

正如凱利・格林希爾（Kelly M. Greenhill）在《大規模難民武器》（康奈爾大學出版社，2010年）一書中所言：「在傳統的強制措施中，（財政和社會的）成本是透過威脅或使用軍事力量而強加的，從而「相對廉價地」地達成其政治目的。而在精心安排的強制性遷移中，成本則是透過威脅和使用人口遷移的「炸彈」而強加的，從而最終實現那些透過軍事手段根本無法達到的政治目的。」

英美的空軍不能像二戰一樣再一次透過轟炸柏林來迫使其臣服；因此，戰爭必須用其他的方式展開，包括透過各種祕密行動。為了要解開隱藏在媒體虛假宣傳和精心策劃的強制性人口遷徙攻擊而導致的死結，需要先對歐洲的政治避難法律法規和邊境管理知識的概要有所瞭解，這對於我們理解這種大規模難民武器是如何使用是至關重要的。

《申根協定》（Schengen Agreement）對歐元區內進出境與通行進行了相應規定，自1985年第一次簽署以來到現在已經擴展到了絕大多數歐盟

國家（除英國和愛爾蘭等少數歐盟成員國）。這一協定取消了歐元區內部國家的邊境檢查，以減少通行者在國境線上由於邊境檢查而耗費的時間〔15〕。對於歐盟國家的居民以及來自簽訂互免簽證協定的國家的護照持有者而言，其在申根國家的任意一個國際機場和登岸港口接受快速的護照和簽證檢查後，在歐元區內部的陸地通行中不再有其他的檢查點。

私人通行往來的便捷和一種通用的歐洲貨幣是構成區域共同體的基礎，目前不受限制的通行並沒有普惠到任何和全部的來訪者，而僅僅擴展到與歐盟簽署雙邊簽證協定的國家的護照持有者。那些來自進出境控制薄弱或不存在進出境管理的國家的公民需要在其本國所在的目的國使領館先申請簽證是所有穩定國家普遍要求的。對於來自不發達國家的旅居者的不公平對待是遷移權利運動批評的矛頭，遷移權利運動主張實現不同社會間完全全球化平等的理想化原則；如果這一原則得以生效，也就意味著歐洲共同體的終結。

歐盟對於尋求政治避難者的相關法律規定是經過兩次修訂的《都柏林公約》（Dublin Treaty）。無論是從陸上或海上而來的難民的政治避難申請將由其到達的歐盟對外邊境線上的第一個關口國家負責處理。歐盟對外邊境包括了面對非洲和中東的地中海地區以及東歐的非歐盟國家邊境。

如果一個申請避難的人逃過或拒絕在最初進入的國家進行註冊，並且轉而又進入了另一個歐盟成員國，《都柏林公約》要求這個逃避註冊的人被強制遣返回最初進入的國家，進行指紋收集並對其避難請求進行重新評估〔16〕。簡言之，尋求政治避難者不能選擇自己偏愛的歐盟國家。沒有這個條款，申根協定體系中的不受限制的內部往來將變得缺乏可行性。

《都柏林公約》的規定可適用於非法難民進入歐盟的幾條主要線路上，具體如下：

土耳其：穆斯林難民的主要中轉站，還不是一個歐盟成員國。這主要是由於安卡拉當局糟糕的人權紀錄。為了給與其有領海爭議的希臘施壓，同時也是為了向不情願接納土耳其入盟的歐盟施加壓力，土耳其官員鼓勵並保護非法難民穿越愛琴海進入歐洲。數量更少一些的難民渡海後去了非

歐盟成員國保加利亞，但當地較低的生活水準無法挽留住非法難民。

希臘：由於土耳其的原因，希臘已經成為大多數離開土耳其的非法難民首個進入歐盟國家。希臘難民官員直到2015年還在試圖阻攔非法難民透過小船和救生筏登陸其在愛琴海的島嶼。員警管理的營地收容了那些成功登陸的人，以便在登記指紋審核和處理其歐盟避難申請的過程中羈押他們。因為很多新到者來自遭到戰火蹂躪的國家而沒有可靠的身分紀錄，所以等待審核階段可能持續一年以上。2015年上半年透過選舉上臺的激進左翼聯盟政府則嚴重違反《都柏林公約》的規定，故意放鬆邊境控制，讓難民能夠不受阻礙地穿越希臘到達其鄰國馬其頓邊境。

位於希臘北邊的非歐盟成員國馬其頓和塞爾維亞在聯合國難民署和難民權利團體的壓力下以「人道主義」的理由允許難民透過本國，而不是按照《都柏林公約》的要求強迫他們返回首次進入的歐盟國家希臘。雖然聯合國並無法律權威迫使任何主權國家向外國人提供通行權，但是這兩個國家在聯合國和外界的法外壓力之下都放棄了拒絕非法難民進入的國家主權。

阿爾巴尼亞和波黑都是以穆斯林人口為主的北約盟國，但並非是歐盟成員國家。因為兩國政府未能阻止本國公民偽裝成敘利亞人加入到這場人口遷移洪流中，更進一步地加劇了這場難民危機。這兩個巴爾幹國家都被視為「安全」區域，因此兩國公民沒有聲稱自己是難民的理由，而且兩國目前都不接受外國穆斯林難民。

匈牙利是歐盟成員國，並且試圖執行《都柏林公約》的規定，阻攔或驅逐那些未在希臘註冊避難身分的難民。後來由於進入匈牙利的非法難民數量變得過大，而且很多人拒絕在匈牙利難民站進行登記，所以布達佩斯當局下令豎起邊境圍欄阻止更多人從塞爾維亞進入匈牙利。與西方媒體聲稱匈牙利總理維克多·奧爾班（Victor Orban）鎮壓難民的妖魔化報導相反，布達佩斯當局採取的遣返行為是符合歐盟條約和國際法的。

此後，歐盟成員國克羅埃西亞又違反《都柏林公約》，允許難民透過本國領土，而不是把違法者驅逐回希臘或塞爾維亞。在穿越克羅埃西亞之

後，難民最初試圖開闢一條穿越匈牙利北部的路線，但被匈牙利當局在邊境設置的鐵絲網擋住了去路。

而巴爾幹的另一個歐盟成員國斯洛維尼亞則允許難民自由地透過本國進入奧地利，但卻發現本國能力有限的社會服務系統已被憤怒的難民擠爆了。難民們縱火焚燒了斯洛維尼亞一個聯合國難民署協助建立的難民營，斯洛維尼亞和克羅埃西亞以此為理由虛偽地不在本國境內接受更多的難民了。

奧地利先是宣揚主張門戶開放的難民政策，之後又收回了自己的口頭承諾，其「好客」的行為僅僅局限於把難民送上火車穿越邊境抵達德國南部的巴伐利亞。

位於慕尼克的德國巴伐利亞州政府很快就無法承受照顧難民的開支和負擔；於是該州執政黨基督教社會聯盟黨（Christian Social Union party - CSU）要求邦政府關閉邊境、驅逐難民，而無視總理默克爾開放邊境的政策〔17〕。

希臘、克羅埃西亞、斯洛維尼亞、奧地利和德國政府拒絕或無力遵守《都柏林公約》的條款，已經造成了對歐盟內部無簽證通行的申根體系的削弱。儘管這些「文明」國家的領導人善於吹噓這一協定是如何延續了威斯特伐利亞條約（譯者注：17世紀中葉，由西班牙、哈布斯堡王朝、法國等當時諸多歐洲國家簽署的條約，確立了國家主權、國家領土與主權平等的原則，奠定了近代國際法的基礎）。

但是，這些國家嚴重漠視並且違反申根-都柏林-歐盟邊防局的協定體系，損害了他們本國公民的根本利益。當政客們發現自己可以不受約束地這麼做的時候，他們就會恬不知恥地去做，從而懦弱地把「承諾」的不可承受之責任推給難民官員、邊防警衛和基層員警身上；雖然後者本應執行更為重要與棘手的任務，比如追蹤恐怖主義分子、有組織犯罪團夥和販毒集團。

歐盟邊防局（Frontex）是為了預防和打擊經濟性難民（那些沒有工作許可證或者沒有合法理由獲得難民身分的人）、罪犯、走私犯以及被懷疑

為恐怖分子的人的流入歐盟而專門設立的邊境管理機構。歐盟的對外邊境是由統一的歐盟邊防局的安全部隊負責保護，這支多國的邊防警衛部隊遵循歐盟對於攔截、遣返、安全手續和救援行動上的執法標準（而不是各個國家自己的規章）。

歐盟邊防局（Frontex）是法語 Frontières extérieures 的縮寫，意為外部邊界。邊防部隊按照歐盟國家的內政部門（員警機構）之間達成的協議行事，各成員國內政部門負責國內的執法〔18〕。這些機構還執行安全措施以保護歐洲社會不受犯罪和恐怖主義團夥的滲透。尤其是針對20多個非洲和中東的國家，它們正經歷著叛亂、大規模恐怖主義以及宗教和宗派暴力。

有一點需要在此澄清：申根-都柏林-歐盟邊防局的難民申請手續是目前世界各國中相對最公平最人性化的難民審核程式。只要難民在他們的祖國面臨著真實的遭受迫害的風險，這一審核程式會讓那些被證實的合法難民在歐洲有比在其他國家有更大的機率獲得避難身分認可。歐洲在這方面的紀錄遠遠要比所謂的「人權冠軍」美國更加友好、更少壓迫性，美國在其與墨西哥邊境豎起了一道用致命性的武裝力量保護的軍事化隔離牆。

歐盟政治避難體系的核心並不是完美的，但與美國邊境員警〔19〕、英國難民事務機構〔20〕的行為相比可以說更加理性、容忍，並且更少腐敗，而且遠不是日本政府採取的那種反難民的政策〔21〕。

為什麼歐洲這樣一套更加自由的政治避難體系反而會成為國際上人權組織和英美主流媒體大加抨擊的物件呢？這個令人不安的問題揭示了一個令人難以相信的答案：**整場難民危機實際上是一場針對歐盟的整體攻擊的一個部分而已，這場攻擊意在摧毀申根-都柏林-歐盟邊防管理局體系，是境外勢力滲入並支配歐洲的關鍵一步。**

肢解歐洲的總體規劃

對歐盟邊境控制的系統性瓦解是一次策劃了二十餘年的境外遙控攻擊。美國國家情報委員會（NIC）在1990年代中後期發布的《全球趨勢報

告》內容覆蓋了移民與難民對社會穩定影響的評估，這一報告是由中央情報局分析師和人口學家在柯林頓政府任內起草的〔22〕。國家情報委員會是美國眾多情報機構及其盟友智庫和主流非政府組織（NGO）中級別最高的戰略策劃中心。以下內容引自名為《全球趨勢2015》的國家情報委員會報告：

「日益增長的難民群體會產生有影響力的移民社群，從而影響許多國家的政策制定、政治局勢，甚至是民族認同。全球化同樣會創造對跨國問題進行國際合作的更強烈的需求，但是各國政府和國際組織直到2015年都無法對此作出符合需求的回應。」

這一準確得令人震驚的論斷已經成為了一個自我實現的預言，美國中央情報局、五角大樓和國務院的祕密行動使之得以實現。來自人口學專家和對外政策分析師的情報預判了席捲歐洲的政治動亂，其導火索就是無法管控的難民潮，使歐洲國家原本就已捉襟見肘的社會福利預算達到了臨界點，並導致了西歐國家的財政災難。

難民騷亂背後的黑手

從負責頂層設計政策的「驅動引擎」到貫徹實施顛覆行為的「車軸」都歸屬於一個被稱為國際難民辦公室（Office of International Migration）的「火車頭」，該辦公室由美國國務院負責平民安全、民主和人權事務的副國務卿領導和歸口負責政策導向的人口、難民和移民局（Bureau of Population，Refugees and Migration）〔23〕。在美國駐其他國家的大使館和重要的領事館裡，該辦公室以防止有組織犯罪團夥販賣人口的官方機構的名義掩護進行祕密行動。

事實上，美國情報部門在世界各地都是全球人口走私活動中的一個主要參與者，他們控制的人口走私團夥參與跨邊境販運年輕男女的非法活動，並捲入性交易、毒品運輸、洗錢以及為恐怖主義團體招募新兵的有組織犯罪中。

美國移民局的一個祕密使命就是從高級別的變節者中招募中情局特工

或聯邦調查局線人。這個任務很難實現，而負責防止人口販賣的駐外領事與官員經常受命去做截然相反的事情。他們透過人權組織和支援移民的運動，提供非法資金給「蛇頭」、「土狼」以及其他的人口走私販，幫助在全球範圍內建立高端性交易產業鏈和恐怖主義網路〔24〕〔25〕。許多領事官員和移民官還把簽證當成一個賺外快的機會，以便從外國申請人身上撈取現金賄賂和性賄賂，正如我們在加德滿都和上海的賄賂醜聞中所見到的。

這個受中情局襄助的支持難民遊說團體和人口走私促進者的全球網路被精確地策劃到具體的細節。格林希爾研究得出的判斷是：「歐洲強國和它們在非洲的前殖民地國家之間的特殊聯繫將在2015年被完全削弱，而填補空缺的會是國際組織以及各種各樣的非政府組織、跨國宗教機構、國際非營利組織、國際犯罪辛迪加、販毒團夥、外國雇傭兵以及尋求安全避風港的國際恐怖分子。」

美國軍方介入導致敘利亞政局，導致大量敘利亞平民被迫逃難去土耳其，這有助於動搖大馬士革政府當局的執政。與此同時，大量難民向希臘和德國的遷徙將則導致歐洲的政治恐慌，迫使歐洲國家向美國讓步，表現出恭順的姿態。

「合法和非法的難民只會在一定程度上緩解歐洲勞動力短缺的問題，但卻要為此付出社會衝突和犯罪率增加等代價，」格林希爾解釋道，「當歐洲各國政府努力應對難民問題和試圖解決對歐洲與國家認同的問題的時候，反難民情緒會在整個西歐的政治舞臺越來越突出。」美國軍方的目的就是給歐洲各國製造這樣一場難以應付的政治危機。

正如國家情報委員會所採納的中情局對人口流動的預測就是針對歐洲使用「大規模難民武器」的行動計畫書一般，這一行動是在埃及、突尼斯、利比亞和敘利亞的「阿拉伯之春」運動後緊接著實施的擾亂歐洲穩定計劃的組成部分。需要強調的一點是，中情局—國家情報委員會所謂「基於事實的」人口學調研經常會由於侵略性的地緣政治動機而被人為曲解或嚴重忽視。如1990年代夏威夷大學為國家情報委員會所進行的中國新疆

地區民族分佈研究結果所暴露的，那雖然是在事實的基礎上得出的結果，但其實在中情局的資深站長格林海姆・富勒（Graham Fuller）的影響下評估結果被故意曲解。〔26〕

2008年次貸危機之後美國政府救助華爾街的行動導致其陷入兩難困境中。歐巴馬總統曾試圖把美國金融危機的負擔轉嫁到歐洲頭上，就如高盛公司後來在希臘債務醜聞中所做的那樣。歐巴馬當選總統後的第一次外國出訪是2009年4月，他先走訪了土耳其，而後又到了埃及，宣布了他的「伊斯蘭政策」〔27〕。

在他譁眾取寵的演講中，他暗示說有明確伊斯蘭意識形態的阿拉伯和穆斯林國家不會再被當作反恐戰爭的目標，以此來換取海灣國家繼續支持美國的銀行以及購買美國財政部發行的國債。這個浮士德式的交易促使美國接受海灣伊斯蘭教國家的薩拉菲派（Salafist）希望推翻在中東與之敵對的阿拉伯世俗政權的要求，由此導致的暴力和混亂助長了這場大規模的難民潮。

遏制歐盟邊境管理局的小規模衝突

埃爾多安領導的土耳其執政的正義與發展黨（AKP）把美國總統歐巴馬的訪問當作是來自一個「真正的真主的寵兒」提出的建立戰略聯盟的邀約，這個「寵兒」出身於肯亞的一個穆斯林部落，由一位有軍方背景的印尼繼父撫養長大。歐巴馬的這位繼父在印尼那場廢黜蘇佳諾總統的軍事政變中與當地的伊斯蘭激進團體有牽連，而那場政變導致印尼發生針對當地華人的大規模血腥種族清洗〔28〕。歐巴馬對安卡拉當局的偏袒使土耳其無所顧忌地利用穆斯林難民潮為手段淹沒與之敵對的希臘和歐洲。

在建立了與歐巴馬外交政策團隊的最新特殊關係之後，安卡拉當局邁出了它長久以來嚮往的一步，迅速地向它的老對頭希臘發起了挑戰，在愛琴海東部海域土耳其與希臘長期存在領海爭議。〔29〕。

2009年9月的一天，土其防空力量鎖定了一架歐盟邊防局的巡邏直升機，當時這架直升機正由一名拉脫維亞的空勤人員操作，在希臘的法爾馬

科尼西島（Farmakonisi）附近飛行，該島被土耳其的人口走私販子用來作為一個登陸點〔30〕。歐盟邊防局執行打擊人口走私的「波塞冬」聯合行動的團隊對這一攻擊性挑戰的回應是，在空中拍下了土耳其海岸警衛隊的快艇護送滿滿一船的非法難民抵達希臘海域〔31〕。其他的小衝突還包括在希臘的萊斯博斯島附近的一次土耳其方面的威脅事件。

在土耳其空軍和海軍對歐盟邊防局進行騷擾的同時，大赦國際（Amnesty International - AI）及其低級別合作夥伴歐洲難民和流亡者理事會（European Council on Refugees and Exiles - ECRE）指責歐盟邊防局粗暴遣返或阻攔整船的難民〔32〕。土耳其政府的立場也和大赦國際保持一致，持續指責歐盟邊防局侵犯人權〔33〕。這場對於歐盟邊防局阻止非法入境行為的國際批評聲浪還得到了國際法學家委員會（International Commission of Jurists - ICJ）的支持，這家非政府的國際人權組織源起於冷戰時期受到中情局鼓舞的西德質詢蘇聯的侵犯人權的運動。國際法學家委員會最初是由中情局局長艾倫·杜勒斯（Allen Welsh Dulles）及其旗下的人權律師威廉姆·伯特（William J. Butler）資助的，後來轉由福特基金會資助，最近則由索羅斯基金會負責資助〔34〕。

在土耳其在愛琴海發起挑釁期間，格林希爾的研究《大規模難民武器》一書被作為美英兩國對南歐政策的戰術指南而發表。在非政府的國際人權組織對政客和歐盟官僚施加的政治壓力之下，歐盟邊防局在愛琴海的飛行任務不久之後就遭到了嚴重的限制。

軍事干預利比亞激化非洲難民潮

透過高盛公司與債務重重的希臘政府之間欺詐性衍生品交易，美國金融市場的萎縮被蓄意出口到歐洲大陸地中海沿岸那些最為脆弱的國家。〔35〕當華爾街廣泛的金融欺詐開始被歐洲媒體曝光時，美英兩國與海灣國家聯盟選擇在這個特別的時機使用他們的「大規模難民武器」，難民從非洲撒哈拉以南經摩洛哥進入西班牙；隨著北約對利比亞的空襲開始，難民從利比亞轉進義大利。

隨著日益增加的曝光與爭論，聲稱支持難民的院外遊說集團對歐盟邊界主管機構歐盟邊防局（Frontex）施加壓力，要求他們放手允許難民乘船偷渡至義大利的蘭佩杜薩島（lampedusa）。因此歐盟徹底放棄對於人口走私網路的管制，導致歐盟出現面臨南北分裂的局面。〔36〕當難民由於缺乏歐盟邊防局的救助而自行乘船在海中意外身亡時，親難民遊說團體指責歐盟邊防員警應對溺水事件負責。〔37〕

而且直到2013年蘭佩杜薩島沉船事件為止，歐盟邊防局（Frontex）採取的措施說明，歐盟僅僅依靠其海上武裝力量去阻截恐怖分子的做法毫無效力。中情局資助的船隻從利比亞的班加西暢通無阻地透過美國和英國海軍艦隊控制的海域運送「聖戰」民兵和武器到敘利亞和伊拉克加入叛亂。〔38〕由此導致的「聖戰」攻勢引發大規模難民浪潮，大量人口湧入土耳其、約旦和黎巴嫩。四年的敘利亞內戰導致難民不斷從土耳其湧入希臘，發展成為一股流動的人口海嘯。中情局在幕後支持的「斬首隊」伊斯蘭國（ISIL）成功地實施了強制性難民遷徙計畫。

回應雅典的恐嚇

2009年和2015年難民浪潮的唯一不同是希臘政府態度的徹底改變。當大量難民生命白白犧牲土耳其外海之時，希臘是如何以及為什麼使自己成為了歐洲的「阿基里斯之踵」（致命的弱點）？

答案就是從美國進口的虛偽的政治正確原則，其不切實際的承諾和在現實世界中產生的後果之間存在的巨大差距。雅典的執政黨激進左翼聯盟（Syriza）既是受美國政治和文化影響的受害者，同時也是其共謀者，這個新時代的「特洛伊木馬」給歐洲帶來了毀滅性的災難。

自由主義左翼的激進左翼聯盟在反德和反歐盟的平臺與右翼新民主黨陣營合作於2015年初獲取政權。時任希臘財政部長雅尼斯・瓦魯法克斯（Yanis Varoufakis）與英國保守黨財政大臣喬治・奧斯本會面後，瓦魯法克斯的反歐盟救助政策不只獲得歐洲左翼的歡迎，也得到了保守的自由市場經濟學家與歐元懷疑論運動的青睞，其中就包括亞當斯密研究所（Adam

Smith Institute，位於美國的一家世界知名的自由主義思想智庫）中的忠實追隨者。〔39〕

瓦魯法克斯的債務互換方案並沒有什麼左翼或進步色彩，而是完全基於奧地利學派經濟學家路德維希‧米塞斯（Ludwig von Mises，奧地利經濟學派創始人）和弗里德里希‧哈耶克（Friedrich August von Hayek，新自由主義經濟學家和哲學家）的貨幣供給理論。奧地利學派對密爾頓‧弗里德曼和芝加哥學派有著根深蒂固的影響，其反對政府對所謂的自由市場進行任何形式的干涉，支援無限制的私有化和企業並購而將財富轉移到少數金融資本家手中。

雖然人們普遍認為瓦魯法克斯是一名左派經濟學家，但事實上他是米塞斯學派塑造的無政府資本主義的經濟理論家，主張消費主義的觀念，認為價格是由買家的主觀選擇而不是由商品的生產成本決定的。這一理論是用來證明購買決策是建立在資本主義時尚消費意識之上，而廣告的煽動力和媒體的宣傳導向在其中發揮著作用。例如，雖然在現代的大商場裡的運動鞋出售價格可能比普通街頭銷售的同類型鞋要貴200美元，但消費者仍然會趨之若鶩。〔40〕不幸的是，消費者只有在現實中可支配收入能夠償還他們的信用卡透支帳單時，他們購買昂貴而毫無意義的商品的所謂「自由選擇」才能夠成立。

擴大貨幣供應量而不顧產業投資或創造就業機會將會導致基本物價高漲，出現嚴重的通貨膨脹，尤其是勞動生產率增長停滯不前的時候更是如此。奧地利經濟學派反對勞動生產率在以貨幣驅動為導向的經濟運行中扮演任何角色。

最終，就像在希臘發生的債務危機那樣，罪惡的報應猛然襲來，希臘大量工人失去了他們的工作是由於其競爭性不足的經濟導致的，並不像媒體所稱的是由於強勢的歐元造成的。可見，國民經濟並不是建立在時尚或消費之上。瓦魯法克斯完全誤判了希臘財政赤字的不確定性，銀行家在鄙視中嘲笑著他荒謬的債務互換計畫，瓦魯法克斯甚至沒有幹滿一年就不得不黯然辭職。

中央銀行的貨幣貶值政策如果與實體經濟脫離，將導致過度消費，最終使得個人破產和國家債務產生危機。在經濟崩潰的前後，時尚意識發達的希臘是歐洲自戀文化最盛行的國家，其人均整容手術率和人均美容院光顧率高居世界第二。〔41〕當勤奮的西班牙開始擺脫債務危機之時，瓦魯法克斯和他的激進左翼聯盟的同事們則在徒勞無功地向歐洲中央銀行和國際貨幣基金組織施加壓力，在妄圖取消債務上浪費了寶貴的時間和精力。

洞開的地獄之門

　　希臘激進左翼聯盟笨拙地反對歐洲央行的企圖失敗了，但索羅斯卻機敏地竊取了英格蘭銀行和東歐國家的資產。作為奧地利學派貨幣理論的信奉者，索羅斯同時也將反對緊縮政策的無政府主義者列在他的工資名單上，與此同時，反對緊縮政策的無政府主義者也未譴責過索羅斯的同伴希臘前財長瓦魯法克斯。〔42〕

　　無政府主義的雅典當局一廂情願地希望希臘欠歐盟的債務能得以免除，其希冀透過煽動民意達成對選民做出的承諾，而不是冷靜而明確地承擔民主國家的責任。激進左翼聯盟企圖透過打開希臘的大門讓難民大規模進入歐洲使其借貸方德國納稅人徹底破產。支持難民的無政府主義者歡迎來歐洲運動（W2eu）網路將激進左翼聯盟上臺看作為難民從土耳其偷運到希臘愛琴海諸島大開綠燈的信號。

　　「目前，大多數其他歐洲國家不再將偷渡者送回希臘，即使他們被要求在希臘錄下指紋和尋求庇護！2015在2月，希臘選舉產生的新一屆政府對移民和難民的態度比之前的政府更為友好。此外，希臘政府還宣布打擊非法將難民遣返回土耳其的海上和陸上邊界的行為。〔43〕

　　結束遣返難民的行動並不是激進左翼聯盟政府的人道主義姿態，而是對柏林赤裸裸的威脅。為吸引參與反緊縮暴動和罷工的激進選民的注意，極端民族主義者的國防部長帕諾斯‧卡門諾斯（PanosKammenos）在2015年3月發出警告：「如果他們（歐盟）對希臘實施打壓，那麼他們應該知道希臘將暫停執行《都柏林公約》，難民將獲得身分證明和相關文件前往柏

林」。〔44〕

趾高氣揚的國防部長補充說：「如果歐洲將我們置於危機之中，我們將用難民的洪流淹沒他們，將會有數百萬的經濟難民出現，其中一些也可能來自伊斯蘭國，柏林因此會面臨更加糟糕的局面。」

他病態的威脅聽起來就像是《蝙蝠俠》電影裡的罪魁禍首的胡言亂語，因為只有一個殺人狂才會向伊斯蘭國打開歐洲的大門，放任其派出的狂熱殺手進入歐洲。卡門諾斯還說，希臘會給來自世界各地的難民在該地區旅行所需要的證件。當然，卡門諾斯並不是一個瘋子，他只是一個複述由白宮的國家情報委員會已經訂好腳本與臺詞的演員而已。

當俄國總統普丁提議在希臘進行天然氣管道建設時，希臘總理齊普拉斯在第一任期內不斷玩弄改善對俄關係的把戲。但此後不久，激進左翼聯盟轉向支持在克里特島和希臘族賽普勒斯駐紮的美英聯軍。當卡門諾斯為參加2015年9月的大選而辭去國防部長職務後，退役空軍司令伊奧尼斯‧加戈斯（Ionnis Giangos）取而代之，伊奧尼斯‧加戈斯因為從美國洛克希德馬丁公司租賃了34架F-16戰機而在希臘得以知名。

激進左翼聯盟政府從未對美國第六艦隊在克里特島索達灣（Souda Bay）的活動表示反對。這個希臘島嶼是北約的戰略樞紐，美國依託此基地對近東進行侵略，同時威懾敘利亞境內塔爾圖斯港的俄羅斯海軍基地。正如俄國總統普丁指出的，結束大規模難民的唯一途徑是美國與北約結束對阿拉伯世界的軍事侵略。

與美國結盟的雅典政府自稱是「革命左派」，但並不曾譴責英國在希臘族群占多數的賽普勒斯共和國境內的海外領土（殖民地）亞克羅提里（Akrotiri）和德凱利亞（Dhekelia）保留有「英國主權」的軍事基地。同時，也沒有任何支持難民的團體批評英國軍隊逮捕企圖登陸英國擁有主權的亞克羅提里海岸的中東難民，亞克羅提里當局拒絕為這些難民們辦理在英國尋求庇護的申請。〔46〕

位於賽普勒斯的亞克羅提里英國皇家空軍基地一直被用於執行對敘利亞和伊拉克的空中轟炸任務。英國皇家空軍基地也是該地區的低頻無線電

波干擾的主要來源。居住在附近的利馬索爾市的居民聲稱，該基地負責美國入侵伊拉克（2003 年）之前美國哥倫比亞號太空梭的最後一次飛行時進行的氣候控制實驗。〔 47 〕

警惕希臘的分裂

為了在競選中擊敗他的右翼對手，激進左翼聯盟領導人亞曆克西斯·齊普拉斯指責德國政府弄虛作假以逃避戰爭賠款，並索要200億歐元以補償二戰時德國對希臘占領而導致的損失。〔 48 〕與此對應，這位希臘總理卻從未對義大利提出過類似的要求，雖然義大利軍隊占領希臘的時間要比德國人長的多。

隨著九月再度當選，齊普拉斯與柯林頓同時出現在紐約的一檔電視節目中以支持柯林頓全球倡議（Clinton Global Initiative），他脫去了在國有化銀行時的所有偽裝，並承諾讓希臘成為一個更適合美國企業投資的地方。〔 49 〕當齊普拉斯支持全球化並和柯林頓成為朋友時，這意味著他成為了華爾街銀行家的代理人，同時也表明他已經背書並加入了美國中央情報局的大規模難民專案。

事實上，激進左翼聯盟與美英在軍事上的合作反映出歐洲左派對美國夢的讚賞。伊夫·蒙當（Yves Montand）和法蘭克福學派學者前往好萊塢和紐約朝聖反映的是對於美國例外論下「無階級社會」的不折不扣的讚美，因為美國彷彿使社會階層流動和移民遷徙成為可能。

出於對科學進步的信任，美國將政府管理職能留給一批專門的技術型專家。掌握資訊權力的「專業人士」成為了新式精英，他們往往試圖掩蓋財產和金錢為基礎導致的階級差異。由技術精英和美國范式引領的管理型經濟概念對歐洲知識分子有著不可抗拒的吸引力，由此導致新自由主義在歐洲大陸的興起。作為一個畢業於希臘最好的國立大學之一雅典理工大學的城市規劃師，齊普拉斯恰好完全符合技術型專家的特點，而並不是一個舊式的具有決斷力的實用主義政治家。

當美國中情局、國務院及其下屬的智庫和非政府組織在幕後暗中支援

恐怖主義的同時，也保持和發展著對翻版美國的歐洲政治、經濟和軍事技術專家們施加影響。法蘭克福學派的理論家赫伯特・瑪律庫塞（Herbert Marcus）是公認的美國中央情報局的精英，他的理論使反政府的暴力合法化，同時他也是上世紀六七十年代新左派恐怖分子的精神領袖，特別是對德國的紅軍旅而言。

　　歐洲左派最近的「成績」是鼓動美國與北約干預南斯拉夫、阿富汗和伊拉克的局勢。與美國國務院對「阿拉伯之春」的支持同時發生的是，在未對激進左翼聯盟的政策、項目和盟友進行預判的情況下，歐洲左派毫無譴責地對其進行支持。在進步知識分子毫無譴責地支持雅典街頭使用莫洛托夫雞尾酒（自製炸彈）的無政府主義者黑衣隊同時，他們未能認真考慮那些最激進的無政府主義者很有可能恰恰是領取中情局薪水的內奸。

日益遭到滲透的人權組織

　　具有影響和廣泛基礎的難民權利遊說集團歐洲難民和流亡者理事會（ECRE）受到國際大赦組織（AI）、人權觀察（HRW）、國際法學家委員會（ICJ）和其他主要非政府組織的操控，而這些組織事實上深受美英情報機構的影響。〔 50 〕

　　歐洲難民和流亡者理事會是對抗歐洲邊防管理局的主要政治力量，歐洲邊防管理局顯然需要改革，但該機構不應在歐盟外部邊界管理上被過度限制，而放任偷渡犯罪團夥獲取利益。包括眾多具有體面身分和飽含同情心的人組成的市民支援網路在中情局說客的說服下，同意給所有難民提供不切實際的支援，而不論難民其自身的政治和社會背景。

　　志願者和當地工作人員始終認為殖民主義和經濟剝削是發展中國家長期貧困與人口遷移的根本原因。歐洲人民被告知不論起源或原因是否合理，由於他們的歷史負罪感應該接受所有的外來難民。（同理，作為超級大國的國也應該接收所有因美國的軍事干預和商業經濟控制而導致的各國難民，而這首先應該從其鄰國墨西哥開始。）

禍水引向難民接收國

格林希爾反復強調接收難民的沉重而長期的費用支出應由接收國承擔，其中包括定期現金福利、住房補貼、資助兒童教育、醫療保健和各種急救費用。這些資助難民家庭的成本正在耗竭接收國為本國公民提供公共衛生及保健計畫的社會福利開支，尤其是在人口老齡化和青年勞動人口嚴重減少的社會中更是如此。

由於多數難民通常不能滿足先進經濟體對技術勞動力或高等教育背景的要求，因此難民在接收國從事低端服務所獲取的經濟利益可能永遠無法補償該國的福利支出負擔。

勞動就業錯位在傳統的穆斯林群體中尤其突出，穆斯林群體禁止婦女進入某些工作場所。因為一些「不那麼體面的」工作、醫療護理以及老年護理服務等工作中需要與「不潔」的非穆斯林接觸。〔 51 〕飲食習慣的限制也妨礙穆斯林在歐洲國家的餐館、食堂和其他食品服務企業中工作，特別是在一些大量消費豬肉製品和酒精飲料的地區。我們試問，當英國倫敦地鐵站內的連鎖店只能銷售清真肉類時，對那些喜歡豬肉培根的顧客或依靠飼養肉豬為生的群體的程度將會產生什麼影響呢？〔 52 〕由此還提出了如下問題：一個長期運營的工廠應該如何改變以適應這些新雇員？對雇主和其他員工來說，齋月註定將是一個挑戰，他們必須適應或面對歧視訴訟。

法國有嚴格的反歧視法律，其國家人口研究機構證實了穆斯林在主流就業管道中存在自我設置的障礙：「根據法國國家統計和經濟研究所（INSEE）2005年的資料，擁有法國血統的人口失業率是9.2%，而國外背景人口的失業率則為14%。這些統計資料已根據就業人口的教育背景進行調整。此外，與具有法國血統的大學生占總體失業率5%相比，出身北非背景的大學畢業生失業率達26.5%。」〔 53 〕

比這些發現更加複雜的現實是多數來自阿爾及利亞和突尼斯的北非難民在自己母國都是說法語的，而且在決定成為移民前已經相當瞭解法國的風俗習慣，但仍然拒絕或不能適應當地的風俗習慣，這都會帶來社會同化

的問題。高度依賴公共慈善的難民是否應該留在一個他們厭惡的社會中？多元文化主義的政治正確觀念已導致城市區域碎片化和各民族間的種族主義，這與一個寬容社會的概念截然對立。如果一個人不能參與社會生活並融入東道國的文化，那麼他們為什麼要來？尤其是那些不請自來的人。遷徙自由同時也意味著不前往和離開的權利。當基於種族差別的犯罪現象普遍發生時，特別是當以難民身分到來的北非青年大規模強姦青年歐洲女性時，這一質問是自有其正當性的。

長期失業導致大量難民集聚在城市的低租金貧民區中，加之居住在這些地區還有能夠前往大清真寺進行禮拜，嚴格遵循清真飲食的清規戒律和在非正規經濟中找到工作的好處。但隨之而來的問題是這些青年人會形成犯罪團夥，捲入販毒、盜竊、賣淫、賭博和其他違法活動中。鄰里社區種族隔離模式以及在底層貧民區中的反向種族暴力行為並不是多元文化主義的世俗改革者希望推動的理想化社會模型，而是與之相反成為制度化的種族主義的溫床。所以，自由主義左翼宣揚的現條件下的「遷徙自由」恰恰是通往長期貧困、社會隔離、犯罪和基於種族差別的暴力行為的捷徑。

法國穆斯林人口約占總人口的10%，而監獄中的犯人約70%是穆斯林，這是一個如此嚴重以至於無法視而不見的問題，但迄今為止這一問題仍然被忽視。除了對於非洲裔人口創作的「嘻哈歌曲」（hip-hop）和「霹靂舞」（breaking dancing）藝術形式歡呼慶祝外，對歐洲「多元文化貧民窟」的研究和分析仍然缺乏大量準確的資料。由於顯而易見的原因，這些地區的犯罪往往未被報導或是被員警蓄意忽視，員警顯然希望「多一事不如少一事」，避免捲入他們本職工作之外的糾紛。而且，多元文化條件下的雇傭並未在員警部門、法院、監獄、精神病學等行業中廣泛實施，目前這一現象仍然持續如此。

在經歷數十年的難民潮後，歐洲仍沒有準備好應付數以百萬計的難民湧入，在下一個十年是否能進行必要的改變以應對這一局面依然是未知的。為了解決這些敏感問題，亟需推出相應的政策和措施鼓勵年輕一代穆斯林後裔成為社會工作者和公共醫療研究人員。

雖然女權主義運動可能偶爾將聚光燈聚焦在一兩個來自難民社區的典型人物身上，但很少有人真正準備好處理難民聚居的貧民區內女孩遭受厄運的廣泛案例。雖然歐洲社會對男性同性戀的寬容度在不斷上升，但在這些社區中習慣性地仍然沿襲傳統包辦婚姻和迫幼齡女孩結婚的習俗，而這些社區共識仍然未得到歐洲社會服務界及學術界的足夠關注。阿拉伯和土耳其傳統上允許與幼齡兒童發生性關係的習俗導致各種性虐待和性交易問題特別令人不安，而在許多穆斯林國家仍然並未禁止這些習俗。〔54〕

強姦行為與在穆斯林賣淫團夥操縱下本地（白人）女孩的賣淫現象是英國各地不斷出現的問題，這自然激起了本地年輕白人男性強烈的種族仇恨反應。〔55〕學術上多元文化宣導者一般都避免涉及這些棘手問題，而寧可將這些社會問題留給缺乏資源和支持的員警去處理。

由於接受了數百萬的難民，而難民中的許多人對接收國的傳統價值觀又懷有敵意，歐盟很可能無法完成它在冷戰後向一個統一、和平和自治的歐洲過渡的進程。與之相反，希臘政府過度承擔社會福利預算、醫療保健支出和萎縮的就業市場導致財政赤字高漲，而德國的國家財政也由於向債務嚴重的希臘政府借貸而遭到迅速削弱。同時，社會中宗教關係緊張和恐怖主義行為將對其執法部門和內部安全造成長期挑戰。（就在本文寫作發表前不久，法國巴黎發生了恐怖襲擊事件）

歐洲的難民危機在很大程度上是一場有百害而無一利的危機，並因為伊斯蘭領導人對節育的抵制和鼓勵高生育率而進一步惡化。儘管穆斯林深信過去基督教殖民主義的罪惡，但在歐洲的穆斯林沒有人敢發聲反對對歐洲的反向殖民主義，這正是身亡的前基地組織領導人奧薩馬·本拉登優先考慮的事情。〔56〕

正如2009年英國《每日電訊報》（倫敦版）的文章中指出的：「英國和歐盟其他成員國都忽略了「人口定時炸彈」：「近來湧入歐盟的難民包括數百萬穆斯林，這將在未來二十年內改變這一大陸人口佈局，但幾乎沒有政策制定者關心這一問題。相關資料是令人震驚的。1998年西班牙人口中只有3.2%是在外國出生的，而2007年這一數字上升到了13.4%。歐洲的穆

斯林人口在過去的30年裡增長了一倍以上，並且在2015年將再翻番。

　　近來在比利時首都和歐盟總部所在地布魯塞爾新出生的男嬰使用最多的七個名字分別是穆罕默德、亞當、里安，阿尤布、邁赫迪、阿米尼和哈姆紮。」〔57〕（譯注：其中多是穆斯林的名字）雖然歐洲忽視「人口炸彈」的問題，但在透過希臘的大門向歐洲輸出「大規模難民武器」前，美國國家情報委員會卻在加強對其美國國內的人口控制措施。

美英情報機構的口蜜腹劍

　　如同傳說穿著多彩衣服的吹笛人誘拐走了哈姆林鎮上的孩子們一樣，由於殘忍與偽善的美英與北約情報機構的陰謀計畫，天真幼稚的難民大軍在向歐洲行進的路途中留下了斑斑血淚。對華盛頓與倫敦的政治精英而言，難民們僅僅是炮灰而已，無人真正介意他們的命運。當美國中央情報局促使海灣國家在敘利亞內戰中放任自敘利亞監獄中出來的殺人犯和病理精神病人時，道德已經不再是一個問題了。

　　在此，作者對由各國情報機構控制下參與直接行動的支持親難民維權團體和其背景簡要勾勒如下：

→ 無國界組織（No Borders）：

　　這是一個隱祕的泛歐洲的無政府主義團體。其支持一個被稱為「歡迎來歐洲」（Welcome to Europe! - W2eu）的祕密項目，該項目為推動難民離開土耳其出版和製作各類地圖、旅行指南和手機線上應用程式（App）。

　　正如在W2eu的網站（w2eu.info）上說明的的「無政府主義網路「歡迎來歐洲」項目（W2eu）為難民和難民量身定做各種英語、波斯語、阿拉伯語和法語的資訊指引。歡迎來歐洲項目的前身是萊斯沃斯島2009反種族主義運動（Lesvos09.antira.info）。

→ 萊斯沃斯島2009反種族主義運動（Lesvos09 antira）：

　　這是一個無政府主義活動分子的祕密群體。該群體曾於2009年9月在希臘的萊斯沃斯島的米利特尼港（譯注：萊斯沃斯島是希臘第三大島，首

府為米蒂利尼）接收裝滿穆斯林難民的土耳其船隻。該港是歐盟邊防局和土耳其海岸警衛隊經常爆發衝突的地點之一。Lesvos09 antira在其網站上指出：「歐盟施加大量壓力迫使希臘政府關閉這些外部邊界，並透過派遣專門負責歐盟邊境管理的歐盟邊防局員警和資助希臘邊防安全力量確保邊境安全。」

2012年秋，「歡迎來歐洲」（W2eu）事實上已成為土耳其的情報機構（Millî stihbarat Te kilatı —MIT）用來對抗歐盟邊防局（Frontex）的「第五縱隊」。2012年3月在土耳其伊斯坦布爾召開了跨界會議，參加者包括從哥本哈根到巴馬科，從坦吉爾到烏日哥羅德的14個國家的約60名激進分子。他們交流與探討了在突破歐盟外部邊界活動中獲取的經驗和他們正在推動的專案。而這些關鍵性突破歐盟邊界的衝突都發生在過去的五年中，其起始的背景就是五年前土耳其海岸警衛隊與歐盟邊防局在愛琴海上發生的衝突。

「迎來歐洲」（W2eu）項目提供的人口走私地圖和旅行指南包括：摩洛哥與西班牙的海上安全（2014年12月）；環地中海海域（2015年1月）／利比亞與義大利海域；愛琴海（2015年1月）／土耳其與希臘海域。這些祕密行動也提供「包含阿拉伯語、英語、波斯語、法語、普什圖語、索馬里語和提格雷語的智慧手機使用的旅行應用程式（App）。」（譯注：普什圖語（Pashto）為居住在阿富汗和巴基斯坦的普什圖族使用的語言；提格雷語（Tigrinya）是居住在厄立特里亞、衣索比亞和蘇丹等東非國家的一個部族使用的語言）

無國界組織（No Borders）是一個去中心化的由眾多獨立的地方團體構成的平行組織網路。英國當地無國界組織（No Borders）團體構成的網路屢屢透過封鎖難民局辦公大樓以阻止政府對非法難民的打擊。英國無國界組織（No Borders）聯盟發布的宣言是一份典型的蔑視法律和宣揚不斷革命的無政府主義宣言。〔58〕

→ **歐盟邊境線／邊界監控（Borderline.eu/Bordermonitoring）：**

這是無國界組織（No Borders）網路的德國分部，該組織由大言不慚

的全職鼓吹者貝恩德‧卡斯貝瑞克（Bernd Kasparek）負責領導。〔59〕
邊境線組織主要是監控歐盟邊防局的偵察活動，並為企圖跨越國界的過
境難民提供露營地。其中最臭名昭著的營地是被稱為「喀琅施塔得機庫」
（Kronstadt Hangar）位於法國加萊的營地，該營地的名字來自於反對俄國
革命而遭到鎮壓的喀琅施塔得要塞叛亂。（譯注：1921 年 2 月，俄國波羅
的海海軍要塞喀琅施塔得水兵在部分無政府主義者的煽動下發動反對布
林什麼維克領導的蘇維埃政權的反革命武裝叛亂，3 月 18 日，在時任蘇俄
領導列寧與托洛茨基的命令下，圖哈切夫斯基指揮蘇俄紅軍鎮壓了該叛
亂）。

　　2010 年在萊斯沃斯島召開的歐盟邊境線會議上，部分歐洲學者組成
的集團與無國界組織（No Borders）結成了聯盟。邊境監控透過德國的社
會經濟銀行（Bank fur Sozialwirtschaft）在科隆的分行為「歡迎來歐洲」
（W2eu）募集捐款。該銀行是由伯莎‧帕本海姆（Bertha Poppenheim）創
建的猶太儲蓄機構。伯莎‧帕本海姆曾是奧地利心理學家佛洛德進行「歇
斯底里症」研究的女患者，在研究中其代號是「安娜‧O」（Anna O）。佛
洛德的創傷性心理學理論是由倫敦的塔維斯托克學院（Tavistock Institute）
推動而得到進一步發展的，而該理論直接導致美國中央情報局用於精神控
制的研究專案「君王計畫」（Monarch Project）的誕生，該專案更為知名的
英文縮寫是 MK-ULTRA。

　　我們在此直接引用來自邊界監控項目的貝恩德‧卡斯佩瑞克和馬克‧
施佩爾（Marc Speer）兩人撰寫的文宣《希望：匈牙利和難民漫長的夏天》
（Of Hope：Hungary and the Long Summer of Migration，2015 年 9 月 9 日）：
「毫無疑問，最美麗的場景是來自敘利亞的難民懷揣「阿拉伯之春」的希
望和原動力來到歐洲，對歐洲邊境發起了第二次挑戰。他們接連數天在被
員警戒嚴的布達佩斯火車站入口處高喊口號表達決心，讓我們感覺似曾相
識　這種決心在歐洲各地贏得了越來越多的支持者，支持者超越國家控制
使用臉譜 Facebook 和推特 Twitter 等互聯網移動終端工具呼籲採取集體行
動和進行公開的人口遷徙。」〔60〕

神聖化「阿拉伯之春」就是對恐怖主義的支持，因為其恰恰是促使伊斯蘭國（ISIL）誕生的「邪惡之母」。貝恩德・卡斯佩瑞克在埃克斯—馬賽大學（Aix-Marseille University）學術同行馬麗納・泰茲奧利（Marina Tazzioli）是不折不扣的因突尼斯「茉莉花革命」和「阿拉伯之春」引發的難民潮的歡呼者。中東的劇變就是由希拉蕊・柯林頓領導下的美國國務院的傑瑞德・科恩（Jared Cohen）、安妮・瑪麗・斯勞特（Anne Marie Slaughter）和馬克・格羅斯曼（Marc Grossman）以所謂理性治理的名義直接策劃的。〔62〕

→歐洲社會異常行為與社會控制研究組（European Group for the Study of Deviance and Social Control － EG-SDS）的開放邊界項目（Open Borders）：

這是一個主張從中東和非洲向歐洲無限制遷移人口的學術網路。2010年該組織（EG-SDS）在萊斯沃斯島召開關於犯罪學的政治會議，並邀請了一個無國界組織的團隊參加關於挑戰難民管理當局的專題對話。〔63〕

該團體的反國家意識形態是基於法國哲學家福柯的理論，反對由國家強加的法律約束行為。其中的一些頂尖學術教授是索羅斯呼籲大麻合法化的公開聯名信的簽署人，其中包括已故的洛克・霍爾斯曼（譯注：Louk Hulsman，Lodewijk Henri Christian Hulsman，荷蘭著名的法律學家與犯罪學家，信奉鴉片合法化與廢除監獄）、湯瑪斯・馬蒂森（譯注：Thomas Mathiesen，挪威社會學家，主張廢除監獄）和文森佐・魯傑羅（譯注：Vincenzo Ruggiero，英國社會學家）。〔64〕

索羅斯提出大麻合法化的騙局恰恰是為了服務於他的對沖基金中來自卡利和麥德林等販毒團夥的客戶。而歐洲社會異常行為與社會控制研究組（EG-SDS）主張廢除監獄與刑罰的觀點也一直是黑手黨、有組織犯罪卡特爾和恐怖組織的福音。

雖然該團體的公開立場都是自由意志論者的語調和令人可敬的理智主義的范兒，但其創始教授們在現實社會中則是為警方、監獄當局、精神病研究機構、情報組織、政客和議會專項委員會服務的專業犯罪學顧問。

該團體的地下活動是招募外國學生和囚犯進行抗議行動，而這不可避免地引發警方的追蹤和逮捕。該團體的網站是與「歡迎來歐洲」項目（W2eu）相互連結的。 事實上，荷蘭軍事情報當局與該國廣泛的販毒活動保持著聯繫，並在該國的精神病中心設立有對精神控制項目MK-ULTRA研究相應的監控指標。

→軍事化專題資訊部（Informationsstelle Militarisierung 或 Infroamtion Ministry on Militarization — IMI）〔65〕：

這是由德國圖賓根大學出身的所謂「和平主義者」托比亞斯·弗魯格（Tobias Pfluger）領導的一個激進無政府主義團體。托比亞斯·弗魯格參與共同編輯一份親暴力無政府主義者的月刊《草根革命》（Graswurtzel〔grassroots〕Revolution），他聲稱自己有300名不願透露姓名的追隨者。

弗魯格透過德國左翼黨（The Linke）的競選名單成為歐洲議會議員，德國左翼黨也是歐洲左翼政黨聯盟的附屬支部。該左翼政黨聯盟由希臘激進左翼聯盟（Syriza）的領導人現任希臘總理齊普拉斯統領。就如同希臘激進左翼聯盟並不反對美國和英國的軍事存在一樣，號稱「和平主義」的軍事化專題資訊部（IMI）竭力抨擊德國、波蘭和法國組成的魏瑪集團進行非核武的防禦合作，但是對德國領土上更具有侵略性的美國軍事力量的存在卻一言不發。

→海洋觀察（Seawatch），又名海上人權（Human Rights at Sea）〔66〕：

這是一支偽裝的海事偵察行動力量，其主要在義大利領海內進行巡邏和搜尋以「拯救坐船從利比亞前往義大利蘭佩杜薩島的難民」。這種向難民表示友好的方式也是收集情報的一種方式，例如與人口販子保持良好關係，使歐洲的海軍部隊無法執行其任務。海上人權還與貝恩德·卡斯貝瑞克（Bernd Kasparek）領導的歐盟邊境線/邊界監控的活動分子保持聯繫。

海上觀察（Seawatch）的一位重要支持者是莎拉·瓦根內希特（Sarhra Wagenknecht）。她是一位來自德國東部的議員，歸屬歐洲左翼聯盟的紅綠

黨（Red-Green Party），也是前社會民主黨領袖拉方丹的婚外情伴侶（現在已是拉方丹的妻子）。

該組織用於行動的母船是由自由基金（Freedom Foundation）資助的，〔67〕這是柯林頓基金會下屬的一項反奴役項目。柯林頓基金會的主要捐助者包括卡達和沙特的王室成員，而這些人也恰巧是伊斯蘭國（ISIS）背後的金融支持者。自由基金中的一位董事會成員是英國人邁克爾・安德森（Michael Anderson），他也是索羅斯的開放社會基金會（Open Society Foundation）負責財務管理的董事會成員。〔68〕海上人權也得到了與美國海軍和英國皇家海軍有聯繫的數家私人海上保安承包商的支持。

→開放社會基金會的國際移民倡議（Open Society Foundations，International Migration Initiative — OSI）〔69〕：

這個組織一直在資助各種顏色革命，近來則贊助蓄意歪曲新聞與操縱媒體宣傳以支持反對敘利亞當局的「熱愛自由」的聖戰分子。數十家西方媒體廣泛刊登的支持難民的宣傳照片主要是由開放社會基金會的國際難民倡議（OSI）資助的。與其名字截然相反的是，開放社會基金會的創始人量子基金大亨索羅斯的所作所為可從來不是開放的或社會化的。開放社會基金會（OSF）使用「（煽動）革命」的戰術在數個國家安插願意出賣國家資源服務於掠奪式金融資本主義的傀儡領導人。在索羅斯早期的職業生涯中，作為對匈牙利納粹政權沒收猶太人財產的評估人，索羅斯參加了一系列卡爾・波普爾（Karl Poper）在倫敦政治經濟學院舉辦的講座，波普爾這位奧地利的猶太哲學家撰寫了反國家的經典著作《開放社會及其敵人》（The Open Society and its Enemies）。

難民政策改革的困境

在地方層級上，支持難民的團體多是因對深處困境的陌生人的同情而受激勵，並且自發希望對那些遭受不公正待遇的人們表現出自己的慷慨的民眾組成。好心的「撒瑪利亞人」（譯注：《聖經》中描寫的願意幫助他人的好心人）在人道主義的網路中特別容易因為虛偽的指控而被灌輸負罪感

與內疚感，尤其是那些教會志願者們。

致力於研究大規模人口遷徙的情報專家格林希爾聲稱：「自由的民主國家面對偽善成本（Hypocrisy costs）的影響和強制性人口遷徙工程時特別脆弱。因為民主國家與他們專制的對手相比，往往具有司法上明文規定的人權訴求和與難民相關的承諾，所以他們相對更容易受到偽善的脅迫。」

和平抗議和非暴力公民抗命運動並不是支持難民運動的主要特點。「受尊敬」的歐洲難民和流亡者理事會（ECRE）附屬的支持難民運動往往選擇遊說政客和官僚，並針對歐盟邊防局向法院起訴。由於呼籲對難民法律改革的人士不會因為其遊說改革的目標與難民服務專案直接發生衝突，所以抗議集會上的衝突得以避免。但當難民故意違反庇護程式或者訴諸暴力手段，比如向邊境警衛投石時，這使主張改革而推行更自由的難民法律的溫和支持者們在道德上處於兩難的困境。

「當口頭上聲稱致力於自由主義價值和規範而在實際行動上與之發生矛盾的時候，這種差別會導致產生具有象徵意義的政治成本。如果目標國此前曾經在口頭上或者法律上宣揚致力保護那些遭受暴力、迫害和海盜侵襲的避難者，而現在面對大規模人口湧入的危險時，採用強制性遣返或簡單將難民推到國境外的方式，將使他們面臨高昂的偽善成本。這種道德上的矛盾是得到廣泛公認的，並且經常被那些採用強制性人口遷徙手法的人蓄意利用。「這種偽善之上的偽善是政治正確性與生俱來的內在特質。

對於公民抗議無力的厭惡感已經讓呼籲改革難民法律的人士和從事暴力行為的無政府主義者結成了地下聯盟，因為後者的暴力行為可以成為推動內部溫和改革的理由。在沒有爭議和轟動新聞的報導下，改革是無力推動求穩惰政的官僚機構進行改變的。因為在支持難民的行動人士中沒有明確的身分界限。一個人可能白天是提供專業法律諮詢的難民顧問，而在晚上他則會套上黑色連帽衫直接參與和右翼流氓、或者和防暴員警的暴力衝突。

火上添油的無政府主義

　　格林希爾如此寫道:「對強制管理者而言為了獲得成功支付偽善成本是沒有必要的。然而，對弱勢挑戰者而言這可以成為有效的倍增力量。激進的無政府主義者為改革者提供了「點燃籌火的火柴」，因此這對政治當局也同樣有利，這將無政府主義其他的亞文化也置於公眾面前任其評論。現在（無政府主義）這樣一個曾經不起眼的話題已經再也無法避免，因為這些曾經身處邊緣的群體正藉著難民遷徙帶來的危機頻頻出現在公眾與媒體面前。

　　無政府主義者的兩種暴力行為都是有其明確戰術目標的。他們與管制難民的員警間的衝突通常是防禦性的，而無政府主義者反法西斯團隊與新法西斯主義者團體在街頭的鬥毆則是旨在宣傳。

　　激進分子封鎖街道和與管制難民員警的衝突通常都是為了防止員警在突擊行動中逮捕非法難民，使非法難民有機會逃脫。而在難民跨越邊境口岸時直接提供援助和在其行程中提供庇護所是當下無國界組織（No Borders）運動的主要優先事項，正如其宣言所述：目的旨在為不斷增長的抵抗運動提供「基礎設施」：包括連絡人、資訊、資源、會面點、公眾訪問難民、安全庇護所等等，致力於建立一個團結的網路，同時在公開和祕密層面上為難民提供幫助。」

　　更為隱祕而好鬥的「反法西斯主義」（AntiFA）和「反種族主義」（AntiRA）的各種小團隊的行為則是由其「黑色」（地下抵抗的）無政府主義意識形態所決定的。他們採用宣傳性行為以動搖「種族主義」和「階級化的」歐洲社會〔70〕，穿戴黑色連帽衫的反法西斯團隊故意挑起與極右翼民族主義者、與防暴員警之間的衝突，從而揭露自滿得意的歐洲社會中的暴力行為。除非直接遭遇防暴員警，否則無政府主義者總是試圖繞過國家體制，因為其最有力的對手是嚴重受傳統束縛的歐洲社會。街頭鬥毆的目的是使不滿分子覺醒，其中包括長期失業者、窮人、缺乏教育的群體和那些對所謂「白人神聖歐洲」虛假宣傳不滿的人群。而要實現這種轉化只能透過持續的革命性宣傳行動。簡而言之，他們的行動就是透過行動進行

宣傳。

烏托邦式的自由遷徙

　　政府的道德困境為無政府主義極端分子提供了講壇，他們公然挑釁《都柏林公約》和本國法律規定，並向邊境警衛投石攻擊。正如前面提及的，「對於強制力量而言偽善成本是沒有必要的；然而對於弱勢挑戰者的而言，其可成為有效的力量倍增器。」如果不是因為歐洲無政府主義者成為了祕密行動的代理人，僅僅因為他們自己在社會中的角色，在這裡就沒有必要詳細瞭解無政府主義的根源。

　　與外界認為的無政府主義者多是吸毒成癮的遊手好閒者的形象相反，無政府主義的支持者事實上嚴格遵守紀律，而且正如在希臘街頭的反緊縮示威中所顯示的，在戰鬥中他們並不缺乏個人勇氣。正如法國哲學家喬治斯‧索雷爾（Georges Sorel）解釋的，街頭暴力與真實的歷史遺產的聯繫遠不如與社會神話的聯繫更為緊密。社會神話是一種「決定採取行動的自我表達」，透過暴力行為的直接行動成為了某種神祕時刻得以實現的方式〔71〕。

　　穿黑色連帽衫的無政府主義者為爭取烏托邦式不受約束的個人權利而鬥爭，並透過無政府主義理想化的自由遷移進行表達。從心理學上講，自由遷徙的難民是對社會強加給個人的空間限制的藐視，這些空間限制的象徵有監獄、拘留所、精神科病房和集中營等。雖然難民本身可能是身著罩袍的伊斯蘭保守主義的薩拉菲教徒，但難民群體在心理學上成為了在永無止境的時間中人類產生的焦慮與自我發現的象徵，並透過他們反抗有產階級們構建起來的高牆深院似的大廈、豪華酒店、遊艇、私人飛機和專屬度假酒店等統治象徵可帶來參與者的自我滿足。

　　儘管在生活方式上的選擇完全不同，但激進的伊斯蘭理想中跨種族與地理的哈里發帝國本身就是某種烏托邦的聯邦式社區的典範，而這與無政府主義反對現代民族國家體制和爭取開放的烏托邦式自由空間的政治視野有著異曲同工之妙〔72〕。歐洲的無政府主義和原教旨主義者之所以同樣

對國家表示出敵意是在於他們對自我組織的公民社會的評價和對國家主權的高度不信任。

無論這是一個占領住房的無政府主義公社還是一個宗教信仰社團，在他們看來都是由各種自發的成員構成的公民社會，因為即使程度不同，但他們在某種意義上都是因個人的認同而自願組成的組織。與之相反，國家則被認為是強加的獨斷的權威，為了迫使個人和社會對其徹底服從而自我宣揚擁有主權的外在組織。所以，由無政府主義團體、人權運動和聖戰者組成的開放社會的聯盟並不是一個權宜之計而臨時苟合的「婚姻」，而是基於他們共同的支援公民社會反對國家統治的政治理念。

喬治‧索羅斯的精神導師哲學家卡爾‧波普爾將他的理論集中於是否自由選擇的概念上，從而評價做出選擇的人，無論他或她的選擇有多麼不負責任。這其中強調原子化的個人對於自願的公民社會的認同，同時要質疑或反對國家權威。波普爾對經濟決策中國家參與的消極態度也反映在朝聖山學社創始人的自由市場理想上。（譯注：朝聖山學社，Mont Pelerin Society是由米塞斯、哈耶克和波普爾等信奉自由主義的哲學家和經濟學家組成的知名新自由主義學術團體，其中很多成員獲得過諾貝爾經濟學獎等國際學術專業頂級獎項或者在各國政府中身居高位）

從個人經歷的角度看，米塞斯、哈耶克和波普爾三人都受到了哈布斯堡王朝時代遺留下來的成長記憶和遷徙到英國生活帶來的負面影響。這兩個社會中都存在著王室與議會之間的權力劃分。奧匈帝國和英國的國家主權都歸屬於王室，但議會則代表了公民社會的意見。當涉及到金錢的問題時，深受他們影響的偽善的實用主義者索羅斯卻從不因為他的量子基金為各國王室成員提供洗錢服務和協助他們掠奪英國央行中民眾的積蓄而感到絲毫良心不安。

當古典自由主義概念中占主導地位時，洛克關於一個民主國家的構成是基於民眾個人同意後制定社會契約而形成的思想本身就是某種異端邪說，更不用說這在現實世界中並不存在。在理想化的民主國家中，國家捍衛個人權利以反對從公民社會和市場中誕生出來的特殊利益集團的侵害

（特殊利益集團包括商業企業和宗教遊說集團）。但朝聖山社團的自由放任主張則反對國家起到的保護公民免受既得利益集團侵害的作用，比如，他們反對國家制定法律反對托拉斯壟斷，而且並不支持給予老年人退休金。他們傾向於根據資本大亨的需要規劃出新自由主義的概念，新自由主義反對保護性關稅，並透過全球化推動國家資源的私有化。

因此，為了豪取強奪者的利益，索羅斯所支援的開放社會項目（Open Society Project）致力於招募公民社會領袖和無政府主義活動分子，讓他們透過宣導放鬆管制、推動私有化、反對反洗錢和對人權概念進行極端解釋而攻擊國家對公共利益的守護。在無政府主義的「自由黑旗」的掩護下，放任資本主義的「海盜船」得以擺脫國家法律的管轄而「揚帆起航」。而這已經與美國國父喬治・華盛頓和湯瑪斯・傑佛遜的建國理念毫無關係，那本是基於洛克的平等原則而建立的社會契約，即政府應該保護其公民生命、自由和追求幸福的權利。

直截了當地說，在現實社會中無論是億萬富翁還是無政府主義者都是由辛勤工作且遵紀守法的廣大勞動人民餵養的寄生蟲。因此，他們對反對社會秩序和政治穩定有著共同的興趣。

雖然戰後的德國本來旨在成為一個由洛克所定義的透過美國憲法理念所表達所謂純粹的民主國家，但其仍然保留了部分來自於現代普魯士國家、極端民族主義的第三帝國和蘇聯集中主義的官僚體制的遺產殘餘，而且以宗教為基礎的政黨制度還在其中長久發生影響。由於政府舊的治理模式、民粹主義對官僚剛性的反抗和對反國家體制的非法行為的過度寬容而形成的矛盾，同時為左右兩翼力量的顛覆性計畫提供了空間。但是這些來自過去不同政治流派的遺產也在促進德國多元化和走向歐盟統一的過程中產生了一定積極的影響。因此，為了最有效地反對柏林當局，需要戰略性地測試其統治耐受性的薄弱環節，（美國）針對德國部署了大規模難民武器。

奧地利學派及其分支（芝加哥學派）的自由市場側重於強調市場的選擇，而不是經濟的歷史發展。同樣，無政府主義拒絕研究新教改革傳統

的歷史遺留產物，而將大量時間放在道德問題的施壓上。西方無政府主義和與之類似的穆斯林薩菲拉主義關注的是取決於個人選擇的生活體驗的當下。這種歷史狹隘性的意識趨勢構造了人為創造的對先烈的崇敬與緬懷（其來源於人為製造的印象而非真實的歷史史實）。犧牲者的魅力和對殉難者的崇拜是基於與原始部落信仰一樣不合理的內在衝動。喀琅施塔得要塞的叛軍、羅薩‧盧森堡和西班牙內戰中犧牲的無政府工團主義者與身為自殺式炸彈的聖戰者一樣都被套上了虛無的聖徒般的光環來慶祝。由此生命中唯一真正重要的是最終的選擇，即如何選擇死亡。

由於他們對階級鬥爭的意識形態承諾，無政府主義者必須隱藏他們從索羅斯那裡得到的資金。無國界組織如此解釋他們的宣言：「現代國家試圖將人口流動變成一種對經濟和政治權力的剝奪或否認的權利。精英與有購買力的「第一世界」公民可以旅行並且定居在任何他們想去的地方，與此同時窮人被控制流動和抹黑為罪犯。某些人的流動可能被接納是當局認為他們會對經濟有利，或者因為他們被歸類為「真正的難民」。所以難民、流亡者、經濟難民和非法難民的分類是被用來對人口流動進行分而治之的手段。

最具有諷刺意味的是無政府主義的理論盲點：歐洲得以移民到世界各地和將黑人奴隸遷移到新世界來展資本主義，是以屠殺式強行驅逐原住民並掠奪他們的土地，然後將原住民限制在保留地上的方式實現的。新到來者的流動性是以前住民遭到監禁為代價。在現實中，人口遷移行動是一場零和遊戲，而並不是絕對的自由。

為全球金融資本服務的「革命」

在無國界組織（No Border）的宣言中被拒絕進入歐洲的難民的抵抗被看作是顛覆歐洲的革命鬥爭中的關鍵支點。其宣言提及：

「外來難民面臨的殘酷條件向我們顯示了歐洲推行緊縮政策後可能出現慘況：大規模失業、更少的就業權利和更多的剝削、更少的福利、更為殘酷和赤裸裸的鎮壓。這正是危機真正的含義：隨著廣泛的貧困和明確的

階級劃分的出現，所謂的第一世界正變成第三世界。

　　福利國家的舊妥協正在崩潰，保證西方工人得以維持基本生活水準的條件已不復存在。當幻想和偽裝破滅後，我們看到的是精英和我們其他人之間公開對抗的回歸。但之後呢？正如無政府主義的左派偶像羅薩‧盧森堡預言道：「我們今天在這裡面對著可怕的命題：要麼帝國主義勝利，所有文化都將遭到毀滅，正如當初的古羅馬勝利一樣，人口減少、遍地荒蕪、生存惡化，成為一個巨大的墓地；要麼社會主義獲得勝利。」〔73〕

　　透過對國家的直接挑釁，第一次世界大戰後德國的極左派發動的革命為保守派的報復性暴力提供了誘因，而這也推動了法西斯主義的崛起。類似的反應也已經在無政府主義鼓勵難民湧入歐洲的運動中出現，支持難民政策進行溫和改良的人士遭到了右派暗殺的死亡威脅，這促使支持難民的團體不得不從他們的網站上刪除了參與者的個人資訊。

　　為了瓦解基於國籍和宗教社區建立的社會關係，非法難民成為了無政府主義虛無目標的炮灰。瘋狂的無政府主義者莽撞地宣稱敘利亞內戰導致的人口減少正是典型的革命時機。與之相反的是，現實世界中的社會主義者則反對北約軍事力量與猶太複國主義者的新保守主義祕密行動，反對美國國務院推動的「阿拉伯之春」，因為這些行動正在摧毀敘利亞、伊拉克、利比亞和埃及當地既有的社會生態和世俗穩定的阿拉伯復興黨政權。

　　無國界組織的宣言中的關於革命者的故事線索來自於一個熟知的民間故事，同時也是反對偉大文明、重述和重構現代社會、以及烏合之眾為逃離壓迫和腐敗的社會秩序而進入蠻荒的反向敘事史。這個故事就是在奇蹟的幫助下，具有預言能力的酋長將一支入侵的軍隊轉化為自己推翻惡魔般迦南人的力量，從而到達應許之地的故事。同樣的主題也引導著格林希爾的大規模難民武器的理論，而她卑鄙地是在書中沒有提及最近歷史中最系統性的強制人口遷移計畫是如何發生的。

　　這就是猶太複國主義者（以色列首任總理）本古里安的計畫，他策劃了1948年至1949年武裝驅逐巴勒斯坦人的行動，以便為猶太國家的重生而爭取生存空間。〔74〕那場大規模的強制遷移巴勒斯斯坦人的行動被稱

為阿拉伯世界稱為「大災難」（Al-Nakba）。今天大量阿拉伯人正在被強迫遷移離開敘利亞等國，而這些被迫遷移的穆斯林正大規模湧入歐洲，但是對今天正在發生的這些人口遷移現象與歷史上的人口遷移事件間的關係還未得到學者們認真的研讀。

難民成為新的野蠻人

正如當局譴責的一樣，反法西斯的團隊（antifa）當然是準備使用暴力手段的，但其也缺乏有組織的暴力的手段，無法實現除了破壞民族主義捍衛者希望維護的社會秩序以外的目標。神祕的無政府主義力量希望採用非組織的形式展示其類似野蠻主義的力量，它希望在不採用任何政府的組織原則情況下摧毀文明社會的國家架構。雖然其宣揚大量關於實現完全平等的言論，但無政府主義者事實上不過是超級資本主義體系的爪牙、美國帝國政治的雇傭軍和參與索羅斯風險投資的富豪們奴役暴民的棋子而已。

混亂的人口遷移將不會導致難民實現自我，或者透過他們的光榮抵抗反對專制的歐洲政體。相反，商業媒體會發現鳳毛麟角的個人奮鬥成功的故事，例如某個來自敘利亞的霍雷提亞·阿爾傑或阿拉伯少年維特這樣的難民，經過艱辛而富有勇氣的努力，幸運地成為了成功的技術主管或富有的對沖基金經理，而這不過是全球資本主義體系中的典型角色而已。

德國斯巴達克斯聯盟的領導人羅薩·盧森堡將階級鬥爭進行悲觀的歷史類比是錯誤的。羅馬帝國並沒有被由斯巴達克斯為首的角鬥士領導的奴隸起義所推翻。羅馬的強權是在那些野蠻部落戰車的滾滾車輪下終結的。那些古代的無知氓眾摧毀了羅馬，而他們輝煌的勝利帶來的是黑暗時代的苦難，這是無政府的社會唯一真實的歷史先例。最堅強的戰士的獨斷專行的願望和野蠻的武力只有由教會機構體系性的說服才使之有所減輕，之後具有文化的教士們的穩定的影響引導著軍閥統治的公社實現可能的經濟發展和在對自我民族身分的探索中實現其公民權利。這種有組織的意識形態的歷史作用指出了今天在歐洲主流教會的重要性，其可能引導歐洲走出當前的道德危機而實現文化與價值觀的復興，並進而促進歐洲的融合。

在難民危機議題辯論中被忽視的是還有今天新難民的消費習慣，他們通常裝備著智慧手機、旅行使用的應用程式（App）、信用卡（這意味著擁有銀行帳戶）和著名設計師的運動服。所有這些都是消費資本主義下的時尚裝備。他們的願望就像他們與記者大膽傾訴的那樣，不是為安全而來，而是為了獲得可能的房產和商業機會而來。他們的鬥爭是為了爭取明天身為中產雅皮士一員的全球權利。

難民像是圍繞在燭光外沿著嚴格線路的飛蛾一般行進著，他們蜂擁而至傳說中滿地流淌著牛奶和蜂蜜的「聖地」德國，而這一切都是由致命的消費誘惑所引起的。但大多數被愚弄的不幸受害者面臨的現實是，要麼被驅逐出境，要麼就在地域隔離中依靠最低生活保障勉強維持生活，而那些幸運的人將會被資本保留用於更為險惡的意圖。

如果說透過美國式賭場資本主義而使無政府主義者獲取權力的原型人物的話，那麼1960年代的嬉皮士傑瑞・魯賓就是最好的原型。他從社會鬥士華麗變身為華爾街經紀人，而他的名言則是「金錢就是力量」。（譯注：傑瑞・魯賓Jerry Rubin，1960-1970年代美國著名的社會運動與反戰活動分子，1970年代末轉變成為證券交易人和蘋果公司的早期投資者）。

可就業的移民與無法就業的難民

正如格林希爾解釋的：「移民者和難民洶湧而來，透過從『真正的』公民手中奪取社會資源、從更合格的求職人手中搶走就業機會、帶來他們母國的緊張狀態，並且犯下大量罪行的方法降低了（移入）國家的整體生活水準。」

支援難民的網路組織未能意識到在混亂的一年中開放式難民（的做法）並未能遵循「先來者先得服務」的慣例，這也造成了對那些遵循聯合國和歐盟的申請程式真正遭受迫害的難民和合格的外國務工人員的不公平。非法難民可以享受包括德國哈茨4項目（Hartz IV program）救濟措施下完全的福利，這種對中東非法難民的偏袒對於那些來自歐盟成員國和申請加入歐盟的國家的技術難民申請人是不公平的。這些合法的技術移民申

請人中很多人都能講德語，並且有技術培訓經歷或擁有相應的工作經歷，但是卻無法享受哈茨專案給予的福利待遇。〔75〕

在一個更為實際的基礎上，2015年（來自中東與非洲）的難民大軍很有可能在能力上無法與來自東歐和亞洲的的申請人在工作技能與看護服務水準相媲美。如果有其他工作機會的話，新來的中東難民相對於更有經驗也更適應德國環境的土耳其難民而言事實上也是過剩的，這導致他們會在相同就業崗位上存在潛在的競爭。如果一個新來的人不能對接納他或她的新的祖國做出確實的貢獻，而且以剝奪技能更好的更合格的歐洲人的工作機會為代價，那就不能確定他們是否應該被允許在此居留。可以預見由於缺乏語言能力和職業訓練而導致技能不足，以及由於宗教信仰導致的習慣障礙可能會使他們自己的新生活並不容易。

來自宗教教義的衝突習俗也是一個導致誤解和衝突的因素。例如有一個冒犯了歐洲居民的問題是難民群體對於大小便的習慣態度。阿爾巴尼亞人和敘利亞人之間為爭奪廁所而發生的暴力衝突使德國警衛感到震驚。斯洛維尼亞社會工作者對被當作臨時庇護所的體育場內的遍地糞便而感到驚駭。基督教的格言「清潔僅次於聖潔」增強了（歐洲人）對個人衛生與控制隨意排泄之間的認識。

佛洛德在很大程度上是基於他的肛門滯留人格而提出兒童發展理論。透過與存在為控制排泄而導致便祕的社會對比，穆斯林的信條是盡可能經常性地清理體內廢物並在祈禱之前用流動的水一天五次洗滌「骯髒」的地區。但是歐洲的公共廁所等衛生設施只提供衛生卷紙，而且沒有足夠的空間、手持的噴淋頭和必要的大型淨身盆。所以，這些難民者感到在他們認為的野蠻歐洲他們的行為（隨地便溺）是事出有因的。自然賦予的生理功能對所有人是公平的，而歐洲的糞便衛生概念對於那些存有心理障礙的人來說是反生理習慣的。熟悉中東的歐洲外交官和商人應該對提供的難民服務方提出警告，並告知他們存在習慣差異。

對伊斯蘭教的歷史性厭惡

現在這一波難民的行為通常能被歐洲公眾既正確又錯誤地察覺到，他們正在遭到懷有敵意的宗教社區進行的攻擊性的宗教信仰改宗和文化帝國主義的反向殖民運動。上百萬的穆斯林難民中很多人都是嚴格的遜尼薩拉菲派，他們在歐洲定居的挑戰導致在歐洲產生作為基督教堡壘的歐洲需要重振的觀念，而並沒有促進建立一個多元文化社會的世俗觀念。支持難民運動中無政府主義分子稱之為是「歐洲要塞」心態。〔76〕

平等的政治原則正在與社會承受能力的極限相衝突，世俗者對於多元文化未來懷有的理想而傾向於社會現代性需要與歷史傳承徹底斷裂。然而，不加批判性的「寬容」的盲點已經使世俗主義者處於教唆者的位置，其教唆導致出現更多的宗教教派，併發展出侵略性的信仰改宗和不同信仰間的不寬容，這些不寬容的宗教包括遜尼派伊斯蘭教、福音派和神受的新基督教運動、摩門教和新邪教等。而當公開支持反伊斯蘭教的以色列的猶太世俗主義者也宣導穆斯林難民遷徙到歐洲去的時候，情況因此變得更為複雜。

如歐洲主流的基督教新教和天主教所闡釋的那樣，大眾流行宗教文化是透過深刻的歷史記憶嵌入而完成的。在歷史上基督教和伊斯蘭教間經常發生衝突史中，對於穆斯林的廣泛記憶是，他們對前往聖地的朝聖者的殘暴鎮壓促使十字軍東征聖地、基督教俘虜遭到奴役，以及奧斯曼土耳其侵入歐洲最終占領拜占庭以及對維也納的野蠻圍攻。〔77〕另一方面，穆斯林也認為基督徒是入侵的十字軍和種族主義殖民者。這些不同的觀點反映了雙方力量在連續的歷史階段中的不同變化，並將為在多元文化的世俗主義教條下遭到遏制的宗教論爭火上加油。

社會浪漫主義的理想與愚蠢

近代德國民族主義很大程度上是由為爭取民權的長期民眾運動、代議制民主制、民族國家統一和在世界事務中起主導作用的浪漫主義運動所決

定。這種強烈的要求推動了統一，促使德國鞏固歐盟共識。作為優秀慷慨的德國人，他們的理想在默克爾‧安吉拉歡迎蜂擁而至的逃離壓迫的難民的提議中得以表達。這種對於德國認知的長遠眼光且進步的觀點傳承自古典主義者歌德和浪漫主義者席勒，也推動著難民權利的支持者大膽講出社會責任和拒絕德國形象中代表其內斂虔誠的黑暗面。

難民海嘯般的湧入也衝擊著德國社會民主黨和綠黨，特別是由於不少德國小城市缺乏多餘的住房而無法滿足分配給他們的難民的需求。在德國巴伐利亞州的南部邊境開放問題上，保守派的基督教社會聯盟雖然是默克爾的基督教民主黨執政聯盟中的弱勢盟友，但他們明確拒絕了默克爾的開放政策。

格林希爾預見到了保守派將會反對默克爾對難民流入的支持。強制性工程難民可以有效地設想為存在兩個層面，首先是整體的不對稱性，透過懲罰策略強制實施。在國際層面上，挑戰者試圖透過利用在目標國家內民眾間利益競爭而產生的適應成本或風險來影響他們的目標物件（民眾）的行為。

難民問題的政治化也表現在2014年組建的反難民的「愛歐洲者反對西方國家伊斯蘭化運動」（PEGIDA）中，這個運動是由德雷斯頓的時政評論人盧茨‧巴赫曼（Lutz Bachmann）創立的。〔78〕如果說在德國歷史上存在過因為社會福利制度崩潰後形成的民眾反外國人和反少數族裔共識的先例的話，那就是魏瑪共和國苟延殘喘的的最後幾個月。德國人達成的建立一個統一化歐盟的共識，現在看起來其導致的破壞甚至超過其帶來的恢復。默克爾2015年9月開放邊境的演講在不知不覺中廢除了申根制度，那麼在歐洲各民族國家的邊界上重建藩籬和進行簽證出入境檢查也將順理成章地接踵而至。

關注安全問題成為全歐洲各國日益加強的共同認識，其中包括支援更為嚴格的邊境安全控制，驅逐外來的不速之客，並只為有需求的本國公民提供社會福利援助。〔79〕高漲的德國民族主義情緒將會受到親美國的自由主義者的譴責，但與此同時，五角大樓將會無異議地對德國重新軍國主

義化點頭同意，使他們能夠對抗伊朗和俄羅斯的軍事力量復興。

　　透過左右兩翼夾擊，美國當局就可以在德國上下其手，安插其親手挑選的領導人。匈牙利的總理維克多・奧爾班（Victor Orban）由於下令建立邊界柵欄並批判柏林的開放政策而占據報紙頭條的時候，更重要的是需要記住他在英國牛津大學的學習是得到了索羅斯的獎學金資助，而該獎學金是由他牛津大學的授業導師波蘭籍猶太裔黑格爾流派的哲學家則別涅夫・培辛斯基（Zbigniev Pelcynski）負責管理的，培辛斯基也曾給美國羅茲學術獎學金得主前總統比爾・柯林頓和波蘭前外交部長、議會下院召集人西科爾斯基（Radek Sikorsky）擔任過授業導師。〔79〕正如格林希爾提到的，難民遷徙工程需要內幕政客關閉該國的邊境從而更具導向性地使難民流向設定的目標國家。

　　華盛頓當局將因為歐洲變得更為右傾、分裂和經濟實力衰弱而獲益，並使歐洲服務於其遏制俄羅斯重新崛起的戰略。切斷俄羅斯對歐洲的能源供應將確保美英的石油公司可以維持高油價；跨大西洋貿易與投資夥伴協議（TIPP）的簽訂將可以降低歐洲市場對於美國轉基因產品、化學添加劑和藥品安全標準、武器系統採購和工業化水裂葉岩油開採技術設置的貿易壁壘。甚至，不可排除的是埃及劇變後進行軍事政變的先例可能會成為美國針對歐洲的模式。

新納粹黨衛軍的阿拉伯彎刀師

　　德國國防軍在各聯邦州營地中負責收容和審查穆斯林難民可能帶來令人不安的後果，這些收容營地也包括一些過去納粹時代的勞工集中營。由於德國軍隊已經招募了一支頗為強大的阿富汗裔軍隊，所以人們會提出疑問，今後他們是否會透過審查招募敘利亞和其他阿拉伯難民加入其軍事力量和輔助部隊，包括為德國軍方未來在中東進行與戰爭與占領相關的情報工作服務。

　　當其他德國政治家在面對難民湧入的漫長夏天中表現出困惑和優柔寡斷時，國防部長烏爾蘇拉・馮・德・萊恩（Ursula van der Leyen）則在命

令軍方面對人潮湧入上表現出運籌帷幄的堅定魄力。這位布魯塞爾北約內部人士的父親是厄恩斯特·阿爾布萊西特（Ernst Albrecht），下薩克森州的總理，曾經捲入1978年西德軍方情報機構策劃的策勒「假旗」越獄事件（the Celle Hole False-flag Incident），雖然當時西德軍方情報人員曾將該稱為是德國紅軍旅策劃的越獄事件，但後來證明該事件是由西德情報人員自己策劃的。今天難民危機也已經被廣泛流傳可能是事先策劃的挑釁行為。

二戰中被遺忘的一個章節就是德國武裝黨衛軍第十三山地師「彎刀師」的組建，這是一支由包括波士尼亞人、科索沃人、土耳其人、阿爾巴尼亞人和阿拉伯人等穆斯林構成的德國黨衛軍的前線武裝力量。該師曾經殘酷鎮壓了遍布整個巴爾幹半島的南斯拉夫遊擊隊的抵抗行動。一支統一的伊斯蘭武裝力量可以說明北約吸收中東地區的激進勢力以進行針對高加索地區和中亞地區的武裝行動。歐巴馬和希拉蕊團隊是否能夠在未來維持美國政策的阿拉伯化的勢頭將會決定該地區長期互為對手的各國政府是否可以存在下去，由於這些國家政府不明智的行為完全可能導致這些國家像利比亞、埃及和敘利亞一樣陷入仇恨、宗教謀殺、混亂和內部衝突中。

德國共識的葬禮

難民危機會如何得以結束？喧囂而過的難民人潮只會在清道夫的清掃工作中遺留記憶。難民局職員拉下了辦事處視窗的窗簾，被命令強行遣返或更機敏地鼓勵難民回國將會一步步清理被媒體誤導而來的難民，但這不過是為下一波恐怖的到來清理一下街道而已。

正如情景專家居伊·德波（Guy Debord）建議的：「景觀是被禁錮的現代社會的噩夢，其終極表達不過是對於沉睡的渴望，除此之外無他。景觀無非是沉睡的守護者而已。」

世界打了一個哈欠，它將冷看德國共識走向瓦解，而這也將預示著更嚴重的全球動盪的開始。世界不過是暫時打盹而已，而這也是當下唯一值得安慰的事，如同貝多芬的《第九交響曲》和勃拉姆斯的《德意志安魂曲》開場時先刻意保持的沉默一樣：

哀慟的人有福了，因為他們必得安慰。（Selig sind,die da Leid tragen - Blessed are they who mourn.《馬太福音》）

❖ 章節附註

1. 凱利・格林希爾（Kelly M. Greenhill），《大規模難民武器：強制遷移、脅迫和外交政策》（Weapons of Mass Migration：Forced Displacement，Coercion and Foreign Policy），康奈爾大學出版社，2010。格林希爾是塔夫斯大學（Tufts University）的副教授，也是哈佛大學甘迺迪政府學院貝爾夫科學與國際中心（BCSIA）的衝突、安全和公共政策工作組的主席。她也是《安全研究》（Security Studies）雜誌的副主編。

2. 歐盟與俄羅斯的能源對話的報告，ec.europa.eu/energy/sites/ener/files/documents/2010；更新資訊可登陸網頁 europa.eu/rapid/press-release。

3. 蘿拉・阿爾卡提利（Laura Al-Katiri）和默罕默德・阿爾卡提利（Mohammed Al-Katiri），《地中海東部海域能源安全的地區化》（Regionalizing East Mediterranean Energy Security），美國陸軍戰略研究所，於2014年12月31日，www.strategicstudiesinstitute.army.mil/pdffiles/PUB1243.pdf。

4. 內菲哲・阿哈姆德（Nafeez Ahmed），「美國陸軍報告呼籲以色列掠奪能源」，伊朗PressTV新聞，2015年1月2日。默罕默德是全球正義的海牙研究所高級研究員，也是英國國防學院的高級研究組的前研究主任。

5. 艾利森・古德，「虛假的希望：地中海東部天然氣透過希臘和賽普勒斯」（False Hope：Eastern Mediterranean Gas Through Greece and Cyprus），黎巴嫩天然氣新聞（Lebanon Gas News），2015年7月22日。

6. 羅斯柴爾德投資信託控股公司在荷蘭殼牌公司中的投資：羅斯柴爾德家族企業最大的十項投資（金庫與地產以外）http：//www.ritcap.co.uk/，2003年2月28日，相關簡要在維琪百科關於羅斯柴爾德投資信託合作夥伴的詞條中。

7. 羅斯柴爾德家族控制著荷蘭殼牌集團和英國石油公司，並透過一系列仲介銀行組成的金融寡頭網路躲避了公眾的審查。里海黑海社會石油公司（Caspian Black Sea Society oil company）是其最早的源頭，同時也是諾貝爾-羅斯柴爾德卡達的夥伴公司，可以「亞塞拜然石油和羅斯柴爾德兄弟」（Azerbaijani Oil and the Rothschild Brothers）來描述。www.socarplus.az

8. 斯特凡・尼古拉（Stefan Nicola），合眾國際社（UPI），「分析：歐洲的管道戰」

（Analysis：Europe's pipeline war），2008年2月5日。

9. 伊斯蘭國作為美國與海灣國家的軍事承包商角色的文章已經在眾多新聞網站上披露。參見網頁：「敘利亞危機中的油氣角色」（The role of oil and gas in the Syrian conflict），阿爾 - 阿克巴（Al-Akbar），2014年6月25日，http：//english.al-akhbar.com/node/20321。

10. 地中海東部天然氣項目是對烏克蘭危機的回應。到目前為止，還沒有任何一方準備透露該專案是否將透過瑪律馬拉海和黑海延伸到奧德薩。在許多關於地中海東部和烏克蘭危機的文章中，見路透社報導「烏克蘭危機刺激地中海東部專案的希望」（Ukraine crisis spurs East Mediterranean gas hopes），2014年6月15日。

11. 東芝西屋公司計畫在奧德薩附近建立世界上最大的核燃料廠的消息被烏克蘭能源部無意間洩露。《烏克蘭能源戰爭將引起類似福島與切爾諾貝利的崩潰》（Ukraine Energy Wars are leading to a Fukushima-Chernobyl debacle for Europe），島津洋一發布於rense.com，2015年1月15日。這個祕密計畫的第一步是六氟化鈾生產商霍尼韋爾建立一個「妖術」設施。詳情見「烏克蘭與鈾轉化的」，2015年7月9日，核能研究所，www.nei.org。

12. http：//www.atlanticcouncil.org/programs/rafik-hariri-center-for-the-middle-east。

13. 柯林頓全球倡議，2015年年會重點www.clintonfoundation.org/blog/2015/09/27/cgi。

14.「賽普勒斯、以色列和希臘提議天然氣管道連接到歐洲」（Cyprus,Israel, Greece propose gas pipeline link to Europe），美聯社，2014年12月9日。

15. 申根地區，歐盟民政事務委員會，http：//ec.europa.eu。

16. 對庇護申請負責的國家（都柏林條約），歐盟民政事務委員會，http：//ec.europa.eu。

17.「默克爾在壓力下對難民危機與巴伐利亞結盟」（Merkel under pressure from Bavarian allies on migrant crisis），德意志之聲，2015年9月6日，www.dw.com。

18. frontex.europa.eu。

19.《美國邊境和入境口岸的難民執法》報告（Immigration enforcement along U.S. Borders and ports of entry），美國皮尤信託基金（The Pew Charitable Trusts），難民和各州專案，2015年2月6日。

20. 威爾・薩默維爾（Will Somerville）、達南加婭・斯里康達拉加（Dhananjayan Sriskandarajah）與瑪麗亞・拉托雷（Maria Latorre），《英國：一個不情願接受難民的國家》（United Kingdom：A Reluctant Country of Immigration），2009年7月21日，遷移的難民來源，www.migrationpolicy.org。

21. 阪中英德，《日本難民的未來：戰爭日記》（The future of Japan's immigration：a battle diary），聚焦日本，2005，japanfocus.org。

22. 國家情報委員會的《全球趨勢》報告，美國國家情報總監辦公室，www.dni.gov。

23. 國際難民，美國國務院報告，www.state.gov。

24. 艾米・法瑞爾（Amy Farrell）、傑克・麥克德維特（Jack McDevitt）、諾姆・佩里（Noam Perry）等人，《對於美國人口販賣受害者數量現有預估的評論與提升對人口販賣研究和對策的建議：遞交給ATEST的最終報告》（Review of Existing Estimates of Victims of Human Trafficking in the United States and Recommendations for Improving Research and Measurement of Human Trafficking：Final report to ATEST），2010年，結束奴隸制和人口販賣聯盟（Alliance to End Slavery and Trafficking）。引用：莫林・麥克格菲（Maureen G McGough）《結束現代奴隸制：利用研究通報美國反人口販運的努力》（nding modern-day slavery：Using research to inform U.S. Anti-human trafficking efforts），美國國家司法研究所雜誌（NIJJ）第271期，2013年2月報告顯示，人口販賣案件被立案和起訴的數量比人們預估的要少得多。這導致了人們的猜測：或者人口販運數量被高估或政府官員和執法機構並沒有有效地面對此問題。

25. 島津洋一未曾發表的訪談，亞洲有組織犯罪的人口走私犯在美國、瑞典、韓國、日本和歐盟成員國的領事官員的祕密資助下從事北朝鮮難民跨境走私活動。

26. 吉姆・沃爾夫（Jim Wolf），「美國中央情報局反對夏威夷大學教授關於中國問題的報告」（CIA moves against U Of Hawaii professor on China report），1998年11月18日，路透社報導，發布在rense.com網站上，rense.com/political/uofhprof.htm。

27. 美國總統巴拉克・歐巴馬，「新開始」（A New Beginning），2009年6月4日在開羅愛資哈爾大學針對伊斯蘭問題的演講，全文可在www.cbsnews.com查到。

28. 韋恩・邁德森（Wayne Madsen），《一名總統的製造過程：中央情報局將巴拉克・歐巴馬安插入白宮》（The Manufacturing of a President：The CIA's insertion of Barack H. Obama into the White House），WMR Press，2014年5月。

29. 迪迪爾・奧托蘭德（Didier Ortolland），「希臘與土耳其關於愛琴海的爭議：一個可能的解決方案？」（The Greco-Turkish dispute over the Aegean Sea：A possible solution？），地緣政治評論（La Revue Geopolitique）diploweb.com2009年4月10日，首發在法語的《國家防衛與安全選集》（Defense Nationale et Securite Collelectif），2009年2月。

30. 地中海東部的路線，趨勢與路線，frontex.europa.eu。

31.「土耳其海岸警衛隊抓獲護送人口走私者」（Turkish coast guard caught escorting smugglers），索菲亞回聲（Sofia Echo），2009年9月21日。

32. 歐洲難民與流放者理事會（ERCE）與國際大赦組織聯合簡報提議歐盟委員會修改歐盟邊防局相關規則，2010年9月9日，主題，www.ecre.org。

33. 奧茲根・託派克（Ozgun Topak）《實踐中的生物政治邊界：希臘與土耳其邊境區的監測與死亡》（The Biopolitical Border in Practice：Surveillance and Death at the Greek-Turkey Border Zones）、環境與規劃D：社會與空間，2014年10月。

34. 伊夫斯・德薬勒（Yves Dezalay）與布萊恩特・加思（Bryant G. Garth），《宮廷戰爭的國

際化：律師、經濟學家和拉丁美洲國家轉型的競賽》（The Internationalization of Palace War：Lawyers,Economists and the Contest to Transform Latin American States），芝加哥大學出版社，2002年。

35. 貝亞特・巴爾茨里（Beat Balzli），《希臘債務危機：高盛如何幫助希臘掩蓋其真實債務？》歐洲觀察（eurobserver），2010年2月8日。

36. 安得烈・雷特曼（Andrew Rettman），「蘭佩杜薩島：歐盟委員會希望升級邊境管理局」（ampedusa：EU commission keen to upgrade border agency），2013年10月8日。

37. 西莉婭・魯尼（Celia Rooney），《利用一場悲劇：蘭佩杜薩島慘劇喚醒的歐洲的邊界安全化》（Exploiting a Tragedy：Securitization of Europe's borders in the wake of Lampedusa），邊境犯罪學，牛津大學法學院，2013年11月18日。

38. 卡爾・斯塔尼・奧那瓦勒（Karl Stagno-Navarra）「利比亞的慈善船預示著在班加西對美國大使的襲擊：一個馬爾他的人道主義組織利用掛利比亞國旗的船隻參與了美國祕密向敘利亞自由戰士提供武器的走私行動。」《馬爾他今日》報（Malta Today），2013年10月31日。馬爾他註冊的非政府組織——我要去援助利比亞（I-GO Aid Libya）是美國中央情報局的前哨團隊，該組織在美國駐利比亞大使克里斯・史蒂文斯在班加西遭到殺害，並將防空火箭運給敘利亞恐怖組織努斯拉陣線（Al-Nusra Front）不久後就遭到解散。

39. 凱特・安德魯斯（Kate Andrews），「英國應該支持希臘債務重組計畫」，（UK should back Greek NGDP debt-restructuring plan），2015年2月3日，亞當史密斯研究所（Adam Smith Institute）希臘財長瓦魯法基斯會見英國財政大臣奧斯本後並獲得其支持的新聞稿。

40. 派・奧洛夫-薩莫爾森（Per Olof-Samuelsson），「路德維希・范・米塞斯（Ludwig von Mises）論無政府主義」（Ludwig von Mises on Anarchism），www.nattvakt.com。

41. 科斯汀・庫爾曼，「危機解除：整容手術數量在希臘飆升」（Crisis Lifting：Cosmetic surgeries skyrocket in Greece），德國《明鏡》週刊，2013年5月8日，「富裕的希臘人比世界上任何地方的人做了更多的整容和隆胸手術。為什麼？在世界範圍內，希臘每1000居民做的整容手術比除了韓國以外的其他任何地方都要多」。

42. 喬治・索羅斯，「為什麼我（有些）同意哈耶克？」（Why I agree with〔some of〕Hayek），2011年4月28日在卡托研究所發表演講，手稿發布於georgesoros.com。

43. www.w2eu.org，歡迎來歐洲網站。

44. 尼克・奧登斯（Nick Ottens），「帕諾斯・卡莫諾斯（Panos Kammenos）：希臘總理威脅將難民洪水湧入德國」，2015月9，《大西洋前哨》（Atlantic Sentinel）。

45. 達米・安肖克夫（Damien Sharkov），「普丁表示，『難民危機是由盲目追隨美國的命令而導致的』」於2015年9月4日說，歐洲《新聞週刊》（Newsweek）。

46.「難民危機：難民船在英國皇家空軍位於賽普勒斯阿克羅蒂里的港口登陸」，英國廣播公

司新聞，2015年10月21日。

47. 賽普勒斯的居民和利馬索爾的業餘無線電愛好者發現當地美軍的超低頻射電陣列的存在，這一陣列與阿拉斯加美軍高頻主動極光研究專案系統類似。發現之後，他們組織了反對破壞性信號的抗議活動，認為這會引起當地天氣變化，並導致強水龍捲風給城市造成大量財產損失。射電陣列被強烈懷疑導致當地出現四次連續的水龍捲風。當時哥倫比亞號太空梭正飛過賽普勒斯上空，而皇家方舟號航母群也駛離了港口，因此當地居民懷疑這是太空梭上的鐳射設備進行天氣控制試驗而引起的。也有懷疑認為類似的試驗導致2003年哥倫比亞號太空梭的墜毀。雖然美國軍方竭力否認這一試驗存在，並且當地遭到了隨後而來的以色列空軍的騷擾，基於對賽普勒斯當地目擊者的採訪，島津洋一調查了相關事件，並將關於哥倫比亞號太空梭執行祕密軍事任務的系列調查報告發布在rense.com網站上。

48. 希臘總理齊普拉斯對於希臘議會關於向德國索要戰爭賠款的演講，2015年3月9日，希臘外交部，www.mfa.gr。

49. www.clintonfoundation.org 柯林頓基金會網站。

50. 高層成員包括：拉烏爾瓦倫堡研究所董事長莫爾頓‧卡傑瑞姆（Morton Kjaerum）；國際大赦馬爾他的尼爾‧法爾眾（Neil Falzon）；組織的財務人員是來自國際商業機器集團（IBM）和比利時魯汶天主教大學的艾曼達‧傑瑞爾特（Amand Geerates）。詳情見由查理斯和維多利亞教皇撰寫的《天使是間諜》、《美國新聞與世界報導》（US News and World Report），1996年5月5日，該報導披露瑞典的人權模範瓦倫堡其實是中央情報局的間諜。

51. 對於穆斯林婦女的就業擔憂：伊斯蘭指引，2012年12月21日，www.islamweb.net。

52. 肖恩‧派屈特（Sean Poulter），「在穆斯林的強烈要求下倫敦地鐵站裡的近200家門店不再供應火腿和燻肉，而只提供清真肉類」，《每日郵報》（Daily Mail）（倫敦），2014年4月30日。

53. 伊斯蘭教在法國，人口資料，www.euro-islam.info。

54. 少數幾篇報導仇恨文學的新聞：根納‧巴爾西（Gunner Balci，「穆斯林女孩的禁忌與恐懼」，德國《鏡報》週刊，2011年1月6日。「年輕的穆斯林婦女往往被迫在歐洲過著雙重生活。他們在公共洗手間裡性交，將手機藏在自己的胸罩裡，以便在嚴格教義管束的家庭中保存她們的祕密。他們經常被禁止去看婦科醫生或接受性教育。在最壞的情況下，他們不得不進行處女膜修復手術、做晚期流產，甚至自殺。」

55. 雖然根據歐盟法律這是完全被禁止的，但英國穆斯林聚居區正成為「禁入區」和「白人勿入區」，這些地區日益發生的問題對於員警和白人來說基本不會被彙報，而這也成為仇恨文學的一個重要組成部分。

56. 諾曼‧伯蒂切維斯基（Norman Berdichevsky），「在本拉登陰影下的西班牙」（Spain in the shadow of bin Laden），《新英語評論》（New English Review），2008年3月。

57. 亞德里安‧邁克爾斯（Arian Michaels），「穆斯林歐洲：人口定時炸彈正在改變我們的大陸」（Muslim Europe：The demographic time-bomb transforming our continent），2009年8月。

58. 無國界組織的宣言，2012年8月19日，www.noborders.org.uk。

59. Bordermonitoring.eu 邊境線監測網站。

60. no-racism.net/article/4845 不要種族主義網站。

61. 瑪蒂娜‧泰茲奧莉（Martina Tazzioli），《阿拉伯之春提供的空間：義大利的尋求庇護者的領土權與道德上的地理概念》（Arab Springs Making Space：Territoriality and Moral Geographies for Asylum Seekers in Italy）、《環境和規劃雜誌》（Journal of Environment and Planning）（出版日期待定，PDF文檔格式將在Academia.edu上發布）

62. 島津洋一（Yoichi Shimatsu），「美國暗中支持埃及穆斯林兄弟會的軟實力戰略」，美國新媒體，www.newamericamedia.org，2011年2月15日。

63. www.europeangroup.org 歐洲工作組網站。

64. 聯大特別會議：給科菲‧安南的公開信，www.drugpolicy.org。

65. www.imi-online.de 軍事化專題資訊部網站。

66. www.humanrightsatsea/tag/seawatch 海上人權網站。

67. Freedomfund.org 自由基金網站。

68. www.opensocietyfoundations.org/.../michael-anderson 開放社會網站。

69. 開放社會基金會（Open Society Foundations），國際難民倡議（Internatiaonal Migration Initiative）www.opensocietyfoundations.org/about/programs。

70. 德國反法西斯：三個國家的反法西斯聯盟https：//3cafa.wordpress.com/tag/antifa-germany/ 德國一無政府主義反法西斯網站。

71. 喬治‧索雷爾（Georges Sorel），《反思暴力》（Reflections on Violence），1908年。

72. 穆罕默德‧拿瓦比（Mohamed Nawab）與穆罕默德‧奧斯曼（Mohamed Osman），《伊斯蘭國的哈里發烏托邦》（ISIS'Caliphate Utopia），2014年7月16日，新加坡南洋理工大學拉惹勒南國際研究院。（S. Rajaratnan School of International Studies - RSIS）出版。

73. 羅莎‧盧森堡，《朱尼厄斯》手冊，1915年。

74. 新史學家包括伊恩‧派頗（Ilan Pappe）、努爾‧瑪薩拉赫（Nur Malsaha）和羅薩瑪麗亞‧埃斯伯（Rosemarie Esber）等發現了德萊特計畫（Plan Dalet），以色列前總理本古里安強制遷走巴勒斯坦村民遷移的計畫，巴勒斯坦難民並非是戰爭的意外後果。

75. 克里斯托夫‧舒爾特（Christof Schult）採訪歐盟專員拉茲羅‧安多（Lazlo Andor），《為了歐盟難民的利益：布魯塞爾警告德國反對民粹主義》（Benefits for EU migrants：Brussels warns Germany against populism），德國《明鏡》週刊，2014年1月30日。

76. 《歐洲要塞的人力成本》（The human cost of Fortress Europe），大赦國際，2014年5月1日，www.amnesty.eu 歐洲大赦國際網站。

77. 奧斯曼土耳其帝國在圍困維也納時大規模暴行在倫佐‧馬蒂內利（Renzo Martinelli）的電影中得以生動描繪，1683年的911，（2012）。土耳其侵略者的暴行包括3萬名基督徒人質在維也納城門前被集體屠殺。

78. www.facebook.com/pegidaevdresden 愛歐洲者抵制西方伊斯蘭化運動網站。

79. 尼克‧馬蒂亞森（Nick Mahiason）、維克多利亞‧派森（Victoria Parson）與泰德‧喬伊瑞（Ted Jeory），《歐盟邊防局：由於老闆們警告難民指紋檢查不符而獲得增加巨額預算》，2014年9月18日，記者新聞調查局（The Bureau of Investigative Journalism）。

80. 克里斯‧漢（Chris Hann），《新遷移：匈牙利和德國、歐洲和歐亞大陸》，馬克斯‧普朗克慕尼克研究所（Max Planck Institute Munich），社會人類學研究所（Institute for Social Anthropology）。

81. 雷內‧普菲斯特（Rene Pfister）與戈登‧雷平斯基（Gordon Repinski）訪談烏爾蘇拉‧馮‧德‧萊恩（Ursula van der Leyen），《德國國防部長說：我們不能視而不見轉移目標》，德國《明鏡》週刊，2014年1月28日。

82. 克里斯塔‧厄瑞斯克（Christa Ellersiek），沃爾夫岡‧貝克爾（Wolfgang Becker）《策勒事件》（Das Celler Loch. Die Hintergründe der Aktion Feuerzauber. Verlag am Galgenberg），1987。

83. 喬治‧勒頗瑞（George Lepre），《希姆萊的波士尼亞師：武裝黨衛隊彎刀師》（Himmler's Bosnian Division：The Waffen-SS Handschar Division 1943-1945 Schiffer），1997。

84. 居伊‧德波（Guy Debord）《景觀社會》（The Society of the spectacle），Rebel Press（1965）。

第二章

笑裡藏刀
——為情報機構服務的美國國際開發署

韋恩・麥德森（Wayne Madsen）

「我們必須警惕軍工複合體在政府的各部門中獲取不正當的影響力，無論這是否是其初衷。災難性增長的濫用權力的可能性已經存在並且會持續存在下去。」

——美國總統艾森豪1961年告別演說

如果「對外援助之父」艾森豪仍然在世，看到今天美國對外援助專案的現狀，或許會在「軍工複合體」的名錄下添加一個新分支——「苦難與情報機構複合體」。

任何人只要親眼目睹過援助機構如何似「天神」般突然降臨到飽受內戰、種族清洗和其他災難蹂躪的所謂「失敗國家」的所作所為之後，都難免會覺得這些與維和部隊或者所謂「國際聯軍」狼狽為奸的國際援助人員往往是別有用心的。

雖然好萊塢電影之類的大眾文化很少能「恰如其分地」真實呈現重要的地緣政治事件，但是2005年上映的電影《不朽的園丁》（*The Constant Gardner*）卻是一個例外。它改編自約翰・勒卡雷（John Le Carre）撰寫的一部引人入勝的小說，儘管這只是一部虛構的小說，但作者淋漓盡致地揭露了飽受苦難的地區、特別是非洲地區的悲慘處境。

《不朽的園丁》揭露了非洲大陸成為了跨國企業、軍火走私商和本質上的「發災難財的產業」的犧牲品。故事圍繞著幾家大型製藥企業展開，

這些製藥企業把非洲的愛滋病患者和肺結核患者當作實驗用的小白鼠，在他們身上試驗會產生致命副作用的未經測試的藥物。這一陰謀的幕後黑手包含英國政府的最高領導層、專業的以「施善者面具」出現的援助機構以及肯亞和辛巴威政府中的腐敗官員。在這張由謊言編織的網路裡，還有一位跟肯亞部長狼狽為奸的以色列情報機構摩薩德（Mossad）的特工。正如最近西非爆發的伊波拉疫情所表明的，這部電影入木三分地刻畫了商業利益集團、政客、情報機構和非政府慈善機構之間相互勾結在貧困的非洲國家謀取利益的真實嘴臉。

無論如何強調一點都不過分，就是在英美兩國情報機構居心叵測的陰謀給非洲人民帶來無盡苦難的同時，他們在國內操縱媒體使公眾對於非洲的問題長期漠視，而這已成為英美兩國數十年來一貫奉行的非官方政策。

非洲屢屢發生的種族屠殺慘案——在此尤其需要強調「屢屢發生」這個概念——使達爾富爾、盧安達、獅子山、尼日爾、索馬里、薩伊/剛果和安哥拉這些地名一次次地成為世界各地新聞媒體的頭條。

這些鮮活而醒目的新聞標題提醒著我們這些人為的災難並非是非洲自己的原創，而是某些人在華盛頓、紐約、倫敦和休斯頓這些西方大都市的公司董事會、私人俱樂部和政府高官辦公室裡精心策劃與安排的。勒卡雷的作品絕非憑空杜撰與猜測，其書中的素材來自於他多年來與各種正規與非正規的情報網絡中的煽動者與中間人交往的經驗。作者本人深切自己描繪的一切。〔1〕

美國國防部是「殺傷率（kill ratio）」、「核百萬人死傷單位（nuclear mega-death）」、「民事附帶損害（civilian collateral damage）」等冷戰術語的締造者。然而在 1999 年，美國國防部卻突然決定設立一個專門機構為自然災害和人道主義危機提供援助，即救災及人道主義援助醫學中心（The Center for Disaster and Humanitarian Assistance Medicine，簡稱 CDHAM）。

該中心旨在與聯合國下屬的專門機構和各類非政府組織合作，協調世界各地的「維穩行動」。然而，其合作物件卻是麻煩不斷的「以宗教信仰為基礎的（faith-based）」非政府組織，例如世界宣明會（World Vision）、

美慈組織（Mercy Corps）、天主教救濟服務機構（Catholic Relief Services）、國際直接救濟組織（Direct Relief International）、世界浸禮會聯盟（Baptist World Alliance）、施世麵包組織（Bread for the World）、航空宣教團契（Mission Aviation Fellowship）、美國基督教世界救濟會（American Jewish World Service）、美國猶太人世界服務（American Jewish World Service）、聖約信徒國際理事會（B'nai B'rith International）、撒瑪利亞救援會（Samaritan's Purse）〔2〕。這些組織都曾因使用其傳教士為美國情報機構服務而著稱。

五角大樓的人道主義援助活動定義的「維穩行動」是指「為了推進美國的利益和價值觀在美國以外的國家和地區進行軍事和民間活動以建立或維持秩序。」維穩行動的短期目標包括提供安全、重建基礎服務、滿足人道主義需求；長期目標的重點是能力建設，透過能夠滿足公民基本需求的民主機構和市場經濟建立一個穩定與合法的國家。」

換而言之，與向亟需幫助的民眾提供人道主義援助相比，為目標國家「提供安全」和「建立或維持秩序」才是五角大樓內「施善者」的首要職責。而此後長期的重點目標是鼓吹建立「民主機制和市場經濟」。1999年，五角大樓把一些國家和地區列為潛在的人道主義行動的目標，其中包括朝鮮、車臣（俄羅斯聯邦的一個自治共和國）、科索沃（當時是塞爾維亞的一個省份）、緬甸、伊拉克和辛巴威等國。所有這些國家和地區都曾經選擇社會主義制度或者是資本主義與社會主義混合的經濟模式，所以需要向這些國家引入「市場經濟」和「民主機制」。

由此，我們可以看到五角大樓「施善者」的終極目標：讓飽受自然災害與內戰之苦的國家成為葛蘭素史克、美國禮來公司、埃克森美孚、微軟、摩根大通、美國銀行、通用電氣和沃爾瑪等美國大財團公司的安全所在。五角大樓的救災及人道主義援助醫學中心（CDHAM）確認這些大公司的基金會都是與美國軍方密切合作的非政府組織活動的重要資金來源。〔3〕

同時，該中心還曾表彰小額信貸金融的先行者即孟加拉格萊珉銀行

（Grameen Bank）的創始人默罕默德‧尤努斯（Muhammad Yunus）是「人道主義天才（humanitarian genius）〔4〕」。但正是這位尤努斯，後來因欺詐問題遭到孟加拉政府的起訴。〔5〕

　　一些國際援助機構和宗教組織在非洲所承受的苦難中長久扮演的醜陋角色已經在《不朽的園丁》得以揭露。1994年，英美兩國透過他們在盧安達當地的代理人盧安達愛國陣線（Rwandan Patriotic Front - RPF）的軍隊刺殺盧安達總統（譯注：1994年時任盧安達總統哈比亞利馬納與布隆迪總統的座機遭導彈襲擊導致其身亡），此後《不朽的園丁》的作者親眼目睹了盧安達發生的種族屠殺慘劇並承受了相應的心理衝擊。

　　《不朽的園丁》讓我回想起自己在盧安達的所見所聞，這些內容都已經記錄在我寫作的《1993-1999年非洲種族屠殺和祕密行動》（Genocide and Covert Operations in Africa 1993-1999）〔6〕和其第二版《死亡十年：1993-2003年非洲祕密戰爭和種族屠殺》（Decade of Death：Secret Wars and Genocide in Africa 1993-2003）〔7〕兩冊書中：

　　「開車穿過吉佳利市區（盧安達首都），會因為看見不可計數的援助機構所震驚。這些機構都有自己的住宅社區、本地雇員、外國雇員以及車隊。

　　「對一些人來說，所謂的『援助產業』是棵搖錢樹。一位名為R.M.康諾頓（R. M. Connaughton）的專家曾這樣描述1994年盧安達慘案之後，新援助機構蜂擁而至的場面：在那些早在慘案發生前就已經進入盧安達的機構和非政府組織眼中，這些新到來的非政府組織中的『克朗代克淘金者（Klondikers）』才是這場「淘金鬧劇」的真正參與者。」（譯者注：19世紀末加拿大南部荒野山區克朗代克地區發現黃金，大量淘金者湧入該地區）

　　康諾頓引用奈洛比紅十字會副總幹事羅恩（Geoff Loane）的話，「對一些人而言，當時前往盧安達不僅便利，還能得到很好的回報……他們不必帶來最好的資源。」

根據康諾頓的說法，當時甚至有一家來自美國維吉尼亞的基督教組織試圖透過按手禮（譯者注：基督教撫頭祝禮的儀式）來消除霍亂。他聲稱當時僅在戈馬（譯者注：剛果民主共和國東部城市）就有約一百家非政府組織，並進一步補充道「在危機的緊要關頭……那些新到達的非政府組織也帶來了（美國）軍方的意見。」

　　「盧安達幾乎完全屈從於來自世界其他地方無止盡的援助、五角大樓和烏干達總統穆塞韋尼（Museveni）的指令。在美國援助發展中國家的歷史上，盧安達絕非是一個成功案例。駐盧安達的美軍看起來更有興趣培訓雙手沾滿鮮血的劊子手盧安達愛國陣線，而不是幫助當地不幸處於水深火熱之中的民眾。」

　　這不禁讓人們想到美國國內新保守主義的議題，現在他們遍布民主黨與共和黨兩大黨派之中。在柯林頓執政期間，這場華盛頓與倫敦支持的祕密行動奪去了盧安達、民主剛果共和國和布隆迪三國五百多萬民眾的生命，雖然最初的計畫早在1989年美國前總統老布希當政和切尼擔任美國國防部部長時就已經公布。

　　美國在盧安達種族屠殺發生時之所以採取無所作為的態度，在很大程度上是由時任美國駐聯合國大使瑪德萊娜·奧爾布萊特（Madeleine Albright）和她的助理吉米·魯賓（Jamie Rubin，其妻子為美國有線電視新聞網CNN著名記者克里斯汀·阿曼普（Christiane Amanpour）決定的。柯林頓政府的奧爾布賴特和魯賓等人希望讓所有人相信事實正如譁眾取寵的政治宣傳片《盧安達飯店》（Hotel Rwanda）所描繪的一樣，1994年盧安達種族屠殺的起因不過是恰巧載有兩名非洲國家總統和其隨從的飛機「墜毀」而已；而並非是因為美國培訓的盧安達愛國陣線遊擊隊使用美國提供的武器一枚薩姆16防空導彈擊落了那架飛機。這些薩姆導彈正是美國在1991年沙漠風暴軍事行動中從伊拉克的武器庫中繳獲的。〔8〕而《盧安達飯店》一片中所描述的飯店原型正是《不朽的園丁》一書作者勒卡雷在盧安達時下榻的飯店迷勒科林斯酒店（Hotel Des Mille Collines）。

美國中央情報局（CIA）參與國際援助項目中的主要掩護就是全球無處不在的美國國際開發署（U.S. Agency for International Development - 國際開發署）。這一機構是中央情報局重要的「中間人」，利用國際開發署開展情報行動很難被發現。數十年來，從印度支那半島的戰爭到伊朗門事件（the Iran-Contra scandal），國際開發署一直身處中央情報局「地下行動（black ops）」的中心，並參與中央情報局組織的顛覆民選政府的活動，諸如在烏克蘭、格魯吉亞、莫爾達瓦等國進行的「主題革命（或顏色革命）」。在印度支那半島的戰爭中，國際開發署的承包商曾為中央情報局的專屬航空公司航空美國（Air America）效力，在老撾投放武器和運載毒品，在泰國和越南南部運輸走私違禁物品。

聯合國祕書長潘基文任命美國前國家安全顧問安東尼‧萊克（Anthony Lake）擔任聯合國兒童基金會（UN Children's Fund - UNICEF）執行主任，這可以說是中央情報局參與人道主義行動的最佳例證。2006年，美國前總統柯林頓曾提名萊克出任中央情報局局長，但終因共和黨反對撤回提名。

利用國際開發署的承包商從事情報活動是為了掩蓋中央情報局與五角大樓的特別力量參與人道主義承包商和非政府組織人員的行動。五角大樓甚至曾公開承認類似世界宣明會（World Vision）、天主教救濟服務機構（Catholic Relief Services）、美國援外合作署（CARE）等非政府組織經常雇傭退役軍人從事與「美國和其他軍事實體」進行聯絡的工作〔9〕。

在一些案例中，這些「其他」軍事實體被發現是與中央情報局有關聯的私人雇傭軍公司，例如黑水國際（Blackwater）及其繼任者XE Services和Academi、三葉叢林（Triple Canopy）和戴恩國際（Dyncorp）。

1988年，國際開發署在哥斯大黎加首都聖約瑟的郊區建立了一個龐大的綜合設施，很多當地人都將之稱為中央情報局在哥斯大黎加建立的「平行國家」（parallel state）的總部，該機構旨在支持哥斯大黎加鄰國尼加拉瓜叛軍發動的內戰。此外，國際開發署還為哥斯大黎加的私人銀行注入數以百萬美元計的貸款，有些貸款的利息甚至為零，希冀以此摧毀哥斯大黎加國家銀行體系。

在組織主題革命（顏色革命）方面，國際開發署的承包商位於馬里蘭州貝塞斯達的美國發展選擇實體諮詢公司（Development Alternatives Incorporated - DAI）當初正是現美國總統歐巴馬的母親鄧納姆（Stanley Ann Dunham）在印尼工作的雇主，該公司曾經在違法給古巴和委內瑞拉的反對派提供援助時被逮個正著。

根據1998年6月18日《雅加達郵報》（*The Jakarta Post*）的報導，國際開發署在印尼的專案仍然是中央情報局活動的前線。報導特別談到兩家印尼的非政府組織印尼環境論壇（Indonesian Environmental Forum）和印尼生物多樣性基金會（Indonesian Biodiversity Foundation ）均遭到警方起訴，原因是這兩家組織接收來自國際開發署提供的資金，並且明知這些資金來源與中央情報局直接相關。

2000年以前，國際開發署駐馬尼拉辦事處是在著名廣告公司智威湯遜（J. Walter Thompson advertising agency）在當地的辦公樓裡工作。該公司位於坐落在馬尼拉市中心繁華的馬拉提區的羅哈斯大道（Roxas Boulevard）的拉蒙·麥格賽賽中心（the Ramon Magsaysay Center）內，該樓被當地人稱作「中情局大樓」。這棟建築是拉蒙·麥格賽賽基金會（the Ramon Magsaysay Foundation）為紀念已故菲律賓總統建立。1955年，時任菲律賓總統麥格賽賽空難逝世，四年後洛克菲勒家族給基金會提供貸款修建這棟大樓。另外，洛克菲勒家族也一直為麥格賽賽基金會提供資金。

2004年，菲律賓反對黨批評美國國際開發署使用中情局的特工「監視」菲律賓的選舉。正是菲律賓時任總統格羅麗亞．馬卡帕加爾·阿羅約（Gloria Macapagal-Arroyo）允許國際開發署安排投票觀察員。菲律賓勞動黨（Anakpawis Party）領導人貝爾川（Crispin Beltran）對《菲律賓每日問詢報》（*Philippine Daily Inquirer*）表示，「當外國情報特工可以與選舉委員會（Comelec）達成協議獲許干預選票的時候，所謂的國家獨立不過是信口雌黃。」

1995年美國伊利諾州選區的國會議員梅爾·雷諾茲（Mel Reynolds）因為和未成年女性競選人員發生性關係而被定罪，後來被媒體披露其1980

年代一直以在美國新聞署（U.S. Information Agency - USIA）和國際開發署非洲處工作（主要在前蘇丹）為掩護，祕密效力於美國情報機構。此外，非裔美國人雷諾茲還以美國新聞署員工的身分在以色列生活過一段時間。〔10〕

　　2009年12月，美國發展選擇諮詢公司特工人員格羅斯（Alan Gross）在古巴被捕。格羅斯聲稱是援助項目人員，在古巴猶太人居住區安裝網路和其他通訊設施，但古巴猶太居住區負責人卻表示從未聽說過此人。格羅斯既不會講西班牙語，也沒有在古巴的工作紀錄〔11〕。古巴政府決定以間諜名義囚禁格羅斯，在2014年12月古美關係破冰之前，格羅斯一直被囚禁在古巴監獄中。2014年上半年，國際開發署被披露透過外包開發古巴版推特Zunzueno，在古巴煽動騷亂。這一專案由創意聯合公司（Creative Associates，Inc - CAI）承包，該公司大多數古巴以外的業務都在哥斯大黎加。創意聯合這一項目曾獲美國國務院公民社會援助計畫（Civil Society Support Program-CSSP）的表彰，而正是透過公民社會援助計畫，中情局在烏克蘭、敘利亞、利比亞、埃及、伊朗等國製造了一場場抗議與叛亂。古巴四十多萬Zunzueno使用者以為自己的資訊受到嚴密的保護，但實際上網站所有資訊都被國際開發署記錄下來，用於分析和資料庫存檔〔12〕。

　　2002年，美國發展選擇諮詢公司被披露在與國際開發署合作專案中為委內瑞拉工會組織和媒體提供資金，推動中情局策劃的反對時任總統查韋斯的政變。美國發展選擇諮詢公司最初由三名甘迺迪學院畢業生成立，作為國際開發署的私人承包管道，其運作方式與非政府組織非常類似。

　　美國國際開發署一直致力推翻古巴的卡斯楚政府。它不僅透過弗羅里達州古巴裔美國人全國基金會（Cuban-American National Foundation）即「自由古巴中心」為活動提供資金，甚至還透過德國基督教民主黨（Christian Democratic Party）下屬的康拉德‧阿登納基金會（Konrad Adenauer Stiftung）籌措資金。

　　美國國際開發署受中情局指示為海地總統讓‧貝特朗‧阿里斯蒂德（Jean-Bertrand Aristide）的反對派提供資助。在中情局支持的政變下，阿

里斯蒂德在1991年和2004年兩次被趕下臺。1994年阿里斯蒂德重新上臺之後，國際開發署開始透過一個名為「民主計畫」（Project Democracy）的項目為反對派提供資金。玻利維亞總統埃沃・莫拉萊斯因為國際開發署與中情局一起製造政變，將其趕出了玻利維亞。祕魯總統藤森（Alberto Fujimori）與祕魯的情報主管迪米羅・蒙特西諾斯（Vladimiro Montesinos）也被懷疑是中情局特工，據稱這兩人利用國際開發署資金鎮壓光輝道路（祕魯共產黨極左派）與圖派克・阿麻魯（Tupac Amaru）遊擊隊運動。1970年，國際開發署官員丹・米特里翁（Dan Mitrione）受中情局之命為烏拉圭特種部隊提供酷刑培訓，而後被烏拉圭圖帕馬羅遊擊隊（Tupamaro guerrillas）綁架處決。

在億萬富翁兼投資人喬治・索羅斯與其名為「開放社會基金會（Open Society Institute，簡稱OSI）」的非政府組織網路製造動亂之時，國際開發署經常助其一臂之力，直至該基金會正式改名為索羅斯基金會。1999年，克羅埃西亞媒體報導國際開發署透過各類非政府組織顛覆當時已處於風飄搖的圖季曼（Franjo Tudjman）政權，其中一些非政府組織被指也與索羅斯有關。

克羅埃西亞首都札格雷布的《Vjesnik》報紙曾明確指控國際開發署與美國新聞署是「美國非政府組織與美國政府之間的『衛生巾』」。這篇文章還指出，國際開發署協助反對黨推翻圖季曼統治的計畫是由中情局策劃的，負責協調實施的正是美國駐克羅埃西亞大使威廉姆・蒙哥馬利（William Montgomery）〔13〕。

在2008年上映的一部俄羅斯紀錄片中，吉爾吉斯斯坦前總統阿斯卡爾・阿卡耶夫（Bermet Akayeva）之女貝爾麥特・阿卡耶夫（Askar Akayev）表示，「這就是現代社會進行政變的技術手段。國際開發署（專案）的資金來源經常是索羅斯基金會和美國國家民主研究所（National Democratic Institute - NDI）；而且一直在開展某種訓練。因為國際開發署在美國國務院之下工作，所以很難把它看成是一個非政府組織……」小阿卡耶夫還說，吉爾吉斯斯坦國內有傳言說，美方扶持的政變者經常讓參加

政變的暴亂分子吸食毒品〔14〕，親美民兵組織和敢死隊透過吸食冰毒防止在夜間行動中打瞌睡幾乎成為慣例。

俄羅斯政府指控國際開發署在高加索北部地方支援的非政府組織與車臣恐怖分子有聯繫。塔梅蘭·特薩爾納伊夫（Tamerlan Tsarnaev）曾在格魯吉亞首都第比利斯接受國際開發署的訓練，他就是2013年波士頓馬拉松爆炸案嫌犯車臣兄弟兩中年長的那位。據稱特薩爾納伊夫曾在第比利斯接受的專業訓練包括在高加索山地煽動反俄羅斯的民族情緒，而這些訓練的資金就來自高加索基金會（Caucasus Fund）、詹姆士城基金會（Jamestown Foundation）和國際開發署〔15〕。

2002年，厄立特里亞將國際開發署在該國的人員驅逐出境，指該組織與中情局一起試圖顛覆政府，並協助與厄立特里亞因邊境問題交戰的敵對方衣索比亞。2009年，一場車禍導致辛巴威總理摩根·茨萬吉拉伊（Morgan Tsvangirai）的妻子蘇珊·茨萬吉拉伊（Susan Tsvangirai）受傷，總理本人在車禍中受傷。肇事卡車就是由國際開發署購買的，並且登記為美國大使館的牌照，但國際開發署否認與卡車有任何聯繫〔16〕。辛巴威公共事務部部長特雷莎·莫科恩（Theresa Mokone）是蘇珊的生前好友，她認為這場車禍與1984年奪取受人歡迎、剛正不阿的坦尚尼亞總理索科因（Edward Sokoine）的車禍十分相似。索克因是時任總統朱利斯·尼雷爾（Julius Nyerere）的指定接班人，尼雷爾因與前蘇聯和中國關係密切而惹惱了中情局。因下令凍結挪用公款者與走私販資產，總理索克因在精英階層中樹敵不少。在索克因疑似暗殺身亡事件發生之時，國際開發署正在積極介入坦尚尼亞內部事務。〔17〕

在薩伊，中情局支持的獨裁者蒙博托·塞塞·塞科（Mobutu Sese Seko）把國際開發署提供的數以百萬美元的援助資金納入個人腰包，使他成為全球最富有國家領導人之一。國際開發署在薩伊的其他資金被用來支援安哥拉叛軍「爭取安哥拉徹底獨立全國同盟」（National Union for the Total Independence of Angola - UNITA）的領導人若納斯·薩文比（Jonas Savimbi），儘管美國法律明確規定禁止向安哥拉叛軍提供援助。1976

年在美國總統福特執政時期，國防部部長唐納德·拉姆斯菲德（Donald Rumsfeld）批准開展資助爭取安哥拉徹底獨立全國同盟的祕密援助專案。類似的情況還包括國際開發署在雷根任期內，曾透過美國民主基金會（National Endowment for Democracy - NED）為尼加拉瓜叛軍提供資金，儘管美國法律也明令禁止此類協助。

在上世紀七、八十年代，國際開發署資助的「研究人員」開始參加非洲解放運動，特別是與南非非洲人國民大會（African National Congress of South Africa）和辛巴威非洲民族聯盟（Zimbabwe African National Union-Patriotic Front–ZANU-PF）聯繫密切。實際上這些都是中情局利用「左派」學術人士暗中監視民族運動的專案，其行動主要集中在辛巴威首都哈拉雷、南非開普敦，以及澳大利亞墨爾本、珀斯和英國倫敦等城市中的主要非裔聚集區。

冷戰結束之後，國際開發署直接開始透過美國民主基金會資助眾多「民主」團體組織遊行抗議活動，反對中情局希望顛覆的國家政府，這即是主題革命。第一次主題革命發生在塞爾維亞，並直接導致前總統米洛舍維奇下臺。此後，主題革命陸續在格魯吉亞、烏克蘭（2004年橙色革命、2014年親歐盟革命）、吉爾吉斯斯坦、白俄羅斯、莫爾達瓦、伊朗、利比亞、突尼斯、埃及、敘利亞、緬甸、俄羅斯、馬爾地夫等國上演。國際開發署雇員和承包商的類似監視活動遍布全球。很多情況下，中情局透過民間人道主義援助人員、醫護人員、提供「人道主義援助」的私營軍事公司、美國志願者組織和平隊、傳教士和其他管道開展行動，避免與美國政府機構或其承包商發生直接聯繫。

2000年，中情局與國際開發署一起透過一家名為軍事專業資源有限公司（Military Professional Resources，Inc.- MPRI）的私營軍事公司培訓奈及利亞軍隊，幫助奈及利亞政府打擊石油資源豐富的尼日爾三角洲的分裂勢力。另外，中情局還雇傭了一家來自美國維吉尼亞州維也納市名為循證研究（Evidence-Based Research - EBR）的私人商業情報和風險公司。因為國際開發署的援助人員絕大多數是為雇傭軍行動效力的，因此一些國家很

難得到正常醫療援助，尤其是巴基斯坦和奈及利亞。〔18〕

2012年，在中情局被披露在巴基斯坦以骨髓灰質炎兒童疫苗接種專案之名，收集本拉登下落情報資訊之後，西方國家疫苗接種人員被禁止進入巴基斯坦部分地區。美國醫學院的工作人員認為，該行動與中情局過去利用和平隊的活動十分類似。塔利班指控中情局透過疫苗接種專案讓巴基斯坦兒童絕育〔19〕。此外，中情局還在奈及利亞開展虛假的骨髓灰質炎疫苗專案，並因此受到類似指控。奈及利亞卡諾、卡杜納是穆斯林人口大省，當地政府拒絕讓任何疫苗接種專案進入該市，伊斯蘭恐怖組織博科聖地（Boko Haram）也針對疫苗專案提出與巴基斯坦塔利班相同指控：這是導致穆斯林青年絕育的注射項目〔20〕。

毒害國際援助項目的情報機構絕不止CIA一家。英國情報機構也獨立或與中情局，透過樂施會、救助兒童會（Save the Children）、世界宣明會援助項目的掩護下開展過類似行動。

在電影《不朽的園丁》中，有一句臺詞能很好地總結援助專案的真實目的：「製藥企業和軍火商身處同一條陣線」。除了製藥企業和軍火商之外，「苦難行業（misery industry）」的國際援助工作者從一個戰場奔赴另一個戰場的背後，漫天飛舞的是免關稅購物卡、不徵稅收入和慷慨大方的「放鬆休閒」福利。

❖ **章節附註**

1. Wayne Madsen《永恆的園丁：一部真實描述關於殺傷無辜的非洲與國際陰謀的電影》（WayneMadsenReport.com2005年9月15日文）。

2. 2009年夏，由災難及人道主義援助藥物中心（CDHAM）、醫藥衛生科學統一服務大學（Uniformed Services University of Health Sciences，簡稱USUHS）、助理國防部長辦公室（健康事務部）、美國國防部聯合撰寫的《非政府組織軍隊指導》。

3. 《CDHAM報告》（如上）。

4. 《CDHAM 報告》（如上）。

5. 《CDHAM 報告》（如上）。

6. Wayne Madsen《1993-1999年非洲種族屠殺和祕密行動》（劉易斯頓、紐約、蘭彼得；英國：199年梅隆出版社）。

7. Wayne Madsen《死亡十年：1993-2003年非洲祕密戰爭和種族屠殺》（西雅圖：2012年 Amazon Create）。

8. Wayne Madsen：WayneMadsenReport.com 2005年9月15日文 op.cit.。

9. 《CDHAM 報告》op.cit.。

10. 《Wayne Madsen 報告》：「國際開發署：代表CIA開展行動的前線企業史」（2014年4月4日）。

11. 美聯社2011年3月13日報導：「美籍猶太承包商Alan Gross在古巴被判入獄15年」。

12. 《Wayne Madsen 報告》：「國際開發署：代表CIA開展行動的前線企業史」op. cit.。

13. 《Wayne Madsen 報告》：「成長在國際開發署-CIA集團中的歐巴馬」（2009年9月8日）。

14. 《Wayne Madsen 報告》（如上）。

15. 《Wayne Madsen 報告》：「Tamerlan Tsarnaev與CIA行動在高加索的聯繫」（2013年4月25日）。

16. 《每日郵報》2009年3月7日Mike Pflanz報導：「Morgan Tsvangirai's的夫人『為美國卡車所謀殺』。」

17. Wayne Madsen《製造總統》羅利露露出版社2012年版第262頁。

18. 《Wayne Madsen 報告》（如上）第263頁。

19. 2014年5月20日，美國公用無線電臺Bill Chappell：「CIA表示不會再以疫苗專案作為掩護」。

20. Martin Robbins：「疫苗、CIA與反恐戰爭如何在奈及利亞散播脊髓灰質炎」（《衛報》2011年7月15日）。

〔案例附錄〕

美國國際開發署
——為外交政策服務賄買公民社會
島津洋一（Yoichi Shimatsu）

　　美國國際開發署（USAID）是聯邦政府負責向非政府組織和私人承包商分發海外發展資金的主要部門。這一獨立的機構由美國前總統約翰・甘迺迪於1961年成立，傳統上由來自慈善部門的「業餘」管理者來領導。然而，自反恐戰爭開始以來，美國國際開發署（USAID）已成為一個接受國務院政策監管且越來越中央集權的官僚機構，並開始與國防部（DOD）、國家安全委員會（NSC）、美國資訊署（USIA）和國土安全部（DHS）發展出千絲萬縷的聯繫。自前蘇聯解體及在發展中國家採取安全措施以來，美國國際開發署（USAID）所扮演的角色已從最初的民間慈善項目轉變成為「推廣民主」。自在越南戰爭期間參與反叛亂行動以來，美國國際開發署（USAID）與情報機構間的密切聯繫就是一個爭議點。另外，美國國際開發署（USAID）還多次被指控與美國中央情報局有聯繫。目前，各方普遍認為美國國際開發署（USAID）定期為間諜、監視和祕密行動提供官方掩護。

　　自2015年開始，美國國際開發署（USAID）就作為國務院戰略不可或缺的一個重要組成部分在各地部署，以實現打著反恐和政權更迭旗號拓展基於美式規則的「公民社會」的覆蓋範圍。這一雄心勃勃的戰略名為「打擊暴力極端主義」（CVE）計畫，比「鳳凰計畫」這一戰略性漢姆雷特專案規模更大、覆蓋範圍也更廣。「鳳凰計畫」永遠地印刻在了越南戰爭中美國國際開發署（USAID）所擔負的使命上。半個世紀前，在印度支那的叢林中，美國的主要對手是反對殖民活動的民族主義。今天，在美式「民主」的概念下，人民爭取自決和捍衛國家主權的鬥爭依然是美國的主要敵

人，而美式「民主」在一定條件下實際就是一個特權企業精英組成的寡頭。

在美國國務院戰略家和五角大樓軍事戰術工作人員被派往世界各地的戰略中心和前端基地的同時，聯合國兒童基金會及其非政府組織雇傭兵團早已在那裡以偵察員、宣傳員、發薪者和未來世界政府建築師的身分展開工作。與過往東南亞和中東地區猶豫不決的軍事行動相比，統治全球這一雄心勃勃的計畫要想成功，美國和歐洲國內真正的民主情緒必須完全被粉碎。為了使貪婪的大型非政府組織享受勝利的滋味，有原則的小型非營利組織將被犧牲。美國國務院錯誤的公民社會觀念要求對精英權威的絕對服從和投降。這一制度上的狂妄自大對於普通人民渴望民主熱望的傷害比世界上所有極端分子和暴君加起來都要大。

援助工作人員背景調查

2015年6月26日，美國國際開發署（USAID）啟動了合作夥伴審查系統（PVS），「要求許多援助申請人向美國國際開發署（USAID）提交關於雇員的詳細個人資訊，以便與情報機構的資料庫進行對比。」其中提到的「許多援助申請人」包括「申請美國國際開發署（USAID）合同、援助資金、合作協定及其它資金的非營利組織、營利實體組織和外國團體。」

如同《聯邦公報》（Federal Register）中所言明，「合作夥伴審查系統（PVS）的宗旨是為了減少誤用風險，防止美國國際開發署（USAID）的資金及其他資源被無意中用以幫助恐怖分子集資。

如果對新的安全檢查不設任何限制，那麼這可能意味著阿富汗或非洲之角等高危地區的援助工作人員將不得不坦白或者「出賣」他們所有外國同事及客戶的身分和背景資訊。這些「自願自發」的坦白對於五角大樓突擊隊的襲擊和中央情報局的無人機空襲而言都是頗有助益的福音。

如果援助申請人提交的某些名字與「不公開」（機密）資料庫裡的嫌疑人名單「匹配成功」，那麼美國國際開發署（USAID）負責確定是否與恐怖主義有關。如果有關，那麼申請人將不再具有申請援助的資格。聯邦公報中並未提及保密性的問題，即失去資格是否會導致遭受國土安全部的

審訊或者如果該援助人員被派往國外，那麼是否需要向使館安全專家或中央情報局案件專員做簡要情況說明。如果有確鑿證據證明與恐怖主義存在聯繫，那麼並不能保證援助申請人享有法律豁免權。

毫無疑問，合作夥伴審查系統（PVS）使得美國國際開發署（USAID）在反恐戰爭中承擔起了反間諜的角色，搜尋國家資助項目中可能存在的顛覆分子。儘管這通常是聯邦調查局的工作，但是查獲不同政見者嫌疑人現已成為美國國際開發署（USAID）的常規職責。此外，美國國際開發署（USAID）還有與中央情報局合作獲取外國情報的職責。

為了平息各方對非政府組織被利用從事間諜活動的焦慮，「美國國際開發署（USAID）表示理解各方表達的關切，即收集個人身分資訊就意味著與美國情報收集活動有聯繫。這一關切此前就曾被提出，例如針對美國國際開發署（USAID）加沙西岸審查專案的關切。合作夥伴審查系統（PVS）並不是美國情報收集專案。此外，美國國際開發署（USAID）也不是一個戰爭和國防機構，並沒有收集情報資訊的法律授權。」簡而言之，這就意味著合作夥伴審查系統（PVS）不是一個間諜專案。再次強調一遍：「合作夥伴審查系統（PVS）不是美國情報收集項目。」

特工007般的代號「F」

2006年，時任美國國務卿康多莉紮·賴斯設法將美國國際開發署置於外國援助辦公室主任的直接控制之下，代號為「F」。與其自由援助機構的最初地位相比，美國國際開發署現已成為外交政策機構的一個聽話工具。美國國務院及其內部情報部門外交安全局（DSS）則扮演著美國國際開發署與中央情報局、國家安全局、國防情報局、聯邦調查局和財政部金融行動特別工作組（FATF）等開展合作的守門人的角色。

由於嚴重依賴美國國際開發署的資助，國際性的大型非政府組織也不斷捲入這一情報收集關係網，極大地損害了它們的慈善地位及以人為本的道德中立原則。令人意外的是，反對這一政策的聲音很小，只有為數不多的幾個小型非營利組織聯盟。隨著持不同意見者陸續被淘汰出局，外國援

助這一龐然大物看起來就像是一台運行平穩的推土機，為了跨國公司的利益不斷對發展中經濟體進行重組。

試點項目

值得深究的是，合作夥伴審查系統（PVS）試點專案並沒有集中在包含大片不滿極端分子聚居區且穆斯林占絕大多數的國家裡。相反，對於非政府組織員工的審查將首先在肯亞、瓜地馬拉、黎巴嫩、菲律賓和烏克蘭試行。就這些國家而言，美國國際開發署在國會有問題並非因為恐怖主義，而是因為有關腐敗猖獗的負面新聞報導。

在肯亞和東非，布希任美國總統期間曾在美國國際開發署一個為期6年的抗瘧疾倡議上花費了25億美元。然而，這一倡議每年都有超過兩成的藥品被挪為他用，估算市值為6千萬美元。

在瓜地馬拉，援助很少能送抵貧困的農村社區。美國國際開發署承認「當地條件」超出了它們的控制範圍，開發專案屢遭拖延，這意味著援助資金並沒有被用到對的地方，而是落入了他人的口袋裡。

總巡視員辦公室2013年6月的一份報告痛批了美國國際開發署此前在黎巴嫩的一個被大肆吹捧的供水和汙水處理項目，指責後者未能顯著改善當地居民的健康狀況。

在烏克蘭東部地區爆發武裝衝突之前，與私人投資者創造的建築業的繁榮相比，援助機構的公私夥伴關係專案被公認為效率低下，基本未產生任何成果。

在菲律賓，因為數十箱被收繳的米沙鄢人論壇的偽造收據，美國國際開發署不得不尋求警方幫助。而在此之前，以反賣淫反販賣人口為宗旨的米沙鄢人論壇被譽為菲律賓的模範非政府組織。

美國國際開發署合作夥伴審查系統（PVS）試點專案的關注焦點是欺詐，因此其避開了伊拉克、阿富汗、海地和賴比瑞亞等受到政治暴力和恐怖主義威脅影響的國家。在這些熱點地區，美國的間諜行動需要美國國際開發署的掩護以便聯繫與交好當地極端武裝分子和軍閥。因此，審查不是

當務之急。合作夥伴審查系統（PVS）審查的主要目的是清除美國國際開發署裡的告密者、持不同政見者以及任何反對慈善事業政治化的個人，同時還要收集有關外國合作夥伴的資訊。

美國中央情報局想必將確保美國國際開發署的調查不會暴露其部署在難民營裡的特工網，畢竟難民營的監管機構國際救援委員會（IRC）交易自難民處收集到的情報的名聲由來已久。這些新的規則並不會阻止救助兒童會等援助機構迎合恐怖分子。總之，非政府組織成為西方間諜行動的耳目是完全沒有問題的。只是不要邀請你的親屬們為了華盛頓的一個辦公室工作提交移民檔。

公民社會的衛士

據非政府組織慈善和安全網（CSN），作為反暴力極端主義（CVE）全球項目的一部分，「國務院將在傳統和社交媒體中使用反極端主義表述傳達反極端主義的資訊，修改賦予國家和地方政府、青年和女性、宗教文化和教育領袖及其他有關公民社會行動者和私營部門以權力的方式，同時削弱對於武裝組織的支援。」通俗而言就是，透過國際開發署的專案，國務院旨在為異見人士洗腦，同時清除外國社會中國家獨立及地方傳統等有害的意識形態。反暴力極端主義（CVE）專案的推廣將把不受控制的當地人民變成順從的世界公民，如同電影《超級完美嬌妻》（Stepford Wives）裡的模範太太一般。社交媒體將會重複這一偽善的資訊：「孩子們，別再玩槍和國旗了，玩些安全的玩具，喝點兒酷愛牌迷魂湯吧。」國土安全部在國內玩兒的把戲出口到了國外。

在文化帝國主義的全球推廣中，美國國際開發署將在所謂的「公民社會創新舉措」中發揮重要作用。這一機構的最初目標是在全球挑選重要的戰略位置，建立資訊合作網路的六個區域中心。而國務院對政府機構和非政府組織在全球的軍事化部署「將施加外交壓力，鼓勵政府和機構尊重基本自由，取消對於公民社會的限制，同時執行實施支援公民社會的專案計畫。」

支援非政府組織享有所謂的「自由」主要是為了讓當地社會允許外國人不顧當地風俗、創通價值和社區權利為所欲為，畢竟後者終究都會被這些躍躍欲試的進步的使者打破重整。對於阿富汗和伊拉克的軍事干預都悲慘地失敗了，現在輪到打著公民社會的旗號來進攻，換個方式以人道主義占領來征服世界。

反面烏托邦的未來

在後伊拉克戰爭的緊縮時代，以美國不受挑戰的軍事霸權為基礎的單邊主義正被以外交、發展和國防為基礎的全球統治「可持續」戰略所取代。這一三維戰略主要依賴軟實力，同時融合了國防部的情報能力、國家開發署對公民社會的影響力及其非政府組織部門和五角大樓的偶爾敲打。低調的政權更迭策略則是改進了高調且成功的人道主義干預和顏色革命，而正是後者使得東歐人民遭遇寒冷的冬季、陷入債務危機並迷失在心理抑鬱之中，也是後者使得西方的大企業們掌控了東歐國家的經濟。

這一波公民社會攻勢的一個策劃中心就是國務院情報研究局下的人道主義資訊小組（HIU）。人道主義資訊小組利用跨機構和跨學科的方法「在準備和應對世界人道主義突發情況的過程中識別、收集、分析和傳播對美國政府決策者及合作夥伴至關重要的全信源資訊，並推廣人道主義資訊管理的創新技術和最佳實踐。」換個較為憤世嫉俗的說法，資訊管理其實就是將資料和證據以盡可能好的方式呈現，以便能獲取國會和聯合國的一致同意對目標國家進行人道主義占領。

人道主義資訊小組（HIU）強調「使用廣泛的資訊合作網路」收集和分析「最新、可證實且重要的相關資料」。接入情報機構的非政府組織就是所謂的「廣泛的資訊合作網路」，能夠窺探發展中國家的每一個角落。美國國際開發署運營的非政府組織則由上至下貫穿這一大型的全球監控和和解行動。在上層建築中，國務院脅迫外交使團和政客允許掠奪他們國家的資源；在下層安排中，五角大樓對拒絕成為種植園順從奴隸的村民進行掃蕩行動。全球範圍的人道主義占領十足就是一個自負且倒退的企圖，其

目的是重建種植園帝國。對於這種愚蠢犯罪行為的唯一真正的人道主義回應就是一個詞：反抗。

面對白宮要求讓步和加入的請求，慈善和安全網（CSN）彬彬有禮地反駁道：「為了使美國在加強公民社會事務上成為有效的全球領導，美國必須首先面對自己的局限性，解決自身與表達、和平集會和結社等基本權利和國際人道主義法律不相一致的地方，尤其是在國家安全法領域。」慈善和安全網（CSN）的所言真是太好了，我的兄弟姊妹，只是這永遠不會成真。

反對恐怖主義的恐怖效應

在美國本土，如果非政府組織的某些金融交易和活動可能用以資助恐怖主義活動，那麼「打擊暴力極端主義」（CVE）將要求其接受更詳細的審查和嚴厲的懲罰。彷彿在臆想的世界裡，「伊斯蘭國」恐怖組織還依賴美國清真寺斂財過活。北方援助（主要用以援助愛爾蘭共和軍和其他北愛爾蘭組織）的時代已經一去不復返，畢竟美元的影響力已經大不如從前。

慈善和安全網（CSN）還是做了一些好事。基於道德和法律依據，慈善和安全網（CSN）批評了財政部領導的金融行動特別工作組（FATF）收繳伊斯蘭非政府組織資金的行動。儘管證據薄弱且所謂與極端分子有聯繫的指控似是而非，聯邦檢察官還是給出了數個慈善機構支援恐怖分子的有罪判決，包括國際關懷組織的波士頓分支以及聖地基金會。平心而論，美國司法部從未禁止支持來自中東衝突另一方的恐怖分子？比如說以色列的遊說團體。

在至少另外兩個涉及非營利慈善機構「仁心」和「哈拉曼」的案例中，民權律師成功地使法院撤銷了訴訟。由於美國的伊斯蘭慈善機構少得可憐且影響力很小，因此狂熱的聯邦訴訟正好把美國國內的不滿情緒疏導至外國敵人身上。這種排外恐嚇策略一直是製造戰爭的強力推手。在當前「公民社會」的全球戰爭中，「和平、自由和正義」等愛國口號被職業戰爭製造者廣為傳播，而這些人正是這些愛國理想的敵人。

公民社會遊戲規則的改變者

2014日9月歐巴馬關於公民社會的備忘錄賦予美國財政部金融行動特別工作組（FATF）幾乎全部調查權力，允許後者收繳涉嫌與恐怖分子有聯繫的組織團體的資金，或者對非營利機構的銀行帳戶擴大監督。

新的嚴厲的財政制度及合作夥伴審查系統（PVS）是公民社會話語的「遊戲規則改變者」。一方面，聯邦政府不斷入侵非政府組織，包括援助工作人員的私人生活；與之相對的另一方面，很多聲音要求拓展外國而非美國本土公民社會的空間，減少政府管制。國際非營利法中心（ICNL）是呼籲給予非政府組織在外國更多自由的一個主要發聲者。該組織曾深度參與前蘇聯解體後東歐地區在雷根時代的政治轉型。完全在意料之中，國際非營利法中心（ICNL）由國家民主基金會（NED）和美國國際開發署資助。

白宮加緊對非政府組織的控制是雙重標準的另一個示例：「按照我說的做，別按照我做的做。」美國政府正急於對非政府組織的無害事務進行更多干預，並徵召這些善意的援助工作人員進行國內外情報收集工作。這一趨勢使得說服世界各國政府變得更加困難，它們很難相信以開放的態度面對對外交流及對非政府組織採取柔和態度能帶來益處。

如果慈善部門當時能及時抓住機遇啟動內部改革，設置公平的自我管理標準，那麼國際社會對非政府組織的諸多不信任本可以避免。事已至此，遺留下來的問題並非只有道德阻力和個人誠信這麼簡單。慈善事業基本已成了一堆悲劇性的垃圾。

第三章

反客為主

──西方勢力在南亞次大陸的馬前卒

艾倫・希拉瓦斯特瓦（Arun Shrivastava）

　　自18世紀晚期以來，英美兩國與猶太復國主義勢力一直對南亞次大陸地區虎視眈眈。英國東印度公司（British East India Company - EIC）占領南亞的幾十年裡，該地區的財富與資源被大肆掠奪。1858年，英國議會正式接管南亞次大陸的統治。1866年，緬甸也淪為英屬印度的一個行省。自此之後，一整套來自西方的紛繁複雜的價值觀、規定與法律開始系統地進入整個南亞次大陸社會，導致南亞失去了真正的思想與行動的自由，並限制了當地公平和開放的貿易，南亞地區實際上陷入了政治、經濟、文化奴役的水深火熱之中。

　　在1947年後民族國家獨立與分離的浪潮中，被前殖民者委任的南亞精英階層發現殖民時代的政治遺產完全可以為己所用；由於這一共同的歷史背景，今天南亞各國對企業、慈善機構、非政府組織的管理仍以當初英國的司法體系和習慣法系為基準。

　　以天主教、新教、聖公會、蘇格蘭教會為代表的殖民勢力的軟力量大舉侵入南亞地區。在看到誘人的黃金光澤後，美國教會組織也爭先恐後地奔向太平洋彼岸。但基督教東正教教會（Eastern Orthodox Church - EOC）卻並不在淘金者的行列中，因為東正教早已進入南亞地區，與當地文化相融合。敘利亞、亞美尼亞和希臘派是南亞東正教最早的三個派系，2010年俄羅斯東正教才進入南亞地區。近年來，南亞地區呈現出天主教、聖公會、新教教徒皈依東正教的趨勢。因此，此部文選中「基督教」泛指西方

宗教系統。

教會──「上帝的錢箱」

在英屬印度時代，第一批到來的就是基督教會管理的各種西方從事慈善、教育、醫療、福利機構。當時致力於向印度傳播西方思想、醫療體系與英語文化的傳教士可以獲得帝國的獎勵，但是印度的社會凝聚力卻因此大幅下降。

因為西方傳教士在英國殖民政府內有著穩定的支持者，可以毫無顧忌地與英國殖民官員打交道，所以傳教士們無所不用極地使用各種手段誘使或迫使貧苦的印度教徒皈依基督教，印度次大陸上的基督群體就是如此從無到有的。

這種利用殖民霸權無視本土傳統與宗教秩序的傳教行為實質上就是文化侵略。在物產豐饒的部分地區，改信基督教的部落就可以獲得接受西方教育的特權，也因此被納入到整個殖民體系中。而那些拒絕皈依基督教的部落則被與這些特權無緣。

教會的慈善機構可以無償地從殖民政府那裡獲得大片肥沃土地。英國殖民者從未為這些土地花過一個便士，而只是隨意圈定後就贈與作為外來者的西方教會。一些歷史學家認為，自此之後基督教會就承擔起當地貧苦部落群體的「牧羊人」的角色，甚至因為殖民當局施政不善而為當地部落代言，幾度把殖民政府告上法庭；雖然在傳教士的「幫助」下本地部落也曾勝訴過，但因此付出的代價則是整個部落必須皈依基督教。

深究之下會發現，其本質是傳教士與英殖民政府相互勾結，剝奪了當地社區作為一個群體對自然資源的所有權，從而方便殖民者的大肆掠奪。

南亞次大陸人民反抗殖民統治與基督教會的歷史由來已久。失去國王的資助之後，緬甸的佛教徒、南亞的印度教教徒和穆斯林都損失慘重；由於失去收入導致本地的寺廟、學校、慈善機構無以為繼；同時殖民者不僅掠奪當地自然資源和文化財產（包括寺廟裡的黃金），還不斷強迫民眾皈依基督教；這累累罪行使本地宗教團體的反抗情緒日益高漲。即使在南亞

國家獨立後的數十年裡，當地人民仍然對殖民主義遺留的體制與制度深惡痛絕。恰逢此時，政治左翼力量，無論是親蘇派、親毛派還是馬列毛主義極左派武裝力量都有所發展。

基督教會勢力立即與左翼群體一起反對印度教，將印度教標記為「封建落後、壓迫人民的傳統」；一邊與其他少數裔和種姓群體聯合起來，將自己重新定義為「被壓迫者」。自此之後，穆斯林少數裔、左翼群體與基督教會的政治勢力結成聯盟日益強大，逐漸成為社會政治語境中的「世俗主義」力量。1989年之後，印度次大陸的非政府組織成為「身分政治」的旗手。美國總統歐巴馬在離開美國之前曾放言，「只要印度是一個世俗主義國家，她就能取得進步。」這種傾向性的分析就是因為美國國務院和美國總統深受非政府組織的影響所致。

根據一些未經證實的報導，天主教教會不僅是印度最大的非政府土地所有者，而且很可能是僅次於印度政府的第二大雇主。天主教會是一個重要商業實體，不僅生產食品與紅酒等，還經營很多其他業務，而且所有收入均無須繳稅。今天，雖然土地紀錄電腦化可以有效打擊逃稅，但因擔心會暴露殖民時代的醜陋真相，這一工作始終無法開展。

在美國和其他經合組織國家（OECD）面臨的一個重大社會問題就是基督教會成為了逃稅、販毒、洗錢、貪污與性侵犯的慣犯。而在一些特定的發展中國家，情況則更為惡劣。許多涉及教會的經濟欺詐案沒有被公開報導、經常連起碼的調查都未進行而讓罪犯逍遙在法網外。〔1〕

「靈肉重生」的美國前總統小布希曾為軍方、情報機構與教會聯合設計的「約書亞」計畫慷慨捐資100億美元，該專案要求調查統計印度每家每戶的種姓、宗教、民族、生計、郵編等數據。這一資料網路如同一條條蟲一樣，用它醜陋的頭窺視著南亞次大陸的各個角落。要在印度各地建立起一座座教堂，使人們無論走到哪裡都能聽到「上帝的鐘聲」成為西方基督教這一無恥而罪行累累計畫的目標。〔2〕

利用兩多世紀以來竊取的財富與來路不明的資金，基督教的慈善機構在整個南亞次大陸透過非政府組織、國際性非政府組織和私有化的聯合國

機構中竭力地推動現代世俗集體主義的發展。如今，這一由外國操縱的顛覆計畫已祕密地控制了工會、農民協會和其他民間社會組織構成的政治空間。

在過去兩年裡，美國和沙特資助建立的伊拉克和黎凡特伊斯蘭國（簡稱伊斯蘭國——縮寫為ISIS或DAESH）一直在南亞招募志願者，並威脅南亞地區的安全。伊斯蘭國阿拉伯語全稱為al-Dawlaal-Islamiya al-Iraq al-Sham，縮寫DAESH，其發音類似阿拉伯語「Daes」一詞，意為摧毀異己、在敵人間挑撥離間的組織。

如今，伊斯蘭國已經成為一個羽翼豐滿的武裝國際組織，與美國在伊戰中資助的私營軍事承包商類似，該組織擁有來自80多個國家的極端分子組成的雇傭軍。伊斯蘭國是為美國與北約利益服務的，其目標是獲取阿富汗來的鴉片利潤，並挑撥印度與巴基斯坦之間的關係。迄今為止，還沒有一家外國資金支援的南亞非政府組織曾發聲譴責國這個西方製造的威脅。實際上，無論是非政府組織中的顛覆特工，還是伊斯蘭國或基地組織中的頑固分子，都不過是美歐新殖民主義精心編造的一場騙局。

非政府組織的目標

西方國家操控的非政府組織在南亞的主要目標包括：

1、在不同信仰、種姓、民族之間製造集體性社會矛盾，在每一種社會文化、民族和宗教群體內支持、資助、指導極端勢力反對民族國家，以致國家陷入永久混亂。

2、利用人權、和平、移情等詞彙製造意識形態假像，宣傳受非政府組織支援的政黨減貧、教育、醫療、民主、平權、良好治理等虛偽口號。雖然未被分裂前的印度在政治參與、權利保護、包容式發展、良好治理相關法規等方面已經有紀錄的四千多年發展史，但這些詞彙如今都被重新包裝成非政府組織詞典裡的專用術語。〔3〕

3、支持完全服從於西方國家的主流政黨領袖，抹黑一切敢於挑戰西方國家的聲音。尤其是針對印度教徒中的民族主義者與負責人的穆斯林領

袖尤其遭受打壓，他們被貼上「法西斯」標籤，被認為與現代價值背道而馳。唯一免受西方譴責的是基督教徒與親西方的穆斯林群體，無論這一群體的言論如何仇視其他民族與使用暴力反動。這些非政府組織中的絕大多數既沒抗議過巴基斯坦軍方，也沒反對過美國中情局對法律的踐踏或無人機轟炸。

由巴基斯坦軍政府支持的救助兒童會（Save the Children）竟然可以作為非政府組織得以重建，這無疑說明官僚們與非政府組織已經結成聯盟。在前總理天主教徒尼婭‧甘地夫人（Antonia Maino）與總理辛格Manmohan Singh（印度前）事實結盟的十幾年間，曾侵吞數萬億美金，大肆掠奪自然資源，擄掠印度教寺廟財富。儘管如此，仍然沒有一家非政府組織對此表示抗議。這如天堂般美好的幻象可說明南亞各國根本不是真正的主權國家。

每當長期遭受穆斯林和基督教極端分子血腥襲擊的印度教徒忍無可忍，而進行報復行動時，一些非政府組織總會站出來對印度教徒大加譴責。但對於西方軍事力量隊一面倒地武力占領阿富汗、伊拉克、利比亞、敘利亞和資源豐富的非洲伊斯蘭國家，並引發大規模種族屠殺或殘害手無寸鐵的婦女兒童時，這些非政府組織卻視而不見。每每想到這些非政府組織無恥地公然實施雙重標準，就可知道所謂非政府組織的「道德高地」不過是謊言、偽善和一派胡言罷了。

4、非政府組織有選擇地竭力為西方國家的任務進行宣傳。如果有任何伊斯蘭恐怖分子死於政府的合法行動，非政府組織肯定會借此大做文章，譴責開展該行動的安全性群組織。如果一位狂熱的福音傳道士意外死亡，非政府組織肯定會指責該國政府侵犯人權。

但是，無論是前聯合國雇員、諾貝爾和平獎得主昂山素季，還是索羅斯基金資助的佛教武裝力量，都不約而同地對羅辛亞穆斯林（譯注：生活在緬甸北部的穆斯林群體）慘遭種族屠殺而選擇保持沉默。在緬甸的伊斯蘭恐怖勢力報復襲擊菩提伽耶的佛寺之時，在世界上任何地方都沒有人為宗教權利舉行燭光祈禱。這即是奧威爾所說的「有選擇的人權」：一些人

生來更平等。

5、非政府組織阻礙一切依賴於本土技藝、智慧、發明與知識體系建立起的綜合持續的自主經濟發展。至今尚無一家西方資助的非政府組織真正地成功發展處一個自主經濟模式。當所謂「落後的」印度那爛陀地區的水稻、小麥、馬鈴薯與洋蔥的每公頃單產打破世界紀錄時，居然鮮有非政府組織關注這一重要的成就，儘管有數以千計的非政府組織聲稱是致力於說明農民發展農業的組織。當前任世界銀行行長斯蒂格里茨（Joseph Stiglitz）出訪那爛陀並與當地農民見面之時，全世界的目光都被吸引到了那裡，但是印度的非政府組織卻如昏睡般的一無所知。

6、非政府組織說明西方國家透過「偽科學」的疫苗接種、高風險的未測藥物的人體試驗、轉基因作物種植幫助削減南亞的人口。當非政府組織在南亞各地積極傳播這些有害的生物產品時，他們對於因美國與北約轟炸阿富汗與伊拉克而產生的空氣中的大量放射性的污染進行入次大陸而絲毫沒有反對，這些有害空氣正在嚴重傷害本地居民的健康和大肆破壞基因完整性。轉基因食品既是摧毀本地農業社區的工具，也是殺害廣大消費者的利器。梵蒂岡的科學委員會曾公開支持轉基因的農作物種子，宣稱其安全無害；這無疑曝光了非政府組織、國際非政府組織、聯合國機構與基督教會之間的親密聯盟。〔4〕

核電站的核洩漏無疑是對人類基因組的又一個無法否認的威脅。但是，西方支援的反核非政府組織反對俄羅斯建立的庫丹庫拉姆核電站（譯注：Kudankulam nuclear facility，俄羅斯協助印度建設的核電站項目）；但印度另外有九座核電站，反應堆總數超過20台，印度的反核非政府組織對此卻閉口不談。雖然劣跡斑斑的法國核電企業阿海琺（AREVA）在印度推行的「Jaitapur NPP」項目也曾一度遭到反對，但是因為印度反核運動的領導人是西方非政府組織大聯盟的成員，所以反對的聲音很快就平息了下來。（譯注：印度的多數核電站是由法國的阿海琺〔AREVA〕等西方核電企業建立的）

屠殺的盛宴

在南亞脫離殖民統治的最初三十年間，「礙手礙腳」的南亞國家領導人像點菜似的一一慘遭暗殺，巴基斯坦和孟加拉的親西方軍事獨裁者透過祕密行動被扶植上臺。這一場政治謀殺盛宴旨在控制南亞的金融體系，並逼迫這些國家簽訂不平等貿易協定。

同時，西方還利用其控制的全球媒體把人口數量占優勢的族群妖魔化，例如妖魔化印度與和尼泊爾的印度教徒，確立族群身分政治；這導致巴基斯坦、孟加拉、斯里蘭卡和喀什米爾的印度教徒被種族清洗，而西方對這些種族清洗卻視而不見。

第三個戰術就是讓民眾皈依基督教或伊斯蘭教，借助這些宗教與本地傳統信仰的印度教、耆那教、佛教之間的衝突埋下禍根。

第四個戰術是以所謂知識、學術和科學的「標準」宣揚文化偏見、控制媒體操縱輿論，阻礙對南亞次大陸殖民歷史與今天發展進行客觀和公正的重新評估。

今天，尼泊爾註冊的非政府組織數量已經超過31,500家，巴基斯坦和緬甸各有逾10萬家非政府組織，孟加拉的非政府組織也已達到2,356家。孟加拉的孟加拉農村發展委員會（BRAC）已經是一個擁有1.1億個成員的「國中之國」。斯里蘭卡政府登記在冊的非政府組織共有1,439家〔5〕。非政府組織數量與行業規模之所以難以估算，主要是因為是缺乏統一資料庫，以及非政府組織並不需要定期地向政府提交名單與會計資訊。

南亞各國廣泛存在的非政府組織是新殖民主義的美歐強權為了控制南亞次大陸在其進行的「混合戰爭」中使用的致命武器，這一戰略覆蓋了軍事、企業、媒體、學術以及外交的多種管道。南亞各國政府應對這種殖民主義新的顛覆行為的唯一合理做法是調查與確認為外國服務的非政府組織，並禁止他們在整個南亞次大陸開展活動；同時對保留下來其他有益的非營利組織也需要警惕出現欺詐、犯罪和外部勢力介入等現象。南亞各國議會應研究並借鑒俄羅斯、中國、埃及、衣索比亞、斯洛伐克、亞美尼亞、印尼和其他諸多國家在非政府組織改革過程中實施的相關法規，同時

參考全球最嚴格的美國《外國代理人登記法》（Foreign Agent Registration Act，簡稱FARA），根據自身社會情況制定本國相應法律法規。

南亞地區被分而治之的諸國

→ 阿富汗

作為為入侵印度的要道，阿富汗被譽為中亞殖民時代的交通「環島」。該環島共有兩個出口，一個通向印度，另一個通往中亞。經過1839至1919年三次盎格魯人（英國人）與阿富汗人的戰爭後，英國持續干涉阿富汗內部事務。此後1996年美國支持的塔利班政府得以上臺。當時，西方認為嚴苛的伊斯蘭教規可以接受，甚至在聯合國教科文組織的世界文化遺產巴米揚大佛被塔利班炸毀後，西方國家也並不以為然。但在塔利班政府禁止罌粟種植之時，西方國家卻表示無法接受。「911事件」後布希政府的反應是下令美國與北約入侵阿富汗，這一爭議之舉被一些觀察人士視為第四次盎格魯人與阿富汗人戰爭的開端。

華盛頓官方口徑堅稱發動反對塔利班的解放戰爭是為建立和平、自由與民主——這是西方國家一貫的陳詞濫調。儘管全世界範圍內和阿富汗人民都對911世貿中心襲擊案的真凶存疑，但是非政府組織卻堅定不移地跟隨著華盛頓當局的口徑。

500多噸貧鈾彈（Depleted Uranium）曾被投擲在喀布爾、賈拉拉巴德和楠格哈爾省的人口聚集區，導致1,000公里半徑內的大氣和土壤被放射性灰塵污染，從印度至以色列多達17個國家受影響。為此，聯合國和世界衛生組織放射專家基斯·貝佛斯托克（Keith Beverstock）博士曾撰寫了一份關於貧鈾彈基因毒性與致癌性的報告，但這份報告最終被壓下，貝佛斯托克博士也因此被迫離開了他所效力的聯合國機構。

自從美軍入侵之後，阿富汗成為了全球最大的鴉片罌粟供應國。罌粟在阿富汗與巴基斯坦交界區域和土耳其被加工製成海洛因，之後由軍用運輸機運往中亞、歐洲和北美地區的集散中心。一位聯合國毒品和犯罪問題辦公室（UNODC）官員曾表示，西方國家銀行每年為毒品貿易洗錢的總

額高達三、四千億美元，也許這些只是進行商業活動必須的流動資金，毒品貿易的實際利潤可能是這一數額的指數倍數。西方由軍方、安全機構、金融資本和非政府組織構成的聯合體直接捲入了占領阿富汗的軍事行動。頗為諷刺的是，塔利班打擊罌粟生產種植的效率遠高於北約與五角大樓。

在美國政府的非軍事援助中，預計約1000億美元是透過美國國際開發署籌集的。而其他援助資金主要來自16家聯合國機構、歐盟、7家非政府組織協調機構、英美德等國的108家國際非政府組織，他們與幾十家阿富汗當地非政府組織一起以推動發展的名義進行工作。根據阿富汗政府的紀錄，阿富汗現有包括基督教慈善機構和援助團體在內的3,200家非政府組織，其中大多數自2002年（阿富汗戰爭）後才開始在阿富汗開展工作。據信，其中一些外國非政府組織在當地開展祕密行動、收集情報，為當地民兵和恐怖組織提供軍火，偶爾也會在武裝分子和政府之間進行調停斡旋。

據喀布爾的知情人士透露，雖然當地兒童死亡率、人均壽命等健康指標有所成長，但經濟發展卻一直沒能達到預期效果。基礎設施及工業專案或者無法開工，或者陷入民事紛爭的泥沼中，要不就是根本不存在。阿富汗是狡詐的非政府組織只為當地少數特權群體提供就業機會的一個經典案例。因為西方官方援助機構在喀布爾有員工而且相關的會計流程，所以唯一的可能就是「發展」資金被花在了賄賂與勾結當地重要顯貴的家族上。當腐敗已如此無孔不入，外國援助就不在用於真正的經濟發展，一切不過是為外交和貿易服務。在這種情況下，整個國家的貿易在被精英階層把賣給出價最高的投標者。

鑒於阿富汗自然資源豐富——有大量鋰、金、銅、煤、鐵、鋁土礦，總價值超過一萬億美元——且地處戰略要道，所以美國和北約退出該地區的可能性不大。另外，中國、印度和俄羅斯已經對這一地區表現出興趣，並開始初步投資開發當地資源，而且阿富汗還是中國「一帶一路」戰略的組成部分。有鑑於此，完全可能會由財力雄厚的非政府組織與毒梟引發當地部落為爭奪資源而爆發的衝突。

隨著西方國家逐漸失去對阿富汗局勢的絕對控制，已被占領的阿富汗可能會被移交給西方扶植的非政府組織——伊斯蘭國——手中，以便繼續實施西方國家的種族屠殺政策。如今，儘管周邊鄰國如印度、中國與伊朗等中亞國家已經對鴉片貿易表示出嚴重安全關切，伊斯蘭國已經把槍口瞄準了利潤豐厚的鴉片貿易。對於西方銀行家而言，誰控制了展毒品貿易並不重要，因為貿易利潤和運轉費用無論如何都要透過國際銀行才能洗白。

占領阿富汗是19世紀殖民主義者為爭奪南亞的資源而進行的戰爭的延續。借助願意從中分一杯羹的非政府組織的野蠻擄掠，21世紀的掠奪方式比19世紀的經典掠奪方式在表現形式則更加露骨。——儘管數十億美元的資金以重建的名義注入阿富汗，但在經濟統計與盡職調查資料中這些資金總是會不翼而飛。

→ 巴基斯坦

巴基斯坦本來是在印度教人口為主的南亞次大陸地區人為創造出的國家實體。這個國家在地中海地區憑空出現猶太教的以色列之前就已經成為一個以宗教為基礎的獨立國家。那顆結束了巴基斯坦民選總理利亞格特·阿里·汗（Liaquat Ali Khan）生命的美國子彈，也終結了巴基斯坦新生的民主，為1951年的軍事政權上臺鋪平了道路。

儘管英國議會曾與俾路支斯坦（Baluchistan）達成協議，表示如果繼續承認英國為其宗主國，英國將尊重該地區獨立；但最終英國卻拒絕了俾路支斯坦地區的獨立要求，迫使該地區成為獨立的巴基斯坦的一部分。

在印度獨立的黎明到來前夕，英國政府開始擔心印度作為一個獨立國家與伊朗（波斯）與地中海東部（黎凡特地區）之間的具有悠久傳統的貿易交往，而這會妨礙西方國家控制西亞地區的油氣資源，特別是伊朗的油氣儲備。

由於地緣政治概念所述的，並不為巴基斯坦人民信任的巴基斯坦軍方一意孤行，直到現在仍在為南亞地區的恐怖活動提供保護、訓練、資金及武器裝備。歐盟、美國的非政府組織機構與海灣國家的宗教慈善組織與這些祕密行動有著千絲萬縷的聯繫。多達15家總部設在英國與歐盟國家的伊

斯蘭慈善機構和幾家海灣國家的非政府組織以資助恐怖分子聞名，而這些非政府組織在巴基斯坦和孟加拉的勢力極為深厚。

　　根據非官方估計，約有十幾萬家非政府組織在敏感的開伯爾－普赫圖赫瓦省地區（Khyber-Pakhtunkhwa regions）開展工作，4000多家非政府組織在旁遮普省（Punjab）活動。全球最大的國際非政府組織和基金會都在伊斯蘭馬巴德等巴基斯坦的主要城市中設有行動中心。這些組織的活動集中在兩大主要地區——包括部落區在內的開伯爾-普赫圖赫瓦省和俾路支省。

　　俾路支省自然資源豐富，省內的瓜達爾港毗鄰伊朗，與中國公路、鐵路相連，與中國有密切的貿易聯繫，該港是中國「一帶一路」歐亞商貿一體化戰略的組成部分。開伯爾-普赫圖赫瓦省則西臨阿富汗，北接部落區、中亞國家，北部一直延伸至巴基斯坦控制的喀什米爾地區，東部地區正計畫與中國-瓜達爾港鐵路相連接。

　　巴基斯坦之所以禁止「救助兒童會」（Save the Children–StC）在該國境內開展活動，是因為該協會曾經協助美國的特種部隊海豹突擊隊追殺了一名前基地組織領導人「本拉登」的替身。巴基斯坦政府的禁令暴露出了非政府組織充滿謊言與見不得人的一面，非政府組織一直在密切協調巴基斯坦的情報機構與武裝力量——西方國家在南亞地區的重要盟友。而此後該禁令突然被巴基斯坦取消則進一步證實了國際非政府組織實際上是美國、北約及其當地盟友的「耳目」。

　　巴基斯坦最大的幾家非政府組織的成員全都是巴基斯坦的「軍二代」和「官二代」，非政府組織濫用援助資金的醜聞曾多次見報，國民議會州和邊疆地區常務委員會（The Standing Committee on States and Frontier Regions of the National Assembly）曾對外國資助專案進行過專門評估，其中不乏在巴基斯坦敏感地區開展的非政府組織專案。

　　巴基斯坦最高法院（Pakistan's Supreme Court）拒絕接受各省於7月22日提交的資料，要求各省在2015年7月28日之前遞交一份「真實可靠」的非政府組織與外國資金流入的報告。根據巴基斯坦政府提交給法院的一

份清單，19家註冊的與108家未註冊的國際非政府組織的主要資金來源大都是來自總部設在美國、英國、德國、義大利、法國、比利時、荷蘭和其他前殖民主義國家的臭名昭著的機構。

→孟加拉

在孟加拉還是前東巴基斯坦的時代，該地區由西巴基斯坦軍政府直接管轄。1971年，西巴基斯坦軍政府舉行全民公投，東巴人民聯盟的領導人謝赫‧穆吉布‧拉赫曼（Sheikh Mujibur Rahman）在議會中獲得了該國歷史上最多的選票。隨後，阿迦‧穆罕默德‧葉海亞‧汗（Yahya Khan）將軍在美國總統尼克森和國務卿基辛格的支持下，對東巴地區進行鎮壓，最後演變成一場種族屠殺，導致一千多萬孟加拉難民逃至印度。

穆吉布‧拉赫曼出任新獨立的孟加拉總理之後，國家秩序得以初步建立。1972年，孟加拉康復援助委員會（Bangladesh Rehabilitation Assistance Committee，簡稱BRAC）成立，該非政府組織致力於難民和受創傷孟加拉人的安置與康復工作。今天，這家世界上最大的國際非政府組織擁有超過1100萬名會員，在包括前宗主國巴基斯坦在內十幾個國家活動。孟加拉康復援助委員會一直從大型西方國家基金會、援助機構和聯合國組織接受資金，被稱為是「國中之國」。

孟加拉是繼巴基斯坦和以色列之後第三個以宗教立國的國家，與其前宗主國類似，孟加拉社會存在很多斷層現象。多數激進分子是巴基斯坦支持的毛拉（mullah）極端分子，這一群體反對孟加拉溫和派的自由思想。

今天，孟加拉人口已經從1976年的7,600萬增長到1.6億，其中「極端貧困」人口約占24%。在印度主要城市、錫金和不丹偏遠地區，以及與尼泊爾、孟加拉和緬甸接壤的所有地區，非法外來移民無處不在，這些移民不僅嚴重挑戰著當地治安與安全，還在改變當地的人口結構。1992年，德里接納非法孟加拉移民數量多達40餘萬人。左翼政黨、基督教教會和非政府組織之間已經結成聯盟，確保這些非法移民能得到合法公民身分，儘管移民大量湧入會導致印度本國貧困人口失業。移民帶來的競爭讓印度當地貧困人口的生活境遇更加悲慘，這就說明了孟加拉康復援助委員會

（BRAC）及其非政府組織盟友的所謂使命不過是冠冕堂皇的謊言。

數十億美元不會憑空消失，這些鉅款一定會在西方捐助者需要之時重新浮出水面，但這些欠款的用途絕非促進當地發展。當印度禁止一些伊斯蘭國際非政府組織在該國的活動之後，這些組織搬遷至孟加拉首都達卡，透過協力廠商機構繼續在印度開展祕密行動。總部位於伯明罕的伊斯蘭世界人道救援組織（Islamic Relief Worldwide - IRW）是一個被印度列入黑名單的恐怖主義資助機構，歐盟一直利用該組織為尼泊爾、孟加拉及印度東北部敏感地區的各種顛覆專案提供資金。

與伊斯蘭世界人道救援組織類似的還有最大的15家伊斯蘭恐怖主義資助組織，其中包括紐約阿伯特·愛因斯坦研究會運營塞爾維亞的CANVAS、英國的科爾多瓦基金會（Cordoba Foundation）以及從芬蘭到葡萄牙的各種伊斯蘭組織。這些組織的資金不僅來自美國和歐盟，而且還來自至少23家海灣國家的慈善機構，這些慈善機構的名義資本累計高達1000億美金的。這些組織的目標之一是以為印度和尼泊爾核心的「亞洲戰略」（Asia Strategy），大多數組織在亞洲「非政府組織之都」——尼泊爾開展工作。尼泊爾是中情局的前哨監聽站兼巴基斯坦和孟加拉的行動基地。

→ 印度

1989年開始印度政府決定允許非政府組織參與政府的福利、教育和衛生專案。儘管表面原因是非政府組織與當地社區聯繫密切，能夠更好地造福當地受苦群眾和弱勢群體，但真正的原因是印度官僚政府既無力也不願為普通大眾和邊遠地區提供預防性醫療、糧食安全、農業技術、貧困家庭生活保障等關鍵服務。〔9〕

與其改制與改革治理，印度的政策制定者決定外包公共援助外。1990至1994年間外包出去的第一批重點專案包括識字教育、水域保護與管理、醫療和福利專案。至1995年，這些項目已經成為官僚政治和的露骨的裙帶關係的代名詞。因政府資金滾滾流入，非政府組織的註冊數量如同雨後春筍一般驟然上升。甚至政客和政府官員開始成立自己的非政府組

織，希望在這場盛宴中分一杯羹。

　　儘管印度政府認為私營部門是利慾薰心的剝削者並嚴格控制其發展，卻把非政府組織視為是社會事業的翹楚。但事實證明後者才是「唯利是圖」的最佳代言人。雖然官方資料表明共有68,272家涉及43個行業的非政府組織向政府註冊成立，但根據印度中央調查局（the Central Bureau of Investigation - CBI）的不完全統計資料，非政府組織的數量實際上多達220萬家。〔10〕

　　印度內政部（Ministry of Home Affairs - MHA）要求所有外國捐款必須備案，但尼泊爾卻沒有類似規定。無獨有偶，加德滿都成為了亞洲的非政府組織之都。另外，其他南亞國家的相關法規也比較寬鬆。

　　假設每家非政府組織有5至7名成員，這220萬家註冊非政府組織就有1,200至1,500萬活躍成員，這些成員願意在這個資源豐富、人口多達12億的地區為任何能提供資金的人服務。而且實際情況比設想的還要糟糕。

　　在過去的兩年裡，共有15,876家註冊的非政府組織（占註冊總數的36%）因以下一個或多個原因被取締：

　　1、沒有上報年度收入

　　2、從類似巴基斯坦、巴拉圭、馬爾地夫、布吉納法索和東加等地區接受資金，因洗錢是這些國家作為資金流入來源的唯一邏輯可能性

　　3、沒有遵守新的關於非政府組織的法律規定

　　4、為政治組織提供國外資金

　　5、可能資助有損國家利益的活動

　　6、沒有提交收入和開支報表

　　2010年，辛格擔任印度總理期間修正了1976年頒布的《外國捐贈管理法》（The Foreign Contribution Regulation Act -FCRA）。自此之後，這部法案從一個監管法案上升至「國家安全」立法層面，如今俄羅斯和中國也正在效仿印度修訂相應法律。非政府組織對其宿主社會與其說是福音，不如說是威脅，絕對是弊大於利。

外國資金流入非政府組織

截止2015年3月，在印度內政部根據 FCRA 註冊的非政府組織數量多達42,500家。另外，登出登記不代表相關組織無法接受資金，因為現在非法匯款管道多種多樣，例如迪拜的「錢騾（money mules）」及來自大使館和聯合國機構的匯款。

表 1. 註冊非政府組織的交易數量〔按盧比計算〕			
年份	交易數量	流入外國資金	平均/交易
2009-10	12,546	103,109,016,633	8,218,477
2010-11	12,700	101,095,273,032	7,960,258
2011-12	12,285	108,699,298,957	8,848,132
2012-13	11,540	112,786,857,237	9,773,558
2013-14	10,404	129,372,374,711	12,434,869
2014-15	983	4,969,616,205	5,055,561
總額	60,458	560,032,436,775	52,290,854

根據外國資金流入分析，在2009財年（financial year，簡稱FY）之後的六年裡，註冊非政府組織共收到5,600億盧比（約合2465.16億台幣）的資金。印度的財政年度為每年四月至來年三月。平均每筆匯款金額為930億盧比（約合406.30億台幣）印度內政部正在繼續更新2014至2015年的資料，表中資料僅截止2015年6月。

從2003、2004年算起，至今為止印度各非政府組織接收資金總額高達將近1.1萬億盧比（約合4845.87億元台幣）。這一趨勢表明在過去12年期間，每年有800億盧比（352.43億元台幣）至1,000億盧比（440.53億元台幣）的資金流入印度。按照印度人口為12.4億（2011年人口普查資料）計算，印度不分男女老少每個公民人均接收捐贈金額為75盧比（33.01元台幣）。但這實際上只是冰山一角，因為非政府組織在國內也籌集著巨額資金，這些「資金」中的很大一部分可能是黑錢、甚至是熱錢，因為很多非

政府組織下還設立有性質可疑的收受保護費的組織和逃稅機構。

因其他南亞國家缺乏相關資料，故無法計算流入這些國家非政府組織的外國資金規模。儘管如此，可參考印度人均金額估算南亞17億居民的人均資金接收額。印度年均外來資金援助金額高達1,270億盧比之多。

宗教類援助資金接受方

表2為與宗教相關的外國資金流入情況一覽

表2. 與宗教相關的資金流入（印度盧比）		
宗教	交易	資金接收額
印度教（2.33%）	1,411	14,488,298,967
伊斯蘭教（0.9%）	546	5,838,169,871
基督教（28%）	17,338	167,440,615,022
佛教（約0.6%）	395	7,762,855,585
錫克教（可忽略不計）	40	110,144,899
其他（67%）	40,728	364,392,352,432
總數（100%）	60,458	560,032,436,775

最近印度內政部試圖把非政府組織和慈善機構按宗教進行分類，但研究團隊卻發現了一個問題，即很多基督教慈善機構被誤分在「其他」類別之下。根據42萬個網路搜索詞條的粗略調查，「其他」類別下至少有30-40%的實體機構曾參與宗教相關活動，且主要是基督教相關活動。在研究前一百個機構後，可以發現救贖基金機構（Salvation Trust）、愛者修行會（Snehalaya Ashram）、島嶼耶穌協會（Association of Christ for Islands）、伯大尼教育協會（Bethany Educational Society）、全民有愛協會（Outreach Ministries for All People）、印度語言播種者（Wordsower India），以及信任福利協會（Believe Welfare Association）等，這些都是活動可疑的基督教慈善機構。「印度語言播種者」公開表明其主要工作是開設教堂與《聖

經》戲劇化。

外國資金接收者

在前31名中共有14家為基督教機構。前五名均為天主教機構，這五家組織每年接收金額高達10億盧比（約合44.05億元台幣）。

不出所料，其他主要接收方幾乎全是企業資助的非政府組織，且這些企業大多是全球最大的幾家製藥企業。世界宣明會印度分會（World Vision India）不承認宣傳改變宗教信仰，儘管該組織的美國辦公室已公開承認這一點。雖然印度憲法禁止改信宗教，但改信宗教的人數在過去25年裡一直迅猛增長。世界宣明會是印度阿薩姆邦的「發展夥伴（development partner）」，因為大量非法孟加拉穆斯林移民湧入，印度東北地區的人口結構正經歷著巨變，社會緊張感一觸即發。

大型慈善機構的傳統運作方式一直是扁平式結構，但觀察發現現在大多數基督教慈善機構都是信徒教會類高度集中化的命令與控結構。

—— 行動援助：名在非政府組織Action Aid）單上位列第九，是喬治‧索羅斯（GeorgeSoros）的心頭之愛，每年從開放社會研究所（Open Society Institute）接收1億美元的捐贈。

—— 行動援助（Action Aid）：在獲得外國資助資金的非政府組織名單位列第九，是喬治‧索羅斯（GeorgeSoros）的心頭之愛，每年從開放社會研究所（Open Society Institute）接收1億美元的捐贈。

—— 兩家伊斯蘭慈善機構——阿伽汗基金會（Agha Khan Foundation）和SaifeeBurhanee基金（SaifeeBurhanee Trust）因在非世俗主義領域做出積極貢獻而聞名。

—— 三家印度教基金會因優異紀錄聞名：麥塔安娜德梅伊（Mata Anandmayee）關注環保發展；隸屬於一位印度教宗教領袖的桑卡拉奇拉亞（Shankaracharya），其致力於包括衝突解決在內的發展專案；由北阿坎德邦一對有錢夫婦建立的漢斯基金會（Hans Foundation）實際上是一家專注發展和節能環保項目的資助機構。

這份名單上，除少數受人尊重與管理得當的援助組織之外，其他非政府組織組成了一個由外國資助組織埋下的雷區，這些非政府組織為恐怖襲擊和旨在煽動宗教衝突的「慈善」行為等祕密行動提供了一把保護傘。

類似新德里關於加重強姦犯懲處力度的民眾抗議的行動一直都被外國支援的非政府組織聯盟大幅滲透，這些非政府組織利用一切冠冕堂皇之詞宣傳親西方議題，製造當地政府與國家動盪、擾亂國家秩序。在不遠的將來，印度與其他南亞國家將不得不把少量資金和議會議題放在起草非政府組織的新法律法規之上。

2009 至 2015 年主要印度慈善機構接收的捐助排名

排名	2009 至 2015 年主要接收慈善機構	金額（印度盧比）
1	World Vision India	10,355,208,662
2	Rural Development Trust	8,549,468,716
3	Believers Church India	5,522,263,793
4	Caruna Bal Vikas	5,308,263,166
5	Indian Society Of Church Of Jesus Christ Of Latter Day Saints	3,240,922,074
6	PUBLIC HEALTH FOUNDATION OF INDIA	3,183,921,150
7	Plan International（India Chapter）	2,943,030,542
8	Missionaries of Charity	2,495,620,190
9	Action Aid	2,237,961,890
10	Bal Raksha Bharat〔Strong corporate presence - StC〕	2,149,156,565
11	Compassion East India	2,011,147,597
12	Aga Khan Foundation	1,947,146,785
13	Mata Amritanandmayi Math	1,600,410,150
14	Womens Development Trust	1,530,418,299
15	SOS Childrens Village of India	1,416,532,911
16	SAIFEE BURHANI UPLIFTMENT TRUST	1,283,901,500
17	Shri SevasubramaniaNadar Educational Charitable Trust	942,775,000
18	THE HANS FOUNDATION	892,959,871

19	Gospel For Asia	812,224,329
20	Pratham Education Foundation〔MNCs〕	721,468,156
21	OXFAM INDIA（印度樂施會）	710,028,416
22	JagadguruShankaracharya	706,682,550
23	Offer	194,855,318
24	Missionary of Charity Brothers	146,317,376
25	Chetana Foundation for Children and Ageing	129,857,082
26	Nagaland Jesuit Educational & Charitable Society	122,991,339
27	Reaching The Unreached	66,425,475
28	Jawaharlal Nehru Centre For Advanced Scientific Research	53,218,235
29	Nazareth Association for the Social Awareness	46,604,007
30	Anoopam Mission	40,982,188
31	The Diocesan Corporation	40,554,250
	經費總額（約合 2,703 億台幣）	61,403,317,582

❖ 章節附註

1. http：//www.forbes.com/sites/walterpavlo/2013/11/18/fraud-thriving-in-u-s-churches-but-you-wouldnt-know-it/。

2. http：//joshuaproject.net/。

3. 《政事論》：西元前 300 年左右考底利耶編纂的經濟、安全、倫理、法律與治理法典。西元前 3000 年的石刻上已經出現參與式民主的基本原則。西方學者居然蔑稱考底利耶為馬基雅維利！

4. http：//ecowatch.com/2013/06/26/catholic-church-endorses-gmos-cure-hunger/。

5. http：//www.ngosecretariat.gov.lk/web/index.php?option=com_statistics&Itemid=67&lang=en。

6. http：//www.ncbi.nlm.nih.gov/pmc/articles/PMC1635642/。

7. 伊斯蘭國：西方媒體將伊斯蘭國（DAESH or ISIS）描述成為一個伊斯蘭武裝集團，但事實上這是一支西方的雇傭軍，由 80 多個國家的人員組成，並得到了以色列、沙烏地阿拉

伯、美國和約旦等國的訓練與武器援助。他們透過掠奪占領區域的石油，在提煉後折價出售給西方賺取收入，他們的攻勢目標包括中亞、南亞地區與中國。

8. 祕密檔案《巴基斯坦：分治與軍事繼承》（Pakistan：Partition and Military Succession）包含由保羅·沃爾夫（Paul Wolf）收集的約600份1946年到1956年間美國駐印度德里大使館、駐卡拉奇領事館與美國國務院間的解密的電報文本，這十年正好是印巴分治的關鍵十年。目前該檔案的網路版本已經不再對外公開，但是本文作者手中仍然保留有全套的電報副本。

9. 南亞國家保留了英國殖民者建立的官僚體系，該體系是該地區實現包容性增長最大的絆腳石。印度的中央、國家與地方政府都由一個龐大且僵化的官僚機構所統治：麻木、冷漠、毫無責任感可言。

10. 最高法院要求印度中央調查局〔CBI〕收集非政府組織資料資訊。根據最高法院發布的一份法庭報告，共有2,239,971家非政府組織在20個省份註冊成立（九個省份尚未提交資料），其中只有223,428家〔約占10%〕提交了年收入報告。

11. 在2014-2015財政年度的6月12日到6月24日間的12天間，援助金額的差別可達13億印度盧比（約約26.25億元台幣），請見以下網站連結的官方資料：http：//fcraonline.nic.in/fc3_amount.aspx。

西方教會的無孔不入

島津洋一（Yoichi Shimatsu）

2001年，喬治·W·布希當選美國總統。他上臺後，首先做的事情之一就是回報福音教會，因為教會的強大投票支持是他勝選的一大助力。2002年12月12日，布希簽署了第13280號行政命令，要求建立信仰和社區倡議中心（Center for Faith-based and Community Initiatives），作為美國國際開發署（USAID）——聯邦政府的人道主義慈善捐款機構——下的一個專案。

頒布信仰倡議的目的是「給信仰團體和社區組織爭取USAID專案創造一個公平競爭的環境」，很可能就是為了針對那些非宗教團體——他們幫助弱勢群體，不論信仰或種族。這是對福音派基督教團體和親以色列的猶太團體赤裸裸的偏袒，甚至可以理解為違反了美國憲法中的政教分離原則，但是在法庭上卻沒有人對此提出過任何異議。2004年，白宮推動了一項修正案，避免「基於宗教特色或宗教背景而產生的對專案申請人的歧視」。在學校祈禱遭到禁止，在非政府組織（NGO）做敬拜卻受到讚揚。「（這些）組織可以繼續在宗教信仰的基礎上運作管理、選定董事會成員，在它們的使命陳述中也可以引用宗教內容。」

雖然在宗教背景的問題上得到了白宮的首肯，包括世界宣明會（World Vision）和撒瑪利亞救援會（Samaritan's Purse）在內的一些大型的福音團體在面對捐助機構時還是儘量體現它們工作定位的非宗教性，這樣做大概是為了盡可能地避免冒犯到那些信奉猶太教或基督教等主流教派的的基金管理人。宣明會在它的資金申請書裡沒有提到的是，它是洛桑世界福音委員會（Lausanne Committee for World Evangelization）和約書亞計畫（Joshua Project）的鐵桿支持者。

淨化異教徒

就在小布希的信仰倡議公布的幾乎同一時間，有一個福音聯盟宣揚了一個名為「約書亞計畫：未得之民」的互動式資料庫，內容是一份名單，上面列出了世界範圍內所有的「靈性貧窮」族群，即那些還未得基督教徒傳的福音的人群。約書亞資料庫在被世界宣教中心（Center for World Missions）接管後，列出了差不多17,000個需要救贖的族群，同時給出了他們的「基督徒發展狀況指標」──轉變信仰的猛烈勢頭的證據。

計畫宣傳資料中回顧了約書亞計畫支持者們奇跡般度過一次無望的資金危機的經歷，但是除此之外，約書亞計畫成功背後還有另一個少為人知的因素：查理斯牧師──查克・寇爾森（Charles Colson）──是該計畫的重要支持者之一。作為尼克森總統的法律顧問，寇爾森在「水門事件」之後鋃鐺入獄。服刑期間，這位後來的福音派巨星成為了一名南方浸信會牧師。這位誓要維護陷於違背民主的「骯髒把戲」中的法律、自稱為「尼克森的打手」的律師不僅得到了衛道士們的原諒，還得到了他們的祝福。

寇爾森基督徒世界觀中心（Colson Center for Christian Worldview）董事會名單上的人有：捍衛自由聯盟（Alliance Defending Freedom，ADF，亞利桑那州斯科茨代爾市）的道格拉斯・納皮爾（Douglas Napier），美國傳統基金會（Heritage Foundation）的詹妮弗・馬歇爾（Jennifer Marshall），以及印第安那州能源協會（Indiana Energy Association）的愛德溫・西姆考克斯（Edwin Simcox）。

── 捍衛自由聯盟的主要贊助人之一是埃里克・普林斯（Eric Prince），他是一個極右天主教徒，也是美國防務承包商黑水公司（Blackwater）的前總裁。黑水公司被查到在伊拉克犯有戰爭罪行。

── 美國傳統基金會曾在致兩百萬人喪生的安哥拉內戰中支持梟雄軍閥若納斯・薩文比（Jonas Savimbi），同時也是香港反對派、保守黨派、有天主教基礎的民主黨的主要支持者。

── 印第安那州能源協會曾經向福音派信徒、州長米奇・丹尼爾斯

（Mitch Daniels）遊說，允許公共事業公司在電力輸送上定高價，這意味著從印第安那州低收入家庭身上壓榨更多利潤。西姆考克斯曾在州立信仰改造（監獄）項目裡待過。

機關槍傳教士

1998年國會透過的《國際宗教自由法》（International Freedom Act）避開了「政教分離」這一壁壘，強調「宗教權利」，在此權利保障下，遭受宗教「迫害」的那些「敬畏上帝」的個人和團體應得到美國政府的維護。宗教權利這個概念後來就成為了激進的國會議員們攻擊中國、俄羅斯等世俗國家的萬能理論炮。如此一來，在中情局工作的持異議者搖身一變成了聖人，儘管他們做的偷運聖經、運作非正規教會那些違法的事兒基本上算不上是一項能讓人普遍認同的宗教權利。一副道貌岸然的姿態，面對被基督徒迫害的印度教徒和穆斯林的呼聲卻是充耳不聞。

有了布希政府和國會的批准，福音團體大受鼓舞，在國際上更是放開了手腳，湧現出的代表人物有遠赴蘇丹的牧師山姆‧齊德斯（Sam Childers），他的形象在電影《機關槍牧師》（Machine Gun Preacher）中由傑拉德‧巴特勒演繹。對暴力解決方式的強調創造了一種旋轉門效應：一方面，志願服務於基督教援助團體的福音派人士被派遣到海外做宣教活動；另一方面，防務承包商或官方機構招募一部分福音派人士作為美軍的隨軍牧師。

影片《科尼2012》（Kony 2012）在全球範圍內的傳播標誌著這種趨勢進一步淪落為對暴力的煽動，鼓動在非洲之角和五大湖地區針對聖主抵抗軍（LRA）一個打著基督教名義的民兵組織採取軍事行動。「制止科尼」行動特意把重點放在了兒童兵問題上，發起討伐這個自視為救世主的軍閥約瑟夫‧科尼（Joseph Kony）的福音之戰。《科尼2012》在當時成為網路上「觀看次數最多」的影片，大大提升了公眾對美軍非洲司令部駐軍中非和東非的支持。

兒童的問題

《科尼2012》是由一個私人組織「看不見的孩子」（Invisible Children Inc.）製作的。影片製作人傑森・羅素（Jason Russell）曾被聖地牙哥警方逮捕，理由是羅素精神錯亂，在大街上亂跑並損壞車輛。羅素的父母是基督教青年劇院（Christian Youth Theater）的聯合創始人，這個劇院位於聖地牙哥，組織管理西部各州一些白人為主的社區裡的劇場。基督教青年劇院向娛樂行業輸送了一批童星。

對於基督徒志願者和傳教士涉及領養詐騙和戀童行為的消息，不僅西方媒體鮮少報導，駐外使館也默不作聲，令東南亞的反戀童癖活動家們感到十分驚駭。2009年春，泰國媒體報導了一位主要傳教士被指控性侵兒童被警方逮捕的新聞，這位傳教士的祖父是率先在泰國北部泰緬邊界宣教的浸信會人士。美國駐曼谷大使館無視2003年《兒童保護法》，拒絕回答原住民權益支持者們關於嫌犯的問詢。早在2002年，反戀童癖活動家西恩・帕勒曼（Sean Parleman）在泰國的一個兒童性奴中心地區芭提雅死亡，有警方牽涉其中，但是美國駐曼谷大使館未予以調查。正如葛培理牧師的外孫、反戀童組織「基督教環境中以屬神方式應對虐待」（Godly Response to Abuse in the Christian Environment，簡稱GRACE）執行董事博茲・查維金（Boz Tchividjian）所說：「新教徒在指向天主教徒時可是十分傲慢的。」

戰場上的基督教士兵

激進的伊斯蘭武裝占據各大媒體頭條的同時，宗教衝突的主力仍然是受資助相對較多的基督教團體，和與五角大樓及北約的軍事干預為伍的親以色列遊說團體，其中就包括全國福音派協會（National Association of Evangelicals），打開大門（Open Doors USA）和基督教團結會（Christian Solidarity）。在阿富汗和伊拉克戰爭中，和黑水公司（Blackwater）、執行結果（Executive Outcomes）這樣的私人軍事承包商（PMC）及安保公司有密切情報合作的基督教社區接收到了許多非盈利人道主義團體提供的援

助。

　　前進的基督教士兵如一陣陣戰陣吶喊般響徹中東，點燃了同樣恨意滿懷的年輕穆斯林心中的怒火。他們蜂擁加入聖戰，對抗新一代的十字軍。讓宗教捲入戰爭——哪怕只是所謂的自衛戰爭——有悖於耶穌基督所教導的「容忍」，但是似乎沒有人在意這一點。世界末日正變成一個自我應驗的預言。

　　如果宗教人士們不懸崖勒馬，為了和平和寬容常在，就必須透過議會立法和法院實施限制。2013年，衣索比亞頒布的公民社會法律規定，限制NGO用於人權事業和衝突解決的資金不能超過預算的10%。法律公布後，在西方社會的一片反對聲中，衣索比亞法律問題專家A‧約翰內斯（A. Yohannes）卻認為，這一項立法是宗教活動催化的結果，激進的宣教活動演變成了社會不穩定因素，危及到這個社會的科普特基督教和穆斯林社區之間脆弱的平衡。

❖ 章節附註

1. 凱薩琳‧霍弗（Katherine Hofer），《福音派非政府組織在國際發展中的角色：肯亞和烏干達的對比研究》（The role of evangelical NGOs in international development：a comparative case study of Kenya and Uganda），2006年。

2. 羅蘭德‧豪克斯伯根（Roland Hoksbergen）與諾埃米‧埃斯皮諾薩（Noemí Espinoza）「福音派教會與新自由主義社會發展：瓜地馬拉和洪都拉斯的福音派教會及其非政府組織的角色探究」（The Evangelical Church and the Development of Neoliberal Society：A Study of the Role of the Evangelical Church and Its NGOs in Guatemala and Honduras），雜誌（馬德里），第32卷，第1期（1997年秋季刊）。

3. 傑克‧邁納（Jack Minor），「軍隊警告福音派首要威脅」（Military warned Evangelicals No.1 threat），《世界網路日報》，2013年4月5日。

4. 約戈什‧帕瓦爾（Yogesh Pawar）《上帝的軍隊：好戰的基督教》作者伊恩‧布坎南訪談（Interview of Ian Buchanan，author of The Armies of God：A Study of Militant

Christianity），《每日新聞分析報》（孟買），2011年3月27日。

5. 約翰內斯‧A（Johannes A）「對衣索比亞關於NGO的法律的接連指責的背後是什麼？」（What is behind the unremitting criticism of Ethiopia's law on NGO?）Tigrai線上，2014年1月20日。

第四章

無中生有
──西方妖魔化俄羅斯對非政府組織的管理

德米特里・拜奇（Dmitry Babich）

　　三年前，俄羅斯國家杜馬透過了《外國代理人》法，內容主要針對那些接受國外資金資助，並參與俄羅斯國內政治活動的非政府組織。在法律透過後，西方媒體中出現了一系列關於俄羅斯及其與西方關係的謠傳。

　　為了更好地瞭解該法律在俄羅斯國內所引起的複雜局勢，我們需要將真實情況梳理一番。儘管實際情況並不理想，但絕非如西方主流媒體所描繪的那樣黑白分明。下面列出了關於俄國《外國代理人法》的一些謠傳，該法律在俄羅斯也被稱為121法。

　　謠傳一：非政府組織的成員在普丁政權的「高壓」下被迫同意沒收財產。

　　事實：普丁總統於2012年7月簽署了《關於行使外國代理人職能的非商業組織的活動管理法》。該法律並未禁止機構註冊為外國代理人，也未對機構或管理層及員工進行處罰。對外國代理人的界定僅是意味著機構活動的管理框架不同。至於「處罰」的問題，這些受外國資金資助的組織在官方註冊為外國代理人之後，如果在機構出版刊物上不標明「外國代理人」身分，則會處以金額不超過4,500美元的罰款。到目前為止，受到這項「極其嚴厲」措施影響的外國資助的政治性非政府組織數量微乎其微，而被處罰的幾家組織現在也正在法庭上挑戰政府的法規。而這些受外資資助非政府組織的管理層人員也未曾因違反此項法律而受到刑事訴訟，僅有行政處罰。

謠傳二：2012年普丁總統簽署該法令後，法律規定的「限制性措施」變成了行動權；這些「收緊性措施」毫無理由；並且法律簽署後立即禁止了所有對俄羅斯人道主義項目的國外援助。

　　事實：在法律透過後整整一年中，沒有一家俄羅斯非政府組織被宣稱為外國代理人。該法直至2013-14年鄰國烏克蘭發生政變之後才開始實施，因為外資資助的非政府組織在政變過程中的顛覆政府、宣傳和有組織暴利活動中起到了至關重要的作用。此次非法政變推翻了透過合法選舉上臺的烏克蘭總統亞努科維奇（Viktor Yanukovich）。2013年11月至2014年2月期間發生了一系列西方支持的暴利活動，嚴重威脅到了亞努科維奇的生命安全，並造成了數十人死亡。俄羅斯法律明確指出，從事於非政治活動的外資資助非政府組織不能歸於外國代理人範疇，如慈善、體育、環境保護等活動。（參見http://ria.ru/spravka/20140616/1011656413.html）

　　謠傳三：121法為俄羅斯獨有，該法律的規定對於西方國家而言完全不可思議。

　　事實：俄羅斯的法律基本上是參照美國1938年實施的外國代理人登記法（FARA），該法今天在美國仍具法律效用。目前俄羅斯只有80個組織可能被歸為外國代理人，數量遠遠低於美國的1,700個。幾乎所有的俄羅斯「外國代理人」非政府組織都能夠依照新的身分繼續運作，只有少數幾個選擇拒絕遵循法律要求。

　　2013年是該法律透過後的第一年，位於莫斯科的戈羅斯協會（Golos Association）成為了第一家決定註冊為外國代理人的組織。戈羅斯協會是一家外國政府機構，受到美國國際開發署（USAID）資助，主要工作是組織活動宣傳俄羅斯的全國大選「既不自由，也不公平」。在2012年3月普丁總統大選獲得了壓倒性勝利時，當時美國國務卿希拉蕊·柯林頓給予了一模一樣的評論。戈羅斯協會表示，其目的在於「監督選舉」，但其根本立場並不是對於俄羅斯大選進行真實報導，而是透過不道德的手段進行歪曲。例如，2011年12月杜馬選舉的時候，戈羅斯協會發布了一份「選舉欺詐電子地圖」，旨在讓選民放棄投票或不承認選舉結果。該「慈善」組

織因歪曲民主選舉而且拒絕以外國代理人身分登記而被處以罰款。協會曾數次在法庭上對罰款進行反抗。直至2015年，戈羅斯協會的活動仍在俄羅斯繼續，包括在一些偏遠的選舉必爭之地。

西方媒體的蓄意扭曲

在非營利性領域的專家注意到，外資資助俄羅斯非政府組織所面對的負面影響通常不是因為121法，而多是由於西方媒體對此項改革的負面炒作。俄羅斯自由刊物《生意人報》（Kommersant Vlast）週刊曾引用位於莫斯科的醫療健康與社會公平促進基金會負責人Anna Sarang在2015年5月的評論，「大多數的西方贊助人更相信他們自己的媒體。他們覺得如果一個俄羅斯的非政府組織被稱作外國代理人，其組織成員就會受到審判和監禁。於是，他們就停止贊助。」Sarang所在組織的資金主要來自國外，所以她十分瞭解此類情況。

西方贊助人對於改革立法的威脅過分誇大，會對其資助的顛覆性非政府組織造成危害。這種宣傳也會組織西方對於那些非政治性非政府組織的資助。這對俄羅斯人帶來了負面影響，因為自蘇聯解體之後，俄羅斯已經成為了一個開放的社會，對非干預性目的的國外援助與志願者敞開了歡迎之門。

安娜·沙朗（Anna Sarang）表示，「那些天真的贊助人認為：我們現在給這些好人錢，但是幾天後，他們就不能繼續幫助他人或拯救地球，而是被關進監獄了。」而相比之下，那些更加憤世嫉俗的贊助人則十分喜歡西方媒體關於「踐踏人權」的報導，並且還繼續出錢支持反抗活動。他們知道這些組織最多不過被俄羅斯法院處以小額罰款而已。

美國國際開發署曾於2012年5月在莫斯科中部公開支持反對總統大選的暴力示威活動，之後俄羅斯要求他們終止其在俄專案。但是，美國國際開發署公開宣稱要繼續資助俄羅斯的「公民社會與民主」。在西方基金會眼中，「公民社會與民主」基本上等同於激進反對。

以慈善的名義煽動暴力活動

在2014年2月烏克蘭政變前夕，美國助理國務卿維多利亞·紐蘭（Victoria Nuland）公開承認，美國已「投資50億美元」支援烏克蘭的「公民社會與民主」事業。紐蘭於2月9日發表講話，兩周之後政變發生。（參見http：//www.youtube.com/watch?v=U2fYcHLouXY）

大多數基輔的分析人士表示，紐蘭的講話實際是針對當時烏克蘭總統亞努科維奇。因為擔心極端民族主義政府的報復，這些人發表觀點時都選擇匿名。一位政治問題專家將紐蘭的流氓宣言做了略微修改：「我們已經給你們的敵人投資了50億美元，所以你們要聽話乖乖下臺，不要試圖挑戰我們的計畫，因為我們已經為你們花了太多錢了。」

莫斯科正在從烏克蘭（2014）和格魯吉亞（2003）的反俄革命身上吸取教訓，儘管緩慢但穩步前進。格魯吉亞也是前蘇聯國家，其與烏克蘭的革命都是由西方資助的政治性非政府組織所推動。已故的格魯吉亞前總統愛德華·謝瓦爾德納澤（Eduard Shevardnadze）曾公開指責索羅斯基金會（Soros Foundation）在格魯吉亞策劃暴力政變推翻自己，而政變的領導人正是格魯吉亞後來的總統以及戰爭犯米哈伊爾·薩卡什維利（Mikhail Saakashvili）。西方媒體將這場非法、非民主政變稱為「玫瑰革命」，不過是對獨裁政權的粉飾。薩卡什維利在2012年大選中失敗，後在國內面臨腐敗起訴而逃離，而最近他又被新上臺的親美政府任命為烏克蘭奧德薩州州長。奧德薩州位於黑海沿岸，擁有100萬人口，人民說俄語。

因此，下一步俄羅斯在2015年5月針對那些「不受歡迎」的外國組織透過了一項新的法律，讓政府可以防止某些西方非政府組織在俄羅斯開設辦事處。這些西方非政府組織在其他國家都曾有過顛覆性活動和暴力活動的紀錄。

反對顛覆性活動的叫停清單

為了應對如此對俄羅斯民主進程絲毫不遮掩的威脅，另一項創新舉措就是由上議院編制的「愛國叫停清單」。上議院又稱聯邦委員會（CF）。

該清單由聯邦委員會主席瓦蓮京娜・馬特維延科（Valentina Matviyenko）指導編製，其中包括那些本質上對俄羅斯有敵意的組織，俄政府應採取一切措施避免這些組織踏入俄政治圈。馬特維延科曾任市長，取得過很多成就。正因如此，這些受西方支持的偽「民主人士」對她主持聯邦委員會大會進行詆毀，她完全有理由憤怒。大會對克里米亞人民在烏克蘭非法政變後要求加入俄羅斯的呼聲予以支持。西方社會對這些受人尊敬的俄羅斯公眾人物採取如此媒體攻勢考慮欠周，很快可能就會看到結果。他們從未傷害過歐洲或美國人，但卻遭到了這些精英人士的不公待遇。

俄羅斯對不受歡迎之人的判例比美國的《外國代理人註冊法案》（FARA）更惡劣嗎？現在我們來做一個突擊測驗，以下哪個國家的政府對於反對非政府組織參與政治活動有著更為嚴格的法律？ A俄羅斯、B美國？

如果你的回答是「A」，那麼想必你是錯過了引言中的以下段落：「美國禁止境內非政府組織參與政治互動：與資助非政府組織干預別國內政不同，美國政府嚴格禁止境內非營利組織進行任何政治活動。禁止的活動包括資助政客或政府官員、對選舉活動捐款、支持候選人、遊說或反對立法以及就贊成或反對立法法案發表媒體聲明。違反聯邦或各州法規將導致相關組織失去501（c）（3）非營利地位。如果代表外國政府或僅有『准政治能力』的外國利益集團進行任何政治活動或遊說，那麼該非營利組織將被起訴，或許還會被解散。只有登記註冊的組織（多數是律師事務所或註冊的遊說集團）才能根據外國代理人註冊法案（FARA）以『外國代理人』的身分代表非國內利益集團。」

禁止參與的政治活動的清單由美國司法部國家安全處（NSD）反間諜科（CES）的外國代理人註冊法案（FARA）小組管理。這一法案涵蓋了政治活動家、公共關係顧問、宣傳代理人、資訊服務行業的雇員、政治顧問、募捐者以及那些在美國政府機構或官員前代表外國機構的人們。

1981年，聯邦檢察官關閉巴勒斯坦解放組織在華盛頓的辦公室時就曾援引外國代理人註冊法案（FARA）。未經登記註冊即代表巴基斯坦和伊

拉克的美國公民遭到逮捕，被判犯有間諜罪並入獄服刑。在總檢察長對北愛爾蘭援助委員會的判例中，這一針對暴力鎮壓受害者的北方援助慈善機構被強行劃歸為愛爾蘭共和軍的代理人，迫使該機構發布了一封否決信，以避免被當作恐怖組織遭到關閉或收繳資產。

希拉蕊‧柯林頓的謊言

美國對於非政府組織有著世界上最為嚴苛的管理政策，但其政府官員卻偽善且輕率地對其他國家較為寬容的法律大加指責。俄羅斯聯邦、甚至是中華人民共和國及大多數發展中國家都對非政府組織進行與政治相關的交流活動給予了更大的空間。在這些國家裡，非政府在組織往往被鼓勵與有關部委、政府官員和政治家在政策規劃和管制方面展開密切合作。

2012年7月13日，俄羅斯國家杜馬透過了類似的外國代理人註冊立法。然而，新法律的執行卻進展緩慢，這反映出國家官員非常審慎，以避免犯錯。在接受外國捐贈的數千個俄羅斯非政府組織中，只有70個被要求進行審計，而其中只有5個是註冊登記的非政府組織。有20個非政府組織倉皇中關閉了運營，並沒有接受審計，這可能暗示了它們與外國捐贈者有些不為人知的關係。儘管大赦國際和人權觀察宣稱對俄羅斯沒有偏見，但是它們還是關閉了莫斯科辦事處。而透明國際也在考慮退出俄羅斯。

針對「外國代理人」立法，外國資助的非政府組織「為人權」的負責人列弗‧波諾馬列特別致信給美國總統歐巴馬及時任國務卿希拉蕊‧柯林頓，詢問他的組織是否是間諜。在回信中，時任國務卿柯林頓寫道：

「為了回答你關於接受美國資助的非政府組織是否是美國政府的『代理人』的具體問題，請允許我嚴正聲明我們不僅沒有給您的組織設置目標或控制它們的活動，我們也沒有計劃這麼做。包括莫斯科赫爾辛基集團和「為人權」在內的接受美國資助的非政府組織的優先事項和活動由它們的領導層、員工和活動家所決定，而非由捐助者決定。」

她措辭謹慎的回覆當然只是一個赤裸裸的謊言。如果柯林頓誠實坦言，那麼她應該說的是：「如果波諾馬列先生您在美國經營著一個由類似

美國國家民主基金會或美國國際開發署的俄羅斯國家機構資助的非政府組織，那麼您現在應該正在被強制在聯邦監獄服刑，罪名當間諜和逃稅。根據美國法律，您是一個間諜。」結束。就此打住，請不要再提問。

針對主要國際非政府組織違反外國法律或拒絕遵守程式規定的強烈譴責在俄羅斯引發了巨大反應。在廣大公眾及愛國運動的壓力下，俄羅斯總統弗拉基米爾·普丁簽署了有著更強執行措施的第二個法案，叫做「部分法律訂正法案」或者簡而言之即是有關不受歡迎的組織的法律。如果外國資助的顛覆組織「對俄羅斯聯邦的憲法秩序基礎、國防能力及國家安全構成了威脅」，那麼可以根據 2015 年 5 月 23 日透過的這項法律採取懲罰性措施。雖然聽起來可能有些嚴苛，但是這項針對顛覆活動的法律比外國代理人註冊法案（FARA）或者國家安全法案要寬容很多。

就在新法律透過的同一天，保守的自由民主黨向杜馬提交了涉嫌與外國情報機構有聯繫的組織的名單。在名單中列出的組織中，麥克亞瑟基金會和國際特赦組織宣布從莫斯科撤出，而透明國際則正在考慮退出。名單上還包括開放社會、美國國家民主基金會、卡耐基中心和自由之家。

針對這些組織的不利證據有很多。喬治·索羅斯資助的開放社會和人權觀支援了東歐的「顏色革命」，並為了支援車臣和高加索地區的已知伊斯蘭恐怖武裝進行了所謂的「人權」調查。如果拿美國的情況來作對比的話，這就好比是慈善機構資助那些參與 911 恐怖襲擊的穆斯林劫機者。

約翰＆凱薩琳·麥克亞瑟基金會是一個有趣的案例。就在俄羅斯執行新法律的同時，董事會看準時機逼走了基金會的董事長羅伯特·格魯奇。曾是國務院負責平息朝鮮和伊朗核計畫的官員，格魯奇把大量的捐助或者更像是賄賂基金撥發給了他的親信們。

美國新安全中心是麥克亞瑟基金會的一個主要受援機構。該中心自稱是一個「國家安全和國防政策研究所，其領導層都曾或者將要在國防部和國務院機構、白宮或者中央情報局擔任要職。」這是一個全新的「交易場所」的概念：麥克亞瑟基金會不再接受中央情報局的捐助，而是向中央情報局發放慈善捐款。在格魯奇被解雇後，芝加哥市長理查·戴利的前幕僚

長成為繼任者。可以預見國土安全部是下一個受益者。

永無止境的尤科斯惡意競爭

透明國際與俄羅斯總統弗拉基米爾・普丁有交集主要是由於它的主要資金來源與尤科斯石油公司事件有關。透明國際「一塵不染的」形象之所以會染上油漬是因為其對被關押的尤科斯總裁米哈伊爾・霍多爾科夫斯基的支持者過度依賴。據Julie Bajoile的一份報導顯示，這些支持者包括喬治・索羅斯及英國石油和殼牌石油等企業合作夥伴。在透明國際成立的最初幾年裡，索羅斯的開放社會是其最大非國家捐贈方。殼牌和英國石油的一個大股東就是雅各・羅斯柴爾德勳爵。而霍多爾科夫斯基被捕後，羅斯柴爾德勳爵就在京即將就任俄羅斯總統時控制了霍多爾科夫斯基的股份。

自由之家幾乎不值一提，因為它基本就是一個國家宣傳機構。只要快速流覽一下它的董事會成員，就能發現這一點。自由之家的董事會成員包括「名聲敗壞者」之友唐納德・拉姆斯菲爾德、《文明的碰撞》一書的作者撒母耳・亨廷頓、五角大樓的新保守主義者、世界銀行總裁保羅・沃爾福威茨以及委內瑞拉平民領袖雨果・查韋斯的敵人Otto Reich。

如果這些戰爭製造者代表的就是最好的「公民社會」，那麼人們為何還需要害怕站在門口的野蠻人？俄羅斯反對外國勢力影響非政府組織新法律唯一應該受到的批評就是來得太晚了，應該早來20年。一個支援恐怖主義和盜竊的慈善組織比一個賜福黑手黨的牧師好不了多少，當然可能也壞不了多少。

俄羅斯清醒且穩定地執行著其姍姍來遲的法律，這樣做的好處就是幫助國際社會摘掉了蒙眼布。特別歐洲國家元首需要停止呼應美國關於侵犯人權的虛假宣傳，同時意識到它們自己的「善行」正在給世界上的一些國家社會帶來動盪，並且給弱勢群體造成了不可修復的傷害。這份最終報告的結論與建議就是：與其指責他人，美國政府應該廢除自己的反民主法律和法外鎮壓。正視關塔那摩和阿布格萊布監獄的現實，並且意識到慈善應首先始於國內。

再說一遍：美國禁止非政府組織參與遊說活動

國內稅務局堅決反對非政府組織在公共空間參與或組織任何形式的國內政治活動，並只允許其在內部成員會議上進行有限討論。國會立法根本不會考慮公民社會的意見。根據501（c）（3）免稅條款，國內稅務局非營利組織指導意見的「遊說」部分有如下規定：

「在一般情況下，如果任何組織有大量活動都在試圖影響立法（通常被稱為遊說），那麼該組織沒有資格享有501（c）（3）免稅待遇。享有501（c）（3）免稅待遇的組織可以適度參與遊說，但是如果過度參與，那麼可能有失去免稅待遇的風險。」「立法指國會、任何州立法機關、任何地方委員會或類似管理機構就法案、議案、決議或者類似檔（例如職務任命的法律確認）採取的行動，或者公眾在全民公決、投票、憲法修正案或類似程式中採取的行動。立法不包括行政、司法或者執行機構採取的行動。」

「如果任何組織為了提出、支援或者反對立法，接觸或者敦促公眾接觸立法機構的成員或雇員，或者如何任何組織主張透過或者駁回立法，那麼該組織將被認定為試圖影響立法。」

〔案例附錄〕

阿拉伯之春埋葬了民主化進程

島津洋一（Yoichi Shimatsu）

在第一次會面之時，埃及總統阿卜杜勒·法塔赫·塞西和美國總統巴拉克·歐巴馬就在「民主運動」的屍體上立下了墓碑：阿拉伯之春。兩人都沒有提及失敗的民主運動，這或許是因為在美國國務院的傷口上撒鹽於事情並無助益。美國對「臉譜」網上反叛活動和解放廣場抗議的支持、巷戰和美國盟友埃及總統胡斯尼·穆巴拉克被推翻、穆斯林兄弟會的選舉勝利、反對穆罕默德·莫爾西的軍事政變、伊斯蘭「民主人士」被監禁或判處死刑、西奈和利比亞極端武裝分子的興起⋯⋯儘管未獲得寬恕，但是所有這些事件都未被提及。

相反，歐巴馬和塞西卻在聯合國大會的非正式會議上私下會面，同意恢復對利比亞、西奈半島和開羅街頭伊斯蘭武裝分子的聯合打擊。白宮放開了凍結的5,730億美元的軍事援助，一開始就花費15億美元購買了10架「阿帕奇」武裝直升機用以攻擊西奈的叛軍。一切都回歸了老樣子。

當軍事合作恢復之時，正值非政府組織部門開始自阿拉伯之春的毀滅性衝擊中回過神來。民主運動失敗的最初批評者是女性，因為西方支持者的空頭承諾和遺棄給她們帶了個最多的苦難。政權更迭所帶來的「益處」絲毫不能保護她們免於性侵害、經濟匱乏、崩潰的衛生保健系統以及社區強加的更多宗教限制。

「我越來越發現人權話題都是『資產階級說了算』」，突尼斯非政府組織活動家阿米拉·亞肴威（Amira Yahyaoui）在《外交》雜誌發表的一個採訪中說到，「非政府組織非常關注表達的自由、信仰的權利及攻擊聖物的權利等人權，卻很少關心普通人的生活。在突尼斯，儘管我們現在有表達的自由，但是只有那些一直為之奮鬥的一小撮人在使用這一自由。當

然，這是一項非常重要的權利，但是人權衛士們卻忽視了其它一些不怎麼有趣的問題，例如社會正義和政治參與等。活動家已經擁有了政治參與權（我們是這樣認為的），但是對於其他人來說卻不是一件易事。」〔1〕

她對於民主運動的幻滅與象牙塔內人士對西方人權事業的樂觀相去甚遠。人權觀察的執行主任肯尼斯‧羅斯（Kenneth Roth）就是一個示例。他認為阿拉伯之春是「一場變革運動，是一次長期受壓迫的人民掌控自己命運的歷史性機遇。」〔2〕與之相對的是，武裝狂熱分子和犯罪團夥而非「人民」掌控了國家的命運。

象牙塔與街頭

阿拉伯之春運動的孵化和推進伴隨著非政府組織在兩個獨立層面上的活動：首先是外交活動中長袖善舞且做華而不實媒體預測的政策精英；其次是受援助資金、西方主要資本主義國家組織的研討會及政治支援承諾誘惑的街頭活動家。簡而言之，在憤世嫉俗喝紅酒的書呆子與天真的炮灰之間存在巨大的鴻溝。在政策層面，知名機構包括：布魯金斯杜哈中心、卡內基國際和平基金、國際危機集團、查塔姆皇家國際和平研究所、美國戰略與國際研究中心（CSIS）和斯坦福中東專案。在解放廣場的一個辦公樓裡，卡達資助的半島電視臺將這些退休外交官和無所不知學者的遊行畫面轉播給世界觀眾，而後者幸運地根本不知道絕大多數示威者都是穆斯林兄弟會成員。〔3〕而在撞擊世貿中心那架客機上的正是穆斯林兄弟會的成員，而非基地組織或者塔利班。先是911恐怖襲擊，再是阿拉伯之春，西方國家一再被自己的妄想所蒙蔽。〔4〕

柯林頓夫婦的腐敗

美國國務院的非政府組織團隊一方面向埃及人和突尼斯人宣講民主權利，另一方面卻受到統治卡達的專制君主的款待和獎勵。卡達從未舉行過選舉，也沒有議會，而伊斯蘭原教旨主義是國家的意識形態。得益於其豐富的天然氣資源，卡達有錢賄賂國際足聯官員而贏得2022年世界盃的舉

辦權。除了賄賂塞普・布拉特（Sepp Blatter）的親信們，卡達 2022 年最高委員會還向柯林頓基金會捐贈了將近 50 萬美元，而國際足聯也另外捐贈了 5 萬美元。在過去的幾年裡，卡達向柯林頓的戰爭小金庫捐贈了數百萬美元。然而，與流向敘利亞、伊拉克和利比亞亞努斯拉陣線和「伊斯蘭國」的卡達里亞爾相比，這些捐贈只是九牛一毛。

街頭層面的參與者就是 4 月 6 日運動，而這基本是國務院一手操辦，並由國家民主基金會（NED）透過共和黨和民主黨的各種機構、自由之家及其他管道進行資助。4 月 6 日運動的活動家則被徵召進入青年運動聯盟，而後者則是一個由助理國務卿傑姆斯・格拉斯曼和傑瑞德・科恩及其公共規劃辦公室運營的國務院專案。

作為一個 5 千萬美元國家技術項目的一部分，來自發展中國家的新成員將接受培訓，學習如何使用社交媒體作為政治顛覆活動的工具。這一專案由美國前國務卿康多莉紮・賴斯發起，旨在開發可以避開外國國家審查的程式應用。紐約市的青年運動節就由由穀歌、YouTube、MTV、Access 360 Media、Howcast、「臉譜」網以及哥倫比亞法學院資助。賴斯在其自傳《無上榮耀》中回憶道，科恩「想利用其在政策規劃辦公室的職位開始把社交媒體加入我們的外交工具箱裡。數年後，當推特和臉譜網成為中東民主變革的加速器時，我們將有豐厚的回報。」

為了傳播他的社交媒體福音，科恩了走遍中東。在回憶裡，他吹噓與嗑藥的德黑蘭青年徹夜派對，但是他卻不曾提及與此同時，無數海洛因從被北約占領的阿富汗流出，流入世界各地的酒吧裡。〔6〕原來社交媒體這個應用程式是更為令人興奮的「精神鴉片」。而伊朗國家選舉期間的推特革命也是慘澹收場。年輕而躁動的伊朗人在快閃式示威抗議中被捕，在被警方拷問後交給保守的父母看管。與此同時，這一穿花衣的吹笛手（又指善開空頭支票的官員）也流竄到黎巴嫩、敘利亞、突尼斯和埃及。

4 月 6 日運動的活動家們與其他美國支持的民主運動患有同樣的自戀綜合症。他們誇大自己的重要性，並虛報可以串聯的人數。在亞歷山大郊區的一次工人罷工中，一個名為「艾哈邁德」（後改名為「哈立德」）的知

名推特博主在發送給華盛頓的資訊中號稱可以爭取到成百上千的親民主反對派的支持。然而，這麼多的支持者卻不能找到一位藝術家來設計專門的標識或宣傳海報，而是直接使用了應用非暴力行動和戰略中心反抗組織的標識。應用非暴力行動和戰略中心是一個總部設在塞爾維亞的活動家培訓中心，由總部設在紐約的阿爾伯特・愛因斯坦民主研究所成立。

　　維基解密截獲的外交電報則講述了一個更為清醒的故事。在解放廣場的第一個示威抗議時，科恩只看到了幾百人，其中許多人只是無精打采地站著，既沒有拿著標識也沒有成捆的傳單。4月6日運動的幹部隨後講述了他們與穆斯林兄弟會青年分支的聯繫，聲稱後者比老派武裝分子較為自由。而美國駐開羅大使此前已與兄弟會代表有過祕密會面，因此對行動表示了首肯。一夜之間，解放廣場擠滿了蓄著絡腮鬍鬚的男子和蒙著面紗的女子。所謂的「民主運動」與獨裁的兄弟會之間以及中情局線人與埃及軍方和特工員警的祕密結盟是中情局歷史上一個最大的情報失誤。

　　敘利亞、埃及、突尼斯和利比亞的人權和民主團體還剩下什麼？有人抗議「民主的」土耳其對庫爾德人的空襲嗎？美國國務院今天、昨天或者明天到底是站在了哪邊？美國反對泰國驅逐前去加入敘利亞武裝組織的維族人，那麼這是否意味著美國實際上支持「伊斯蘭國」和灰狼這些恐怖分子？由於溫和的敘利亞反對派純粹是子虛烏有，那麼美國是否支持「伊斯蘭國」或者大馬士革？美國對敘利亞、利比亞、馬里、索馬里和蘇丹的政策是縫了又縫補了又補，到現在已不止是前後不一，而是根本就自相矛盾、沒有任何意義，但是華盛頓的核心圈子中卻沒有人敢於指出這個難堪的事實。對於那些仍然相信美國民主和正義道德原則的人而言，不妨考慮一下穆罕默德・莫爾西即將面臨的命運。曾經在背後支持莫爾西的歐巴馬政府對於他的死刑判決保持了緘默。莫爾西沒能及時領會胡斯尼・穆巴拉克的教訓。

　　這場慘敗以兄弟會首領穆罕默德・莫爾西當選埃及總統而達到高潮。此後，科恩從國務院辭職，進入私營部門，成為谷歌智庫（Google Ideas）的總裁，並立即啟動了打擊非法網路力量（INFO）專案。INFO是一個無

意義的縮寫字母，指代的是用以打擊匿名政府「非法」網路承包商的祕密網路情報活動。網路間諜和幻想家傑瑞德‧科恩顯然是對穆斯林兄弟會非常有用的一個白痴，也是他們在特拉維夫的朋友。希拉蕊‧柯林頓鼓勵科恩對大批伊斯蘭激進分子打開馬格里布的大門，想必是真地認為「科恩就是個呆頭呆腦的鄉巴佬」。

❖ 章節附註

1. Ilya Lovosky對Amira Yahyaoui的訪問，「為非政府組織敲響警鐘：在奧斯陸自由論壇的週邊會議上，突尼斯活動家Amira yahyaoui對專業人權社團提出了尖銳的批評」，2015年6月5日。

2. 人權觀察第22個年度報告，引言，2012年1月19日。

3. Gregg Carlstrom，「埃及為何仇恨半島電視臺：半島電視臺在開羅的員工被控在一個豪華酒店裡運作恐怖小組，卻發現自己陷入了區域權力鬥爭的泥沼」外交政策，2014年2月19日。

4. 歷史紀錄顯示穆罕默德‧阿塔是穆斯林兄弟會的成員，並且乘坐2001年9月11日襲擊客機的嫌疑人中無一人是基地組織或塔利班成員。

5. 維基解密，美國駐開羅大使館電報。Yoichi Shimatsu分析了電報中的資訊，即「美國暗中支持穆斯林兄弟會在埃及的軟實力戰略」，新美國媒體，2011年2月6號。

6. 「在夜晚，他的朋友們幫助他避開了官方指派的保鑣，並帶他去了德黑蘭的地下派對。『他們在浴缸和水槽裡喝酒，』科恩說，『並且使用毒品，這與兄弟會的派對並沒有什麼不同。你需要掐一下自己來提醒自己身在伊朗伊斯蘭共和國。』選自傑西‧李奇登斯坦的「Condi的派對座上賓：傑瑞德‧科恩和國務院的政策規劃員」，紐約客，2007年11月5日。

7. Neal Ungerleider，「谷歌恐怖分子和人販子及谷歌智庫（Google Ideas）的總裁傑瑞德‧科恩與《快速公司》暢談非法網路、改造極端分子和非法軍火商如何利用網路」，《快速公司》。

第五章

瞞天過海
——帝國主義在前南斯拉夫地區的暗戰

西爾維婭・蓋爾梅克（Silvjia Germek）

1991年夏天，戰火燒到了我的出生地南斯拉夫。當時我住在德克薩斯州的達拉斯，在醫療領域工作。住在戰火肆虐的克羅埃西亞親戚告訴我，那邊的醫院已經陷入了絕境。隨著屠殺的蔓延，大量的受傷平民湧入，所有的醫療物資都已稀缺甚至耗盡。

雖然我之前並沒有在人道主義領域工作的經驗或關係，但秉著助人為樂的精神，我發起了一家非營利性組織，開始為幾千英里之外的戰火地區收集醫療物資。美國的醫院裡積攢了大量未使用的醫療物資。由於管理制度頻繁變更，醫療品的品牌也不停地更換，醫院倉庫裡有大堆未使用的醫療物資需要處理。我問了這些醫院的管理機構，如果我能夠把這些物資運送到極度稀缺的地方，他們能不能捐出多餘的醫療物資。在註冊成為一家501（c）（3）非營利性組織之後，我們就可以接受醫院不用的醫療物資捐贈了。

我對克羅埃西亞援助的呼聲迅速吸引了媒體的眼光，媒體採訪也帶來了許多援助之手。有人提供了一個大型倉庫，附帶叉車和裝載碼頭。還有人幫忙管理接收的各種捐贈物資。在我單槍匹馬開始行動後30天內，一個志願者組織油然而生。唯一的問題就是把這些集裝箱運送到巴爾幹地區的高昂成本。

早期打來表示伸出援手的電話中有一個來自享有盛名的美國非政府組織，曾經向多個受災國家捐贈過價值數十億美元的物資和資金。該組織的

一名高階主管在電話中表示，他一直在關注關於我們慈善專案的報導，並提出他的團隊可以幫我們把物資送到克羅埃西亞。這家非政府組織有自己的貨運飛機，並且剛剛完成至南斯拉夫的第一次空運。他們現在正試圖尋找並聯繫人道主義援助物資。這恰好是一個機會，能夠將兩卡車的貨物免費從德克薩斯運至南斯拉夫。心情一下好了起來，就像夢想成真了一樣。

第二天，來了兩輛半集裝箱貨車，200大箱醫療物資長途跋涉跨越了大半個美國，從德克薩斯州運到了康涅狄格州。與此同時，我飛到了紐約，在機場見到了這家非政府組織的運營總監，由對方出資入住一家五星級酒店，並應邀與他們的首席執行官見面。在對方寬敞的辦公室裡，我被介紹給一位長者，他與我打了個招呼，並問了很多關於我生活與工作的問題。後來，我發現他是老布希總統自從卸任以來的終身的好朋友。再後來，我聽說他曾作為中情局機密行動負責人深入參與了「伊朗門」事件武器運輸。

過去中央情報局對我來說就像登月一樣遙遠，我從未想到過這樣一家非政府組織可能是情報工作的前線。我只知道有一家人脈廣、資金多的組織邀請我加入他們的工作，於是我就開始將這些物資送往戰火肆虐的國度。我必須跟著物資一起去，以保證這些救援物品不會流落黑市。巴爾幹半島地區的醫生經常讓病人家屬去那些車庫或地下室裡的非正規交易場所購買藥物。很多重要的藥物都只能在黑市買到。不然，醫生就只能告訴家屬，因為醫院和藥店缺乏物資，創傷手術只能在沒有麻醉藥和抗生素的情況下進行。為了避免救援物資被盜或非法售賣，我一路隨行監督運輸。而不久之後，同樣為了保證救援物資能夠到達受難民眾手中，我坐著大卡車駛進了一片被塞爾維亞和波士尼亞軍閥所控制的領域。這是第一次登上飛機時完全沒有想到的。

第二天早上，我們把一系列的醫療物資裝好，登上了麥道DC-8貨機，開始了長長的跨大西洋航線。途中在愛爾蘭西南部的香農機場做了停留，大家都下了飛機，在機場的貴賓休息室待了約兩個小時。機組成員表示，外部承包商的貨物運輸通常都會在香農機場停留。再次登機時，發現

貨物被重新擺放，貨盤被人移動過。但組織方並未做出任何解釋，使得新增的貨物顯得很神祕。後來我得知，這家非政府組織在幾年前也曾使用同一家航空公司——美國南方航空參與了「伊朗門」事件。

飛機在奧地利格拉茨一個機場降落，卸下一部分貨物。來自梵蒂岡一家重要慈善機構的教會官員帶走了善農機場裝運的貨物。他開車透過陸路與我們在札格雷布匯合。因為他有外交豁免權，所以過境無需檢查。當時我不明白為什麼醫療物資變得如此敏感。後來我得知，這家天主教慈善機構曾在「伊朗門」事件中與為我提供運輸說明的非政府組織合作。人道主義非政府組織與梵蒂岡外交豁免權聯手就成了打通邊境壁壘的理想途徑。

在到了札格雷布之後，我們見到了一位將軍，他給我們提供了安全的倉庫儲存物資。之後下榻於札格雷布最昂貴的五星級酒店——埃斯普納達酒店（Esplanada Hotel）。這家酒店通常都是企業高階主管和來訪的國家領導人入住。一家人道主義非政府組織有如此雄厚的資金？我之前還糾結於如何在美國、德國和南斯拉夫之間運送物資，而眼前的這一切與我所糾結的小問題簡直差了一個世界之遠。

隨著戰火進一步升級蔓延，我決定到離前線更近的地方去，於是大部分時間都待在波士尼亞-黑塞戈維亞與克羅埃西亞之間。救援物資透過飛機送入札格雷布，我也與這個龐大組織的員工和當地合作夥伴熟了起來。我們時不時一起喝杯啤酒，期間也聽到了很多關於他們任務的故事。其中一名員工就曾參與「伊朗門」事件，之後又先後被派到伊拉克和札格雷布。他們的關係網絡十分龐大，其中包括在二戰期間與納粹有過合作的伊斯蘭瓦哈比派別團體（Wahhabi），以及在波士尼亞北部地方的奧薩馬·本·拉登。本·拉登創建了基地組織，並不斷煽動波士尼亞穆斯林群體與克羅埃西亞人、塞爾維亞人、南斯拉夫共和國等所有人的戰爭。這家非政府組織還與克羅埃西亞的多個非正規軍事組織和新納粹組織有所聯繫。這些美國特工不偏向任何一方，挑動克羅埃西亞人、塞爾維亞人和穆斯林相互之間的戰爭。

在巴爾幹半島戰爭早期，分裂的南斯拉夫的每一個共和國境內都出現

了一種新型的非政府組織，就是人權組織，並且這些組織還有著監督違反人權行為的良好媒體形象。赫爾辛基委員會（Helsinki Commission）、赫爾辛基小組（Helsinki Group）以及人權觀察組織（Human Rights Watch）成了喬治・索羅斯的公開社會協會（OSI）的保護傘。這些人權組織在貧窮和戰火肆虐的國家雇傭那些失業了的學者和知識分子，由這些最聰明的人來收集關於仇恨犯罪的資料，做出了漂亮的面子工程。然而，這些資料經過有選擇的編輯，之後在國際審判中又重新出現，而且其中關於北約、五角大樓、中央情報局和軍情六處的參與都神奇地消失了。西方煽動者的罪行被抹得一乾二淨，被指控的只剩下了當地人。索羅斯人權組織的主要目標就在於影響哪些證據能夠上法庭，哪些人被傳召，同時抹去西方情報工作的影子。

西方媒體關於這場戰爭的描述沒有一條符合我在戰爭地區的所見所聞，包括戰爭如何發起、由誰發起、誰從中獲利以及戰爭的真實情況。1991年我來到衝突地區的時侯，對政治瞭解很少，對情報機構更是一無所知。而1996年離開這個遍布著非政府組織的地區時，知道了我的大多數同事都是某個西方情報機構的特工，打著人道主義非政府組織的名義為掩護。在波士尼亞戰爭期間，有更多的非政府組織與地方官員勾結，打著人道主義援助的幌子走私武器，而所有的花費和賄賂費用都由中央情報局支付。西方的間諜頭目們送來了狙擊手、密探和敢死隊，挑起了戰爭，卻把責任歸咎於那些有歷史衝突的民族團體。美國和歐洲明面上實施了武器禁運，但其非政府組織卻祕密地向各方走私武器，甚至製造了大規模屠殺以便能夠將種族屠殺的罪名冠以其中一方。非政府組織其實就是一個國外流氓行動的巨大網路。

當種族戰爭發展到了白熱化之際，美國總統比爾・柯林頓和北約針對聯合國提出的「保護責任」（Responsibility to protect - R2P）開展了試點，空襲了塞爾維亞並入侵了科索沃。多虧了美國和北約的行動，聯合國為這種完美的黑格爾式辯證互動頒發了專利許可，即僅僅出於以「保護責任」方式來解決問題的目的，由西方祕密地激化問題。關於種族衝突和種族屠

殺的「命題」催生了保護職責和軍事干預的「反命題」，從而產生了新的「綜合命題」，即在歐美主宰之下一系列相互不和的小國家。

在接下來的五年間，向南斯拉夫以及透過南斯拉夫向其他戰爭地區提供醫療援助時，很明顯地看到大多數非政府組織都以某種形式參與了情報活動，無論是在當地賄賂和勒索公共官員，還是為西方情報機構發起的代理戰爭走私武器。代理輔助軍事行動則由當地人組成的隊伍來執行，大多數人的動機不過是為了在經濟蕭條時掙錢而已。而那些串通一氣的媒體則一如既往地把暴力事件升級完全歸咎於分裂主義者或反叛組織，同時小心隱藏了多數現代戰爭都是策劃產物的事實。

在這些蓄意煽動的衝突之前發生的情節都不難預見，包括顏色革命（Color Revolutions）帶來的動盪或是有策劃的「偽旗行動」（false flag）襲擊，而那些被指責的團體就被拖入了下一場戰爭。西方情報機構和索羅斯資助的人權組織在巴爾幹半島和東歐地區攜手。一個個國家因為精心策劃的事件和煽動性言論而走向分裂，留下了受西方掌控的傀儡政權，人民則陷入了戰爭、毀滅和流離失所。這一大騙局有了諸多非政府組織的參與才得以實現。這些非政府組織帶著民主、發展、減貧、社會變革、個人自由和急需的藥物而來，但很快就收取了驚人的價格。

我逐漸意識到了這個騙局背後的殘酷。多虧了在美國的支持者們幫忙籌集資金和物資，我才能夠勉強維持自己的小組織。我們團隊中的當地志願者多是巴爾幹半島的婦女。在收到捐款和滿載貨物的集裝箱後，將物資用老舊的卡車發給需要的人，無論民族、無論宗教、無論政治信仰。不管透過什麼方式，我們在這個戰火肆虐的地區堅持了下來，並且能夠使用來自美國民眾的捐款和物資來幫助當地居民，而不是從大的基金會或聯邦政府機構尋求救助。

當我在1996年回到美國，再次看到西方媒體的報導，得知一家大型非政府組織向巴爾幹半島輸送了大批被愛滋病HIV病毒感染的冷凍血漿，之後就出現了關於愛滋病暴發的報導。我還記得自己坐在貼有「凝血因數VIII血液製品」標籤的板條箱上，搭乘貨機飛躍大西洋，進入札格雷布。

當時我並不知道，這些血液製品會導致巴爾幹半島血友病患者感染愛滋病。當時的運輸負責人還驕傲地告訴我，製藥公司特意生產了一批「特殊批次的」捐贈品。

在讀到這個令人震驚的新聞之後，我研究了涉及到其他國家關於凝血因數VIII血漿醜聞的報導，包括伊朗、伊拉克、法國、愛爾蘭、葡萄牙和日本。在血液感染的報導出現之後很長時間內，這家非政府組織和製藥公司還在繼續輸送這些「特殊批次」。與此同時，阿肯色州囚犯凝血因數VIII血液醜聞也成了許多國家媒體關注的焦點，披露了在柯林頓擔任阿肯色州州長期間，該州感染HIV病毒囚犯捐獻的血液被販賣後給美國紅十字會和阿肯色州其它非政府組織帶來的影響。也許當初坐在我身下的那批凝血因數VIII是阿肯色州的最後存貨。此時我已經得知，發放這批血液製品並幫我運送醫療物資的這家非政府組織其實是中央情報局的幌子公司。

在遍體鱗傷的南斯拉夫，有數家大型非政府組織被報導參與了各種形式的人口販賣活動，包括將戰爭、自然災害和貧困籠罩地區的兒童綁架賣去做性奴隸。個體軍火承包商戴恩國際（Dyn Corp）和聯合國機構被指控在波士尼亞從事兒童賣淫和販賣兒童，成為了全球性醜聞。在戰爭時期的波士尼亞和科索沃，綁架不過是家常便飯。很多兒童性奴隸被國際性奴販子從幾個東歐國家送到波士尼亞和科索沃這樣的公開市場進行販賣。買主都是西方人，包括許多聯合國官員和軍官，他們帶著這些孩子從一個戰火區到另一個戰火區，而這些兒童通常都活不了多久。薪金豐厚的私人軍事專家和國防承包商越來越多。這些不幸的兒童們被討價還價買賣，還附帶了過境通行證，以便買主隨處攜帶。

此外，還有關於巴爾幹半島地區人體器官貿易的可靠記載，此前還有過200例塞爾維亞囚犯被屠殺並摘取腎臟的紀錄。人們普遍認為，有更多的塞爾維亞人死在了軍醫和民族幫派手中，但西方媒體光顧指責塞爾維亞人對其他民族進行種族屠殺，卻從不對此進行調查。有情報人員曾向我透露，在科索沃普斯提娜市有一家名為梅迪卡斯（Medicus）診所的「腎臟工廠」，專門從那些被買賣做性奴隸的年輕婦女和兒童身上摘取腎臟。在

遭遇性虐待之後，這些人被送往殘酷的腎臟工廠，在科索沃-阿爾巴尼亞邊境的「黃房子」裡進行最後處理，身體器官被回收並送往西方和阿拉伯國家的診所販賣。美國、歐洲的北約國家、阿拉伯贊助商和黑手黨集團在對科索沃、阿爾巴尼亞、波士尼亞和克羅埃西亞無情的蹂躪之後，還因為商業利益而容忍對這些無辜人的殘忍屠殺，簡直罪惡滔天。而面對如此滔天的罪行，非政府組織卻一片沉寂。他們在合作的過程中手中也沾滿了罪惡。

許多大型和小型慈善機構對以上提到的這些資訊一無所知，都與如美國關懷（AmeriCares）、世界宣明會（World Vision）、國際紅十字會（ICRC）以及國際慈善組織（Mercy Corp）等大型非政府組織合作或簽訂了合約。歷史學家將接下此項無比沉重的任務，揭露巴爾幹半島人民所遭遇的侵犯人權行為，也希望能有人提出訴訟，因為國際法庭尚未對「人道主義」干預期間所有各方犯下的暴行做出公正的裁決。

所謂「偽旗事件」早已開始上演──透過精心策劃、針對弱勢群體的襲擊事件，讓曾與弱勢群體發生衝突的群體背黑鍋，因戰爭罪受譴責，這些都是西方情報機構安排、組織和實施的陰謀。克羅埃西亞人、穆斯林和塞爾維亞人就是這樣被玩弄於股掌之間。實際上很多交戰狀態都是西方情報機構活動的產物，只不過西方為之披上了「內戰」的外衣，讓各方在愈發血腥的代理人戰爭中開戰。

我採訪過的克羅埃西亞叛亂民兵和政府軍都堅信美國中情局站在自己這一方，提供抗敵所需武器和援助。他們並沒意識到的是，美國中情局正在串通其他安全性群組織和情報機構，為波士尼亞穆斯林和塞爾維亞人提供武裝，暗中製造一場戰爭浩劫。這些慘遭背叛的士兵，至今仍被蒙在鼓裡，不知當初是如何突然就被捲入了一場戰爭中。

金融巨頭喬治‧索羅斯（George Soros）出資的人權組織與北約及情報機構一道，在目標國家透過煽動宣傳分裂民意，煽惑人民兵戎相見。待國家成為一片廢墟之後，西方國家將建立為自己控制的傀儡政權。

實際上，這些大屠殺、大混亂正是在眾多承諾會帶來民主、發展、進

步、減貧與必需藥品的非政府組織的掩護下開展。與所有其他志願者和專業救援工作者一樣，最初我也曾因能夠為飽經戰亂之苦的人民服務而激動不已，然而數年之後，這份激動變成了恐懼、失望，甚至是幾分內疚。悔悟總是來得太遲，在那一天到來之前，此刻我能力所及的懺悔就是為世人還原事情的真相。

現代人權非政府組織的根源可以一直追溯到倫敦政經學院的卡爾·波普爾（Karl Popper）教授。除倫敦政經學院外，波普爾教授曾與二戰後轉型為現代歷史中最重要的社會思潮開創先驅的法蘭克福學派（Frankfurt School）有聯繫。德國法蘭克福學派的學者與其在紐約的平行機構從事社會研究的紐約新學院大學（New School of Social Research）、英國塔維斯托克研究所（The Tavistock Institute）一起開展了一系列深刻的社會工程項目。從新左派到嬉皮運動，這些項目把年輕人的特立獨行與和平的理想逐漸變成金融精英的目標。儘管其吶喊口號來自政治左翼，也許還披著關心世界上受壓抑少數群體的外衣，但歷史已證明這不過是利用年輕血液製造社會分化與極化的手段和策略而已，而社會分化正是摧毀南斯拉夫等多個多元文化社會的罪魁。

在前南斯拉夫解體分解成幾個微型國家之後，一些國家新上臺的領導人簡直與罪犯無異（頂多是受人尊敬的罪犯），他們利用喬治·索羅斯的資金與尤金·夏普（Eugene Sharp）的公民抗命（civil disobedience）戰術訓練大力開展並拓展法蘭克福派項目。尤金·夏普是一名職業煽動家兼紐約愛因斯坦研究所的情報特工。在北約轟炸貝爾格勒、前南聯盟解體之後，此類顛覆項目的升級版原型起名為「奧特波（Otpor）」本義在塞爾維亞-克羅埃西亞語裡為「抵抗」。

在風雨飄搖的塞爾維亞，奧特波雇傭包括SrdjaPopovic、Ivan Maric在內的幾位大學生，在夏普的指示下接受培訓，負責煽動暴動。在美國中央情報局和英國軍情六處與北約的幫助下，這些被收買的當地特工利用夏普/索羅斯式政治宣傳與公民抵抗成功推翻米洛舍維奇政府。行動成功之後，就好像美國-北約對貝爾格勒的轟炸沒造成任何政治影響一樣，奧

特波搖身一變,變成貝爾格勒的應用非暴力行動和戰略中心(Centre for Applied Nonviolent Action and Strategies- CANVAS)。

　　時至今日,為去貝爾格勒的應用非暴力行動和戰略中心(CANVAS)接受顛覆政府培訓的反政府者購買機票的仍舊是索羅斯基金。這一腐敗的投資方針對聯合國合法成員國的戰爭,正由這家有著非營利性NGO彩排著,且很多目標成員國是正常運轉的民主國家。因為很多「占領華爾街」抗議者和其他與CIA有聯繫的左翼組織在CANVAS接受過培訓,「正常運轉的民主國家」這一詞現在出現地愈發頻繁。

〔案例附錄〕

為戰爭服務的
「嵌入式」人道主義救援組織

島津洋一（Yoichi Shimatsu）

地點：美國國務院亨德森會議室（Henderson Room）

嘉賓：各主要非政府組織的負責人

日期：2011年10月26日（911事件後的第45天，美軍對阿富汗襲擊後的第19天）

新聞發言人包潤石（Richard Boucher）：

女士們先生們，有請你們打入到我們內部的同志、非政府組織團體在國務院內部的代表，國務卿先生。

時任美國國務卿科林・鮑威爾將軍在掌聲中入場發言：

「在我的公共服務生涯期間，無論在軍隊任職時還是現在作為國務卿，我都有幸在工作中與各種非政府組織合作和打交道。

就在我講話的此時此刻，美國的非政府組織無疑像我們的外交官和軍隊一樣，在為自由而戰的第一線盡職盡責、奉獻犧牲。

我曾向各位駐外大使們做出指示，要求他們盡其所能與國際性和當地非政府組織進行合作，尤其是當地組織，並且在規劃和專案中考慮到非政府組織的貢獻。

911事件之後的幾個星期裡，美國各地的非政府組織紛紛向受害者及其家屬伸出援手，幫助他們引導公眾對於恐怖分子的怒火。

我曾明確地對我的員工和我們的駐外大使們講，**要確保與非政府組織保持最佳關係，這一點我是認真的。非政府組織對於我們來說，是一個力量倍增器，是我們作戰隊伍中非常重要的組成部分。**

你們的工作是崇高的，我為此向你們表示祝賀。感謝你們。」（掌聲）

「非政府組織是一個力量倍增器」：（武器＋軍隊）X 非政府組織＝作戰隊伍

美國和北約於2001年10月19日至12月28日聯合入侵阿富汗之後，外國的非政府組織在當地開展專案，包括100個非盈利救援小組，其中30個主要幫助女性，20個主要援助兒童。這150個非政府組織以及當地的慈善機構和主要的國際救援組織都依靠北約的軍隊保障安全、通信和交通，這使救援人員成為了塔利班襲擊的目標。

地點：德國萊茵達倫，北約盟軍快速反應部隊（ARRC）基地

嘉賓：北約、英國武裝部隊、歐盟、聯合國和非政府組織的官員和工作人員，學者

日期：2009年12月8日（伊拉克發生自殺式炸彈襲擊，美國軍隊「湧入」阿富汗）

克里斯多夫·福尼爾，無國界醫生（MSF）組織主席：

人道主義援助必須面對全人類，不管他們**對於前線或戰爭各方的立場**如何，無論種族、宗教、民族或效忠於誰。這是公正性原則。**公正性**意味著為了找到並救治最需要幫助的人們，無國界醫生必須能夠接觸到所有平民。

作為一個易受打擊的目標，要接觸所有平民，要求我們不僅僅被當地群體所接受，還要被衝突地區的所有武裝派別所接受，包括國家政府、武裝反對派運動、國際軍隊和犯罪團夥等。這些派別必須承認無國界醫生是一個提供有益服務的中立性醫療組織，也就是提供治病救人的服務，**沒有任何潛在動機**。

如果無國界醫生的運營由你們的政府資助，那麼你能想像我們說服塔利班相信我們的中立性嗎？說到這，你能想像相反的情形嗎？一個受塔利班資助的醫療組織在倫敦、紐約或者哥本哈根工作？我猜你們的政府不僅會懷疑，而會對這樣的組織採取嚴厲的措施。

「人道主義戰爭」是對人道主義理想的危險腐化。它支援使用暴力是

提供人道主義援助的正當方式這一觀點，並且混淆了兩種有根本區別的人類活動。

根據我們的經驗，在有聯合國或西方軍隊參與戰鬥的情況下，要得到所有參戰方的接受通常會更加困難。今天的阿富汗就是一個很好例證。

在阿富汗，**信任之所以被破壞**，是因為我們這個組織的起源國正是那些向北約統領的部隊發號施令、提供資金和武器的國家。阿富汗當地各方，尤其是對國際干預持敵對態度的各方，自然對我們關於行動獨立於起源國的聲明提出了強烈質疑。

援助機構為國際戰爭助力這一想法很容易理解。在阿富汗，聯合國和非政府組織支援阿富汗政府與西方勢力的干預目標。嚴格來看，阿富汗的援助體系是你們**實行平叛、和解和國家建設政策的合作夥伴**。

至關重要的是，除了我們對於人道主義誠實性的擔憂，還有一個實際問題：那就是給當地民眾帶來的負面後果。人道主義專案的運營方式或人們對於人道主義專案的看法一旦**被軍事化**，那麼這些項目就會成為**軍事打擊目標**。

值得稱道的是，克里斯多夫・福尼爾在獨立救援組織和與遠征軍緊密相關的其他各方之間劃清了界限。他關於衝突中公正性的論述無論從道德還是從實際的角度，都是對人道主義使命的出色辯護。非政府組織不應該成為給他們所服務的民眾帶來傷害的幫凶，即使這些受害者站在反對派一方。

然而，這裡沒有探討的問題是，無意間淪為軍事占領棋子的道德風險。與北約合作的非政府組織在為占領者提供服務。但是像無國界醫生這樣的中立方，對於軍事戰略家來說才更具價值，因為它們在叛軍控制的地區內進行活動、建立聯繫並獲得資訊。雖然中立方堅決反對洩露可能會傷害其服務物件的資訊，但是軍事情報官卻能夠輕而易舉地獲取這些至關重要的資料。與平民，尤其是醫生相比，士兵的行動要遵守更多的職業道德，因為保護我方軍隊、摧毀敵方部隊是戰爭中的最高準則。

從國防部出版的《軍隊非政府組織指南》（如下文中標出）中可以推

斷，像無國界醫生這樣的非政府組織在資訊方面有兩個弱點：在衝突地區對集群物流和通信系統的依賴。軍事情報系統和國防情報局（DIA）的服務部門以及中央情報局，在非政府組織的物流團隊中都有眼線，這些物流團隊中的大部分工作者都是前軍事人員。一份簡單的關於向每個野戰醫療所運送藥物、抗生素和繃帶數量的紀錄，就能夠使軍方比較準確地估計敵方傷患的數目以及敵方控制地區的健康狀況。生病的敵人是脆弱的。

採集資訊的另一種方式是入侵非政府組織的通信。五角大樓的情報機構——國家安全局（NSA）能夠輕而易舉地截獲並破譯非政府組織的加密法和密碼。正如告密者愛德華・斯諾登在2014年的一次電話會議中披露的那樣，國家安全局在非政府組織中安插了訓練有素的耳目。

還有一個不出大家所料的明顯安全性漏洞：戰爭地區的非政府組織透過唯一可用的線路，也就是軍事通信網路來發送報告和資訊。實際上，在這方面美國的情報部門對於敵方、友方和其他各方占據絕對的統治地位。因此，正如福尼爾所說，「人道主義專案成為了軍事打擊目標」——並且是雙方軍事打擊的目標。對於真誠的援助工作者來說，哪種情況更糟糕？是被不光彩的盟友出賣職業道德，還是被武裝分子處決？如果只有這兩種選擇，那麼戰爭便不戰而敗了。

機密資訊的第三個來源是透過人際情報（humint），也就是在非政府機構內部安插或招募眼線。許多非政府機構的工作人員都曾經在軍隊或國家官僚機構任職，或者渴望進入政府部門工作，因此招募一個新間諜並不需要多費口舌，特別是當敵人的威脅這樣近在咫尺。

五角大樓和北約與包括聯合國機構在內最大的國際救援組織之間的友好關係，揭示出了事情的真相：聯合國是西方勢力戰爭機器的盟友，絕不是衝突中公正的仲裁者。發動現代戰爭的能力取決於物流，而聯合國已經準備好在最艱難的情況下，為抵制發展中國家的民族主義運動助一臂之力。正如科林・鮑威爾堅定宣稱的那樣，非政府組織是力量倍增器。

下面是《軍隊非政府組織指南》的節選：關於在全球範圍內人道主義危機中運營的私人組織、志願組織和非政府組織的軍隊初級讀本：

非政府組織物流集群工作組受世界糧食計畫署（WFP）領導，就是所謂的**聯合國海軍陸戰隊**（注：第一支到達危機地區的隊伍）。

其他**全球合作夥伴**包括國際移民組織（IOM），世界衛生組織（WHO），聯合國難民署（UNHCR），聯合國兒童基金會（UNICEF），聯合國人道主義事務協調辦公室（OCHA），聯合國聯合物流中心，聯合國人口基金會，紅十字國際委員會（ICRC），紅新月會國際聯合會（IFRC），世界宣明會，國際救助貧困組織（CARE），天主教救援服務會，救助兒童會和聯合國糧食及農業組織（FAO）。

物流集群的運營包括資訊共用、基礎設施評估和交通協調。物流集群是最終手段。

通信：雖然一些非政府組織使用的硬體和軟體可能與軍方所用的類似，但是它們的成套設備沒有經過嚴格的資訊安全審查，也不在軍事級別的安全網路上運行。**因此，非政府組織沒有能力保障資訊的保密性和安全性。**

非政府組織非常重視對資料、想法、提議線索以及**聯絡資訊**的保護，但是通常情況下，它們沒有主要的技術系統來確保資訊加密和安全。

相較而言，通常透過**電腦密碼、互聯網電子郵箱帳戶**、網站和電子郵箱帳戶登錄提示等更加常見的資訊形式，來獲得關於人口流動、疫情、食品援助進程、**交戰方之間的暴力衝突和戰鬥情況**等方面的最新消息。

在第二次海灣戰爭拉開帷幕之前，五角大樓命令將所有有意報導前線新聞的來自「意願聯盟」國家的記者嵌入軍事單位。許多戰地記者對五角大樓這種在美國歷史上史無前例的對新聞報導的控制表示強烈抗議，然而正如五角大樓所承諾的那樣，沒有申請嵌入軍事單位的記者都失去了報導這一重大事件的機會。

很明顯，美國軍方不需要直接對非政府組織下達命令，因為幾乎所有的救援組織都支援對伊拉克政權的打擊。在經濟制裁時期對飽受苦難的伊拉克人民的愧疚，已經完全被拋在腦後。非政府組織已經自願地與軍方站在了同一戰壕。

在發動襲擊並且占領了巴士拉和巴格達之後，非政府組織忙於設立辦公室、布置酒店套房、建立網路連接和尋找上好的飯店，根本沒有注意到美國士兵違背保護人民的使命，對當地無助民眾做出的無禮行為。恰恰相反，非政府組織把精力都用於對婦女、兒童和少數民族群體進行維權培訓，提供免疫接種和安排新的基礎設施建設項目，當然，還有為起訴和裁決被捕的復興黨官員進行籌備工作，並且隨時留意著關於失蹤的被罷免前總統的消息。

所有的注意力與援助都投入到了國家建設項目中去，而這個國家曾經是中東地區最發達的經濟體。暴力和破壞統統被歸咎於伊拉克共和國衛隊和復興黨。只有薩達姆·海珊的罪行才事關緊要，所以對於從約旦和海灣國家湧入伊拉克的非政府組織來說，伴隨入侵而來的犯罪行為成為了一個盲點。然而，在非政府組織團體周圍，卻上演著成百上千例美國犯下的戰爭罪行，從使用貧鈾引起新生兒新型怪異畸形，到暴打或立即槍決囚犯，以及難以計數的平民傷亡。

實際上根本問題在於為何用「人道主義危機」這一中性說法來形容被摧毀的伊拉克社會，而不用「侵略」。非政府組織的目標包括公共衛生、教育和人權，但是在地緣政治各方交戰的現實世界中，非政府組織的目標並不包括國家保護其國民的最基本原則——主權。非政府組織常常認為獨裁政權以主權為藉口，忽視來自國際，也就是來自西方的符合聯合國標準的壓力，從而壓迫本國人民。這種觀點是短視的，是為西方利益服務的。只有理解甚至同情國家主權，才能夠與當地人民進行真誠的合作。有時，這種做法會有冒犯本國捐贈者和官員的風險。的確，把自己與實施侵略的更強大的國家對立起來，是一種道德重擔，但是如果沒有這種責任感，那麼期望得到受迫害社會群體的長久支持便是無稽之談。

最終，大赦國際中東辦公室的一位當地雇員注意到了虐囚傳言，該傳言曾在美國軍方管理的阿布格萊布監獄引起騷亂。但是，這位雇員的報告卻沒有得到倫敦和紐約總部的重視。直到美國軍醫在救治囚犯時被他們身上的種種傷痕所震驚，並向五角大樓和白宮提出詳細的控訴，此事才引

起了美聯社和《紐約客》雜誌的關注。伊拉克最迫在眉睫的維權問題，是美國軍隊和私人國防承包商所犯下的令人震驚、通常又非常愚蠢的戰爭罪行，而提出這一問題的，卻是被堵住嘴巴的媒體，而不是以反對侵權為使命的受到豐厚資助的非政府組織。

非政府組織在伊拉克的經歷還需要進行負責任、徹底的審查。在伊拉克的救援工作者仍面臨著來自各方的巨大危險，瑞士資助的伊拉克非政府組織協調委員會甚至沒有公布其成員名單。仍舊相信人道主義干預的人們，是時候從美夢中醒來，直面仍將延續的噩夢。

第六章

假痴不癲
——大赦國際對西方侵犯人權行為視而不見

法蘭西斯・A・波義耳（Francis A. Boyle）

　　1982年，在美國的全力支持下，以色列入侵黎巴嫩，兩萬阿拉伯人、穆斯林、有色人種基督徒慘遭殺害。儘管當時大赦國際組織美國分會（Amnesty International USA - AIUSA）的會員竭力敦促組織有所行動，但是無論是總部位於倫敦的大赦國際（Amnesty International）還是位於紐約的美國分會都始終無動於衷。大赦國際和其美國分會從會員、董事到贊助人都有明顯的親以色列傾向，所以顯然它們不會有任何作為。

　　明確了這一點後，我致電諾貝爾和平獎得主肖恩・麥克布賴德（Sean MacBride）在都柏林的家，請求他介入大赦國際組織倫敦分會（AI/London，以下簡稱「倫敦分會」）。倫敦分會後來做的那少得可憐的一點兒舉動都要歸功於肖恩・麥克布賴德的介入和努力。肖恩，願你在天堂安息。

公信力岌岌可危

　　麥克布賴德後來說服大赦國際組織祕書長委任我為他們的中東地區人權顧問。於是我以顧問的身分參加了大赦國際組織美國分會中東協調小組（AIUSA Middle East Coordination Group）的成立大會。也就是說，我是協調小組的創建人之一。在會上我特別強調，大赦國際組織和美國分會如果不坦率堅決地去處理以色列對阿拉伯人和穆斯林的人權侵犯問題，特別是以色列對黎巴嫩和巴勒斯坦人民犯下的暴行，它們在中東地區會徹底失去

公信力。在那之後不久，我發現親以的美國分會董事會直接授意協調小組的成員不要再和我有任何往來。

與董事會寡頭們的抗爭

在美國分會對黎巴嫩戰局無動於衷時，一些知曉我的作為的分會成員決定透過基層請願途徑——而不是靠高層指派——提名我和其他幾位人士為董事會成員候選人。但是由親以勢力統治的美國分會董事會操縱選舉，我們甚至連名字都沒有出現在選票上。於是我的同事們請我作為他們的代理律師，準備起訴美國分會。我以法律訴訟相要脅，發了一封律師函，特別注明如果我們的名字沒有重新寫上董事會成員選舉的選票，我會設法廢掉他們接下來的選舉。我不僅得拿官司威脅他們，而且還不得不在美國分會年度大會（Annual General Meeting，AGM）前夜飛到他們的總部所在地紐約對他們提起訴訟。直到周日下午快結束的時候，美國分會才同意我提出的條件，而我本來早已做好了準備週一一大早就去起訴他們。經歷了這些之後我才終於被選入大赦國際組織美國分會董事會，而做這一切都是為了維護黎巴嫩和巴勒斯坦人民的基本人權，保護他們不被有美國撐腰的以色列所滅。

公平來說，大赦國際組織和美國其他的所謂人權非政府組織比起來並沒有好到哪兒去。對於以色列在黎巴嫩殺害的兩萬名受害者，這些非政府組織中沒有一個人站出來說點什麼或做點什麼。唯一的例外是美國公誼服務委員會（AFSC）。公誼服務委員會召集了一個黎巴嫩事務工作小組，並邀請我加入。最終，我們交出了一份大膽而犀利的報告。我們竭力確保公誼服務委員會報告的客觀、詳盡，因為為了這份報告，有人冒著生命危險奮戰在前線。他們在前線獲取的真實資訊是我們進行資訊收集、評估和報導的基礎。但是非常遺憾的是，這些年來，公誼服務委員會也已經變得「親以色列化」，和美國其他的人權非政府組織無異。

從1982年起，大赦國際組織也確實斷斷續續發布了一些以色列侵犯巴基斯坦和黎巴嫩人權的報告。事實上，至少從1948年以色列入侵和占

領巴勒斯坦的那場戰爭以來，以色列一直在不斷地殺害、虐待和摧毀著巴勒斯坦人。但是直到1982年後大赦國際組織才開始偶爾地、半心半意地對以色列在巴勒斯坦的人權暴行表示譴責。例如，我在美國分會董事會時曾經試圖讓特赦組織倫敦分會和美國分會針對臭名昭著的《蘭多報告》（Landau Report）採取行動，因為正是憑藉著這份報告，對巴勒斯坦人的虐待行為得到了以色列政府正式批准。我指出，以色列此舉使其成為了世界上唯一一個官方批准虐待的國家。但是之後什麼動靜也沒有，儘管大赦國際組織「授權」採取行動的核心條件就是有「強烈反對」。差不多十年之後，大赦國際組織終於同意了我的說法，並且對以色列的行徑發表了點看法。也算是亡羊補牢吧。

至少自1978年入侵黎巴嫩以來，以色列就一直在黎巴嫩四處暴行不斷，給當地的黎巴嫩人民和巴勒斯坦人帶來了巨大傷害。大赦國際組織在沉默了幾十年之久後終於出聲發布了報告並且在報告中偶爾輕微譴責以色列的暴行，這主要是因為在倫敦分會和美國分會坐視不理之時，有其他的人權組織站了出來，反對以色列。每到了要維護巴勒斯坦人、黎巴嫩人和其他阿拉伯人與穆斯林的人權，反對有美國「空頭支票」支持的以色列的暴行的時候，倫敦分會和美國分會總是刻意做得太少太遲。

以色列良心青年拒入伍

我在美國分會董事會時，有一次看到過一份美國分會擬定的大赦國際組織祕書長從倫敦出發訪美的日程表。紐約和華盛頓特區的幾乎每一個主要的親以色列非政府組織都在這份日程表上，另外還有一個阿拉伯非政府組織。考慮到他們的標準運作流程，我相信這些NGO團體肯定威脅祕書長說，如果倫敦分會不收斂一下它那無力、可憐又微弱的對以色列的批判，他們就讓旗下會員不再出資支援大赦國際組織和美國分會。我還在美國分會董事會時，倫敦分會總預算的20%是由美國分會劃撥的。誰出錢，誰有權。當時有一些以色列青年拒絕入伍，不願參與破壞巴勒斯坦和黎巴嫩的戰爭，甘願成為大赦國際組織頻繁鼓吹的「良心犯」。儘管我盡了最

大努力想開闢一條接收這些拒入伍青年成為政治難民離開以色列的快速通道，這一嘗試最終還是遭到大赦國際組織的祕書長堅拒。他心裡十分清楚，不拒絕就會丟了飯碗。

大赦國際組織的背後的首要動力不是人權而是政治。其次是宣傳，再次是金錢，然後是增加成員，接下來是內部勢力爭鬥。再接下來，才是對人權問題的真正關心。的確，如果你正在處理的人權問題是發生在被美國、英國或以色列正式或非正式認定為敵人的國家，這個問題會得到廣泛關注以及人力、物力和宣傳等支持。大赦國際組織對這個國家怎麼抨擊都行。但是如果面對美國、英國或以色列的侵犯人權問題，寄望大赦國際組織有所行動就變得異常艱難。當然，在經過了巨大的鬥爭和壓力後，大赦國際組織也可能特別不情願地、偶爾地、敷衍地做點不痛不癢的事情來緩和一下形勢——或者根本什麼都不做。

捏造虛假死亡嬰兒報告

這還不是最糟糕的。現在讓我們來看看那份被大赦國際組織和美國分會惡意利用來煽動伊拉克戰爭的《科威特死亡嬰兒報告》及其相關運動。這份報告是大赦國際組織的一份可鄙的文件，促成了一場臭名昭著的騙局，催化了美國公眾對「沙漠風暴行動」（Operation Desert Storm）——也就是拉開1991年1月喬治·布希總統發起的第一次海灣戰爭序幕的那場行動——的支持。在1990年10月的一次美國國會聽證會上，一位少女控訴說，在被伊拉克占領的科威特的一所醫院裡，她曾親眼見到伊拉克士兵把早產的嬰兒從保育箱裡拿出來並扔在地上。後來，這位少女被查出是科威特駐美大使的女兒，而這位大使甚至從未踏足過波斯灣地區，完全是在有中情局關係的偉達（Hill and Knowlton）公關公司導演下客串了這一次聽證會表演。

作為美國分會董事會成員，我收到過一份《死亡嬰兒報告》公開發表前的版本並且仔細地讀過。從我讀到的內容來看，我不能確定這些令人震驚的指控中任何一條的真實性。但是首先，那份報告包含多個技術性錯

誤，本不應該被發表出來；其次，即使所有這些驚人的指控都是真的，很清楚的一點是，在1990年12月那個關鍵時機發布這份報告，一定會被美國和英國所利用，挑起對伊戰爭。我以最嚴正的言辭向美國分會表達了上述反對意見，也供他們正式送遞倫敦分會時參考。我嚴肅地指出這份報告不應該發布，因為它本身是有錯誤的。或者，即便因為某些原因這份報告一定要發布，也必須同時附上一份勘誤表，但是勘誤表一出現必會讓報告的影響力大打折扣。我很清楚這份報告是為了政治目的匆忙趕製的劣品，很明顯沒有達到大赦國際組織的報告品質控制的正常標準。這是大赦國際組織設置的戰爭陷阱。

儘管我盡了最大努力，大赦國際組織還是不顧我的強烈反對發布了《嬰兒死亡報告》，然後特赦組織和美國分會就開始發起了針對伊拉克、煽動戰爭的造謠運動。由此看來，很明顯結論就是：倫敦分會預謀了這份報告及其相關運動，扭轉公眾輿論傾向以支持攻打伊拉克，美國總部不僅知情而且蓄意附和。1991年1月，美國參議院投票結果以幾票的微弱優勢通過了支持美國攻打伊拉克的決議。有幾名參議員公開表示，他們投票支持開戰受到了大赦國際組織的那份報告的影響。然後，在那場由美國、英國、法國及其走狗國家發動的滅絕戰爭中，20萬伊拉克人死亡，其中一半是平民；這場戰爭也為2003年3月由美國總統小布希和英國首相布雷爾發動的更慘烈的第二次伊拉克戰爭奠定了基礎。大赦國際的「雙手」將永遠沾滿伊拉克人民的鮮血！

當人們發現根本不存在之前所控訴的科威特的死嬰，倫敦分會就開始大規模地掩蓋真相。美國開始攻打伊拉克後不久，科威特死亡嬰兒指控的宣傳騙局被曝光。我以最強硬的語氣要求對事件進行調查。

但是還是什麼都沒發生。從來就沒有過任何調查，只有倫敦分會的故意拖延，和對所犯錯誤的拒不承認。據我所知，在那之後也沒有進行過任何調查，或對事件的任何解釋說法。整個死亡嬰兒報告事件就好像掉進了喬治·奧威爾（George Orwell）在《1984》中描述的「記憶空洞」（memory hole）。這一事件風波過去之後，我的最終結論是，負責策劃這份報告的

倫敦分會高層是一名英國情報特工。我在美國分會董事會的董事朋友在同一時間也和我得出了相同的結論。

親以色列的幫凶

據我所知，發動這場針對伊拉克被害嬰兒抹黑謠言運動的倫敦分會中的那批人中的一些現在仍在倫敦總部，在軍情五處和軍情六處的命令下，他們製造著更多針對阿拉伯和穆斯林國家和人民的謠言，以進一步實現美國、英國和以色列的政治經濟利益。大赦國際組織美國分會則是美國親以色列勢力的全資、封閉子機構。由於這場引起戰爭的死嬰造謠運動和其後對真相的掩蓋，大赦國際在中東將不再有任何公信力可言。

在那之後的十年裡，有大約150萬伊拉克人直接死於美國和英國惡意授意的種族滅絕制裁政策。這150萬人中，有約50萬是死於奶粉、藥品、食物等的蓄意供應短缺和相關伴發疾病的伊拉克兒童。我在美國分會董事會時，曾試圖讓美國分會和倫敦分會對這些針對伊拉克人民的種族滅絕性的制裁有所作為。但是即使他們發起的死嬰造謠運動引起了如此深刻的痛苦和災難，倫敦分會和美國分會都堅絕拒絕做出任何行動。

不僅沒有採取任何行動，大赦國際組織的成員們還被告知，特赦組織的授權中不包括授權其採取行動反對種族滅絕性質的經濟制裁。這項聲明簡直荒謬！我在美國分會董事會時，董事會主席讓我負責美國分會及其董事會的授權「改革」。我知道大赦國際組織的所有授權的相關條款，因為這是我作為一個國際法專家和人權問題專家的職責。簡單地說，當倫敦分會和美國分會出於增加名氣、金錢、成員以及政治「影響力」的目的想對某個事件採取行動時，根本不在乎所謂的「授權」。但是當它們出於政治和、或經濟原因決定不去處理某些人權問題時，反倒是會搬出它們所謂的「授權」種種條款，為自己的不作為辯護。

面對幾十年來一直壓迫著數百萬黑人的罪惡的南非種族隔離制度，白人種族主義的大赦國際組織倫敦總部和美國分會再次利用了這種忽悠人的「授權理論」阻止它們的一些機構和會員採取有效行動。據我所知，大

赦國際組織及其美國分會是全球唯一拒絕譴責南非種族隔離政權的人權組織。大赦國際組織對此給出的理由是組織的授權中不包括對任何政府進行表態。當時我對它們這套惺惺作態的托詞的回應是，根據1973年《種族隔離罪行國際公約》，種族隔離是「危害人類的罪行」。但是這也是徒勞。儘管做了不懈努力，大赦國際組織和美國分會斷然拒絕對這項種族滅絕主義者對數百萬黑人犯下的「危害人類的罪行」採取行動。

事情的真相是大赦國際組織的總部自始至今都設在倫敦，美國分會的總部也自始至今都設在紐約和華盛頓。南非罪惡的種族隔離制度最主要的政治支持者就是英國政府，美國政府和以色列政府。而且，對南非種族隔離政權最大宗的經濟投資來源於英國和美國。

再一次，在大赦國際內部和在所有西方非政府組織中屢屢上演「誰出錢，誰有權」的戲碼。這條神聖不可侵犯的「錢權原則」支配著所有的西方非政府組織，包括被過譽的國際紅十字委員會（International Committee of the Red Cross，ICRC）。這些西方組織傲慢地自視為所謂的「國際人道主義法」的權威，但事實上內部充斥著西方或親以色列勢力的情報人員和特工。

不進行作為的藉口

白人種族主義的倫敦分會和美國分會是絕不會違背共同支持著種族隔離制度的英國、美國和以色列的政治經濟利益的。所以它們捏造了這個為不作為開脫的虛假理由。

由此可以注意到大赦國際組織為其不作為捏造的各種堂皇的理由是如何巧妙地配合美國、英國和以色列在全球的戰略目標的。透過不作為，倫敦分會和美國分會間接地在支持著一些針對有色人種的激進種族滅絕政策。如果你想做一些真正切實有效的人權工作，就沒有理由與大赦國際組織共事。因為那樣只會浪費你的時間、精力、才智和熱情。更糟糕的是，你會無意中變成白人種族主義的大赦國際機器中的一個齒輪而已。

基本上大赦國際組織只會讓那些有善意有信念的、想做切實有效有意

義的人權工作的人們忙於一些沒有意義的事，直到耗掉他們對人權事業的熱情：「讓我們代表一個正在被親以勢力折磨致死的可憐的巴勒斯坦政治犯，給以色列總理寫封信吧！」這毫無意義，甚至都不值得浪費那幾個電子來發這封郵件。

被遺忘的愛爾蘭和波多黎各

請容許我再舉幾個世界其他地方的例子，進一步闡述大赦國際組織和美國分會是西方帝國主義殖民者的工具這一論斷。眾所周知，大赦國際組織倫敦分會在說明北愛爾蘭的愛爾蘭天主教徒方面做得少之又少。正像肖恩·麥克布賴德曾說的：只要它的總部一直設在倫敦，大赦國際組織就永遠不會公平地對待愛爾蘭天主教徒。肖恩也確實告訴過我，大赦國際組織除非把總部移出倫敦，搬到某個不結盟國家去，否則它就永遠無法獨立於英國政府之外。

英國對居住在北愛爾蘭的愛爾蘭天主教徒的種族屠殺式的迫害，侵犯了他們最基本的人權，大赦國際組織倫敦分會卻對此採取了不作為的態度。這段漫長而骯髒的歷史在愛爾蘭、北愛爾蘭地區以及世界各地的海外愛爾蘭人群當中可謂無人不知。例如，大赦國際組織此前某任祕書長無端寫了一封信，惡意破壞了要保衛身在美國的愛爾蘭共和軍志願者喬·多爾蒂（Joe Doherty）不被送回英國面臨柴契爾迫害的公眾呼聲。隨後要求要我組織一場大規模運動，迫使倫敦分會採取行動拯救愛爾蘭單親母親羅音·麥克阿里斯基（Roisin McAliskey）和她的孩子免受英國人迫害。而就在這之前，倫敦分會副會長叫我不要插手這件事。

現在讓我們把視線從英國殖民地北愛爾蘭轉向美國殖民地波多黎各。我還在大赦國際組織美國分會董事會的時候，董事會另一位成員請我起草兩份決議供美國分會年度大會採納，大會號召大赦國際代表關押在美的波多黎各政治犯，對美國在波多黎各的侵犯人權行為進行全面研究。這兩份決議以壓倒性的優勢在大會獲得通過，我也沒有察覺到任何異議。後來我被邀請去大赦國際組織波多黎各分會，並且在聖胡安的年度大會上做主旨

發言，主題是根據日內瓦公約及其附加議定書的要求，關押在美國監獄裡的波多黎各政治犯有權接受戰俘待遇。緊接著在那之後，倫敦分會和美國分會向波多黎各分會施加了巨大壓力，極力破壞和阻止我發言。特別值得讚揚的是，波多黎各分會拒絕向倫敦分會和美國分會屈服。

於是我去參加了波多黎各的年度大會，做了主旨發言，並調查了美國對波多黎各人的人權侵犯問題，包括虐待、處決和失蹤等——這種種行徑都無可置疑地在大赦國際組織授權行動的條件範圍內。我回到美國後，美國分會企圖不支付我參加會議的費用，雖然事實上我是以美國分會董事會成員的身分受邀參加波多黎各分會大會的。可能我後來忙於其他事務就沒注意到後來的進展，但是就我所知，後來大赦國際組織並沒有代表關押在美國監獄裡的波多黎各政治犯對美國在波多黎各的人權侵害發起過任何運動。

最後讓我來說說倫敦分會和美國分會面對美國及其種族主義、殖民主義和種族滅絕主義盟友加拿大迫害原住民時的不作為。我在美國分會董事會時，倫敦分會決定代表世界各地的原住民發起一場國際運動。和往常一樣，我收到了一份這次運動相關資料的公開發表前的版本。讀的時候，我立馬注意到資料當中幾乎沒有提到任何對於美、加迫害原住民的行為要發表的聲明或要採取的行動。我向倫敦和美國分會提出反對，認為這部分內容不能省略，並要求美國和加拿大的原住民應該被包括進來，作為這場運動的重要組成部分。就我所知，我的意見沒有被採用。

自我延續的小圈子

那些顯而易見的，我就不在此一一贅述了。根據我16年多在大赦國際和其美國分會高層工作的經驗，我很清楚這二者將會一直跟隨著美國、英國和以色列的充滿種族、帝國主義、殖民主義和種族滅絕色彩的外交政策，唯美、英、以馬首是瞻。這一點，從大赦國際對中東、北愛爾蘭、波多黎各、南非、俄羅斯（前蘇聯）、和北美原住民的作為和不作為就可以看出來。有很多有信念、有善意的人工作在大赦國際組織和美國分會的基

層，他們真誠地相信自己正在做的是保護世界各地人權的有意義、有效率的大事。但是，在這兩個機構的高層，你會發現這兒有一個由結成團的帝國精英組成的不斷自我延續的小圈子，這些人有意地塑造和引導著大赦國際和美國分會的工作，以便於全力支持美國、英國和以色列的政策。大赦國際和美國分會領導層的帝國精英一直自詡為美、英、以的種族主義、帝國主義、殖民主義和種族屠殺政策的「堅定反對者」。在這裡我想問問那些在基層工作的善良人，現在是否還想繼續成為這個無效的「堅定反對者」的一部分。

我不應該對那些在基層工作的好人們指手畫腳，告訴他們該做什麼，但是從幾年前開始，我自己已經停止繳納我的大赦國際會費了。本著我自己的信念和良心，我無法再對大赦國際組織的議程繼續支援和縱容了。

〔案例附錄〕

國際刑事法庭定點清除非洲國家首腦

艾倫·希拉瓦斯特瓦（Arun Shivrastva）

　　國際刑事法庭（ICC）在處理有關人權問題的指控時有選擇性地不公正對待非洲，而無視其它暴力活動影響地區的戰爭罪行。

　　針對國際刑事法庭（ICC）對肯亞總統烏胡魯·肯雅塔發出的逮捕令，非洲聯盟主席哈勒·瑪利恩·迪塞雷根回應道：「為了維護成員國的憲法秩序、穩定和整性，在任的非洲聯盟國家或政府首腦不會在任期內在任何國際法庭或仲裁庭出庭。」

　　針對非洲嫌疑人，國際刑事法庭（ICC）已發出28份逮捕令及8次出庭傳票。指控是關於非洲的9個「情況」，包括烏干達、剛果民主共和國、中非共和、達爾富爾（蘇丹-查德）、肯亞、利比亞、象牙海岸和馬里。在這個後殖民主義多元文化的時代，國際刑事法庭（ICC）的態度是如此讓人費解地不合時宜。其一直針對非洲的完美紀錄有著如此深重的種族偏見，以至於都可以與1964年民權法案生效前美國南部的私刑或者南非種族隔離時代的刑事法庭相媲美。如果納爾遜·曼德拉依然健在，那麼他很有可能因被控煽動選舉暴力而在海牙監獄裡服刑。

　　然而，國際刑事法庭（ICC）從未對西方國家首腦及其盟友提起過訴訟，例如以色列多次襲擊加沙平民區以及斯里蘭卡鎮壓泰米爾叛亂等紀錄在案的戰爭罪行。總部設在海牙的國際刑事法庭（ICC）一直在刻意回避傳喚托尼·布雷爾和小布希，儘管他們對伊拉克動武的藉口幾乎是掩耳盜鈴，儘管阿布格萊布監獄使用了難以啟齒的酷刑，儘管並沒有確鑿的證據證明阿富汗與911恐怖襲擊有關。對於黑人而言，國際刑事法庭（ICC）

是一個劊子手；但對西方戰爭罪犯而言，國際刑事法庭（ICC）卻是一個粉飾無辜的場所。

世界政府

國際刑事法庭（ICC）的召集人威廉·佩斯是非營利組織世界聯邦黨的祕書長。世界聯邦黨與聯合國同年成立，旨在制衡聯合國安理會五大常任理事國。它的另一個願景是一個單一的世界政府，就如同一個擴大版的歐盟。儘管有著這些美好的理想，佩斯同時也是保護責任（R2P）聯盟的聯合創始人。正是保護責任（R2P）為北約對巴爾幹半島進行致命干預及美國遠征海地、索馬里及其他數十個國家提供了道德基礎。

非政府組織國際刑事法庭聯盟（CICC）成立於1995年，是理想主義的世界聯邦主義運動（WFM）與聲名狼藉的金融業操縱者喬治·索羅斯這一奇怪組合的共同產物。國際刑事法庭聯盟（CICC）的主要捐贈者包括索羅斯控制的開放社會基金、人類聯合基金（歐密迪亞分支）、麥克亞瑟基金會以及福特基金會。資金是召集1,500個為國家政府遊說的非營利團體支持創立國際刑事法庭（ICC）的關鍵，而這些非營利團體的合集就叫做國際刑事法庭聯盟（CICC）。索羅斯資助的另一個非政府組織國際危機集團（ICG）當時則透過薩曼莎·鮑爾等政界人士與美國國家安全委員會（NSC）一起為國際刑事法庭（ICC）的行動提供平行支援。

其指導委員會成員包括：國際特赦組織（見本論文集弗蘭西斯·波義耳的分析）、支持索羅斯毒品合法化專案的安第斯法學家委員會、二次殖民目標地區烏干達的人權網路分支以及由激進黨黨首艾瑪·博尼諾領導的沒有正義就沒有和平團體。博尼諾曾呼籲北約干預科索沃。有些非營利組織則是為了國際刑事法庭聯盟（CICC）而量身定做，包括全球行動立法人士團體（Parliamentarians for Global Action）以及總部設在美國和以色列聯盟的約旦的阿貸勒人權中心（Adaleh Center for Human Rights）。這些熱切的支援組織也分別由索羅斯-歐密迪亞聯合供養。

對非洲的二次殖民

合乎邏輯的下一步就要提問：喬治・索羅斯能從中獲得什麼？那就是成立一個人權法庭。除了可以合法地賺到大麻外快及監控自由公平的選舉以外，失去強有力領導人的非洲開放了非洲大陸廣闊的市場及豐富的能源和礦產資源，以供索羅斯戰略合作夥伴股權基金及德克薩斯太平洋集團的David Bonderman和倫敦羅斯柴爾德資本的董事長雅各・羅斯柴爾德勳爵等親信收購。再加上經營著一個投資基金的美國前國務卿馬德琳・奧爾布賴特，正好組成了新殖民主義的「四人幫」。

在索羅斯運營的多個「非營利」非政府組織中，有一個叫做索羅斯經濟發展基金（SEDF），主要負責裝扮非洲企業以供外國投資者收購。索羅斯經濟發展基金（SEDF）的推銷宣傳語中寫道：「索羅斯經濟發展基金（SEDF）致力於促進經濟基於，使得衝突後或欠發達國家和社區服務匱乏的人們可以較為便利的獲得可支付得起的生活必需商品和服務。我們擁有各類與項目有關的投資，包括股權、債券和擔保……成功的投資物件不僅有著所需的慈善宗旨，使得我們有能力持續發展我們的專案，最終還能吸引到營利的商業投資實現長期增長並產生長遠影響。」相比之下，黑手黨的教父還要更誠實些，至少他們給了這種針對小商戶的大額非管制貸款一個名副其實的名字：放高利貸。

在食物鏈的頂端則是四個超級大富豪：索羅斯、羅斯柴爾德、奧爾布賴特和達拉斯大亨邦德曼。這四人在太陽神投資集團橫跨非洲大陸的行動電話塔和中繼線網路裡結成了合作夥伴關係。對西非有著濃厚興趣的索羅斯成了幾內亞共和國總統的經濟顧問。就在索羅斯抵達首都柯那克里不久，有著世界最大未開採鐵礦的Simantou山脈的外國採礦合同就因一次二次招標被廢止，而當時的拍賣人就是索羅斯。與此同時，山區裡的採礦區爆發了伊波拉。幾內亞共和國由於太過貧困和孤立，因此並不是止生化武器公約的締約國，而這使其成為理想的傳染病中心。這一資源豐富的西非國家因此遭遇了慘重打擊。

儘管大宗商品市場現在處於低迷狀態，但這並不能遏制索羅斯的投

資，相反卻是福音。索羅斯的超高利潤戰略就是以危機收購為基礎，即低買高賣。在世界貿易收縮之時，物流業也是個目標行業，例如索羅斯經濟發展基金（SEDF）就收購了沙蘭港的一個做散貨貨運公司。故事的後續發展就已經可以預見：在數個行業進行一系列的收購和兼併後，非洲經濟的命脈就掌握在了西方企業的手裡。

　　非法商業策略要想成功需要一個理想的環境：市場監管薄弱、政治腐敗以及外國安插的國家元首沒有絲毫民主自豪感和個人尊嚴。有違道德且醜聞百出的國際刑事法庭（ICC）的根本宗旨就是透過清除那些敢於反對前殖民主的國家元首來閹割國家主權及國家經濟的自我發展能力。國際刑事法庭（ICC）本身就是對正義的嘲弄，而為其成立而招募的非營利組織和假冒非政府組織就在一個針對國際社會而精心設計的騙局裡扮演著各自的角色。

美好時光的倒流

　　在西方社會努力重掌非洲經濟之時，曾經恥辱的種族關係體系也在逐漸復甦。西方媒體以驚人的虛偽污蔑中國，將其描繪為騙子和苦力等殖民主義的刻板印象，卻同時故意無視中國是第一個向非洲國家無條件提供基礎設施援助和貿易的國家。隨著媒體塑造了一批在西方接受教育、與西方合作並為西方所喜愛的「成功的」、「模範」非洲企業家，舊有的偏見也被復活了。要想簡潔生動地描述一個代表主人鎮壓自己的社區而不會有絲毫良心不安的馬屁精，我們可能需要瑪律克姆·X（譯注：美國黑人民權運動激進派領袖）或者彼得·陶許（譯注：牙買加黑人音樂人）的幫忙。

　　國際刑事法庭（ICC）創始人威廉·佩斯的一個親密盟友就是為該戰爭罪法庭提供顧問服務的海牙全球司法研究所。該研究所負責全球治理的主管查·龐西奧（Richard Ponzio）有著豐富的工作經歷，包括美國美國務院衝突和穩定局的高級策略師、希拉蕊·柯林頓國務卿任上的阿富汗和巴基斯坦事務顧問以及科索沃和獅子山聯合國和平建設支援辦公室的政策分析師。**龐西奧博士顯然是無所不能的。**

全球司法會議上，在一片如百合花般雪白的歐洲人和美國人中間總會夾雜著一個孤獨但顯眼的非洲人，這就是海牙全球司法研究所的所長。他輝煌的職業生涯包括美國國防學院非洲戰略研究中心副主任、聯合國前任祕書長科菲·安南和現任祕書長潘基文的戰略規劃顧問、波黑、海地和馬其頓的人道主義事務專家並擁有喬治城大學外交學院、塔夫茨大學弗萊徹學院和愛丁堡大學的學位。他目前還是聯合國系統學術委員會的董事，並且也在耶穌會國際志願者組織任職。

　　也許對國際刑事法庭（ICC）及追隨其的非政府組織表達最高敬意的方式就是給它們一個提名──當然不是諾貝爾和平獎的提名，因為沒人能超過歐巴馬，而是贊助著名的胡言亂語獎的國家英語教師委員會的提名。這一廣為覬覦的獎盃是「諷刺性地向那些使用嚴重欺騙、回避、委婉及易混淆字詞並以自我為中心的公共演說家致敬」。獲得此獎是實至名歸。

第七章

偷樑換柱
——美國陰影下的聯合國兒童基金會

島津洋一（Yoichi Shimatsu）

「我的記性很差，如果我說的與別人的記憶有出入，你們應該相信他們而不是我。除非我真的要因為什麼罪名被提起公訴，那樣的話我還是需要重新喚起一下我的記憶。」

——安東尼・萊克

聯合國兒童基金會執行主任、前美國國家安全顧問

大多數人都會同意，聯合國兒童基金會（UNICEF）是存在缺陷的全球機構中最好的一個，因為它肩負著關愛嬰兒、孤兒、孕婦及下一代的責任。萊克在2010年被任命為兒基會的執行主任，當時的新聞媒體多次引用他在擔任柯林頓總統全球安全顧問期間最出名的這一句發言：「每天早上我醒來時，想要救助世界上每個兒童，解決每個衝突，但是我們做不到。」

這一段講話所表達的崇高理想卻只能從無情的現實的角度來評估與執行。萊克這位活動家為了使命不眠不休的形象讓他成了領導兒基會這個慈善機構的理想候選人。從他的履歷中可以看到，他曾經擔任過多個非政府組織的領導人，其中包括國際紅十字會、卡內基倫理與國際事務委員會、自由之家以及全球兒童運動（Global Movement for Children）。

然而深究起來，他致力於慈善事業不僅僅是出於純粹的同情，而更多是由意識形態的動機決定的。上世紀八十年代，在針對危機重重的蘇聯的

門爭中，萊克曾與本・瓦滕伯格（Ben Wattenberg）（一位服務於自由電臺和美國企業研究所〔AEI〕的新保守派情報官員）密切合作。他們當時想要創立美國國家民主捐贈基金會（NED），並將其建設為由國會出資的公共基金會。萊克這樣回憶道：「（參議員愛德華）甘迺迪，泰迪・甘迺迪任命我為代表，而我也一直以來，幾乎是一直以來，相信著這一事業。」

有了為民主活動人士提供的非暴力反抗培訓資金、參加會議的免費機票、巧妙利用媒體進行的宣傳活動和以各種名號收買外國精英的活動，美國國家民主捐贈基金會迅速地推動了非政府組織部門的發展。軟實力被選作打破冷戰中軍事僵局的武器。然而軟實力活動並沒有隨著蘇聯的解體而終止，因為解體後的國家和東歐各國被吸收進入不斷擴大的歐盟和北約組織的勢力範圍內。

在對東歐的誘惑中，他們對當地人做了許多心理工作使他們可以心甘情願地接受企業接管國有的工廠、農場、銀行和自然資源。傳統生活方式和習慣受到恥笑，被說成是過時落後的，以此讓年輕人渴望成為時髦潮流和國際名牌的消費者。為了建立願意無條件拱手讓出自己國家經濟的新政黨，他們許下了許多輕率的承諾，撒下了大把的鈔票。

如果能得到無窮無盡的美夢，人們很容易就會將自己辛苦得來的財富拱手讓人。瓦滕伯格是這樣解釋他如何平息反抗的地區的：美國擁有「最豐富的文化箭袋中最利的幾隻箭，這包括我們對全球娛樂業的壟斷、移民美國的機會、廣泛使用的英語、重要的旅遊勝地、世界上最好的大學、強大且影響力深遠的軍隊、充滿機會的社會和世界範圍的資訊系統。」

由於解體後的蘇聯併入歐盟和北約的影響力範圍內，這一次文化征程進入了地球上的其他地區。這些差異巨大的社會中包括西方化程度最低的社會，而想要籠絡家長的心，最短途徑就是透過他們的孩子。所以，芭比和美國大兵擺上了玩具店貨架，即便是在最偏遠的地方也隨處可見，而迪士尼成了兒基會的合作夥伴企業。瓦滕伯格這樣總結道：「我們（美國人）是歷史上最強大的文化帝國主義者」〔2〕。

美國的獨家壟斷

萊克勝出競選的關鍵在於他曾經擔任過兒基會美國基金會（U.S. Fund for UNICEF）主席，而聯合國兒基會的歷屆執行主任都是美國人。〔3〕這樣的特權顯然不是因為美國在嬰兒死亡率（世界排名34位，落後於希臘和古巴），教育水準（經合組織成員國中排名第16位）或預防青少年犯罪（入獄青年人數世界第一）方面的傑出表現。〔4，5，6〕

詹姆士‧魯賓（James Rubin，時任美國駐聯合國代表團主要發言人）是這樣解釋的：「考慮到美國是聯合國兒童基金會的最大出資國，我們堅持認為應由美國公民出任執行主任一職。」〔7〕魯賓（CNN記者克利斯蒂安‧阿曼普爾〔Christiane Amanpour〕的丈夫）忘記提及兒基會的戰略性角色。自1947年成立以來，兒基會一直充當著核心機構，規劃一項以種族為基礎的全球性人口控制計畫，而這樣的人口控制曾一度在納粹政權的倒臺後受到人們的不齒。本文將進一步探討這一話題。

黑鷹墜落

越南戰爭前，萊克曾擔任亨利‧基辛格的助理，自那以後，媒體便將萊克塑造為一位少出風頭的外交談判家，他善用和平的說服而不是好戰的言辭，運用軟實力而不是武力。然而，與他和善的形象形成鮮明對比的是萊克在美國入侵索馬里時作出的地緣政治決定和該決定所造成的致命後果。這次不走運的「人道主義」干預（實際上是一次由西方支持的政變）被命名為摩加迪休之戰，還改編成為電影《黑鷹墜落》，為大眾熟知。以下是一段對該事件的描述：

「很多情況下（美國）士兵沒有搞清楚目標就開火或發射大量導彈，甚至冷血地擊斃那些對他們不構成任何威脅的人。有些時候他們甚至是朝著任何一個會動的東西射擊，肆意劫持人質，向人群掃射為自己開路，擊斃任何一個還尚存一息的傷者。很多人死於自己家中，錫製屋頂在高速子彈和導彈的炮火下化為碎片。對那次戰鬥的描述常見這樣的詞句：『前一秒還有一群人，下一秒他們就都或死或傷倒在血泊之中。』美軍使用的武

器殺傷力之大，就算持槍的士兵有所克制，也難免一場血光之災。美國和聯合國一直沒有認識到的一點是，隨著屠殺和混亂不斷升級，索馬里人民反抗到底的決心也不斷堅定。到10月3日的戰鬥發生時，摩加迪休大區的每一個居民都已將美國和聯合國視為仇敵，並準備好進行武裝反抗」〔8〕

　　一位曾經為支持1992-93年聯合國索馬里行動（UNOSOM、聯索行動）而批准美國軍隊進行「重建希望行動」的前國家安全顧問，如今卻領導著一個本應奉獻同情和關愛的全球性組織，這是一件多麼不合道義的事啊！摩加迪休的野蠻侵襲絕不是一次擦槍走火，而是起源於非善意的外交政策。

　　其他幾起流血事件則得到了更好的粉飾，比如海地事件。托尼‧萊克擅長搞兩面派，他一直在試圖將自己在南斯拉夫衝突中違反聯合國武器禁運條例的行為大事化小，好似那只是個淘氣男孩的惡作劇，而在那場手足相殘的衝突中有近10萬波士尼亞、克羅埃西亞、塞爾維亞和其他國家戰士陣亡，他對此卻隻字不提。

　　「我們的確是幫助建立了聯合軍隊（波士尼亞與克羅埃西亞軍隊為對抗南斯拉夫和塞爾維亞而建立的同盟軍）並且給克羅埃西亞人開了『黃燈』，而我以此為傲，因為這並不是我們政府內一致的觀點。所以不能說我們准許了克羅埃西亞人，我們只是沒有阻止他們。我們從未明確地同意克羅埃西亞向波士尼亞輸送武器。事實上，在聯合國的決議中，我們從未許諾要監督執行武器禁運，我們只承諾自己不輸送武器。」

　　祕密行動、粉飾戰爭、表裡不一和徹頭徹尾的謊言──這樣的資歷是多麼適合承擔拯救兒童的重任啊！就職兒基會執行主任後，這位美國情報界的大師也可謂處處完美，因為「完美」犯罪指的就是不會被人發現的罪行。

非盈利組織的群星

　　在聯合國兒童基金會這個由多如繁星的非政府組織組成的閃耀的星河的中心則是一個深不可見的黑洞，其中充斥著聯合國高官、蒙格勒式的毫

無人性的科學家、非政府組織領導人、宗教領袖、西方外交官們和軍事領導人間的暗室密謀與勾結串通。多如牛毛的非政府組織在開展專案，而它們作為非國家參與者不受國家權力範圍管轄，這使得責任追究成為不可能的任務。

　　成百上千家兒童權利組織和地方誌願者組織都是由兒基會的非政府組織委員會來管理的，該委員會由其聯合主席及顧問委員會監管。聯合主席有世界宣明會（World Vision）和SOS國際兒童村（SOS Children's Villages International）擔任。顧問委員會則包括救助兒童會（Save the Children）、崇德社（Zonta）、國際計畫（Plan International）、兒童基金聯盟（Child Fund Alliance）、ATD第四世界協會（ATD Fourth World）。

　　這些結構臃腫的組織的主管往往是從一些政府或企業的精英中直接任命的，甚至連做個樣子的民主選舉過程都沒有。非政府組織的資金儲備、工作人員、分析人士、技術專家和合作企業散佈於全球各地，這讓「做假賬」變得輕而易舉，各國政府和其他外部權威也難以準確核查。聯合國透明度計畫本應處理來自檢舉者的告發，但由於其會計程式過於繁雜，違背倫理和財務規定的行為往往得不到公開。

　　而且，與非政府組織「非盈利」的聲明形成強烈對比的是其主管的薪資水準，他們的高薪暴露了這些組織的精英特性，暴露了它們其實與私營承包商別無二致。下列例子中堪比天高的薪資並沒有包含績效獎金、醫療福利、養老金、五星級度假、開支報銷和其他灰色收入（例如採購和服務合同帶來的回扣以及未在報表中反映的夥伴企業捐贈）。

　　- 聯合國兒童基金會美國基金總裁兼首席執行官卡里爾・斯特恩：450,000美元〔10〕

　　- 世界宣明會主席理查・斯特恩斯：367,000美元〔11〕

　　- 國際救助兒童會首席執行官賈思敏・惠特布蕾德，234,000英鎊（362,500美元），另有其他9名主管年收入超過100,000英鎊。〔12〕

　　- 國際計畫（加拿大）首席執行官：超過300,000加元〔13〕。

　　（1加元硬幣一面印有潛鳥圖案，因此加元又俗稱「盧尼」（潛鳥

Loonie）。這樣說來，的確是一隻大「錢鳥」收入囊中。）

對於國際救助兒童會的薪資醜聞，下議院公共行政委員會議員普麗緹·派特爾表示：「出資支持這些機構的納稅人和個人捐贈者將會震驚於慈善高階主管們的收入數額之巨。他們有權瞭解薪酬決策情況及由誰下發。一些慈善機構的保密作風必須終止。」

與非政府組織委員會並行的是兒基會的企業合作專案。其中有些合作方的名字一提應該就能引起警覺，比如金融投機商喬治·索羅斯的開放社會基金會（後更名索羅斯基金會），大力資助所謂的「顏色革命」——頂著政權變更的潦草偽裝，實際目的是要實現公共資產和自然資的私有化。

影響與支援著聯合國兒基會鐵桿盟友非政府組織的眾多合作企業中，最大的群體是與製藥產業有關的公司。這些營利性的業界巨擘設法讓疫苗、藥品和醫療設備透過兒基會專案流入發展中國家，此外它們中也有相當一部分企業除了與政府衛生部門簽訂資訊共用協定外，還依靠夥伴NGO的管道進行本行業內的資料收集。與兒基會合作的製藥公司有：葛蘭素史克、賽諾菲巴斯德、默克、輝瑞、巴斯夫、強生、寶潔以及聯合利華。

在欠發達國家的強制絕育

兒基會發起的預防破傷風疫苗接種運動激起了非洲和亞洲的醫生及患者團體的怒火，但是這場爭議卻從未在西方新聞媒體裡報導過。該運動的部分經費由崇德社提供。總部在美國、由女性行政精英和專業人士組成的崇德社在根除孕產婦和新生兒破傷風（即MNT）的一場運動中曾和兒基會及兒基會美國基金有過合作。〔14〕

1990年代中期，兒基會與世界衛生組織在菲律賓、尼泊爾、尼加拉瓜和墨西哥發起了疫苗接種運動，物件是這些國家12到45歲之間的婦女和女孩。獨立實驗室測試表明，含不具傳染性的破傷風毒素成分的試劑遭蓄意污染，其中混入了人絨毛膜促性腺激素（hCG）。從破傷風桿菌中分離出來的毒素一旦接觸到hCG，就會產生一種抗體，這種抗體會影響排卵從

而導致絕育。

當2014年兒基會在肯亞啟動又一輪破傷風疫苗專案時，肯亞天主教主教團衛生委員會表示：「在婦女不知情或未表示同意的情況下致其不育，這是對人權的極大踐踏。」彼時的兒基會和世衛組織在應對伊波拉病毒爆發中遭遇完敗，正飽受非洲媒體的猛烈抨擊。在此關頭，在對一批疫苗的抽檢中，56支樣本試劑的實驗室檢驗均呈hCG陰性。這樣的結果自然是意料之中，操縱起來也是小菜一碟。

非自願絕育最早出現於美國和德國的一些醫院進行的、由洛克菲勒、哈里曼和卡耐基等基金會資助的優生學研究中。基於抗體的生殖干預技術是這一領域中的最新手段。洛克菲勒基金會和卡耐基基金會是兒基會的堅定資助者。大規模疫苗接種領域的另一個新來者是比爾和梅林達蓋茨基金會，由全球疫苗和免疫聯盟（GAVI）負責實施。但是關於大規模疫苗接種後婦女和女童身上出現不良作用的報導引來了劈天蓋地的罵聲，迫使蓋茨開始撤出印度。〔16〕

在一些欠發達國家多地都傳來疫苗致死、引起流產或其他紊亂的消息。這些聲稱為數眾多，但是由於涉及地域太廣並且這些國家都缺乏必要的醫療實驗室，要去一一核實這些消息十分困難。而另一面，西方各大製藥公司裡穿著實驗室白大褂的科學家口口聲聲說保證試劑安全，倚賴的卻是一個不切實際的前提：環境炎熱、濕度大、衛生狀況惡劣、營養不良、眾多當地特有的致病微生物和慢性傳染病等等，這一切都和科學家們研究假設的衛生條件天差地遠。在衛生狀況如此差的環境裡出生成長的嬰幼兒和兒童，在排山倒海的各種疫苗的攻勢下可能更容易發生高燒或者其他可能危及生命的不良反應。〔17〕針對患者投訴的無偏倚醫學研究很難開展，特別是在發展中國家，因為醫生、診所、醫院和藥房實在難以抗拒製藥巨頭們開出的豐厚條件。一個真正關心事態的兒童權利機構不會只去盲目支援疫苗運動，而是會去調查和瞭解在疫苗接種運動中失去孩子的那些父母內心的不滿和不平。

宣揚種族差異的偽科學

20世紀前期現代美國女權運動伊始之時，許多受過大學教育的女權主義者成為了優生學和人口控制的熱切擁護者，主要的激勵就來自於當時進步運動中對擁擠不堪的城市貧民窟的大力反對。瑪格麗特・桑格是宣導節育的先驅者，但她也提出人口控制是針對「劣等」種族。桑格組織了1927年日內瓦第一次世界人口大會，會上聚集了優生學的主要支持者。〔18〕這一次日內瓦會議為接下來由聯合國主辦、聯合國經濟社會理事會支持的1954年羅馬第二次世界人口會議開創了先河。

1974年，時任聯合國祕書長的庫爾特・瓦爾德海姆在羅馬尼亞首都布加勒斯特主持召開了第三次世界人口會議。會議上，西方國家一致提出要在發展中國家實行更嚴格的節育措施，遭到了欠發達國家的強烈反對，這些國家認為經濟發展才是降低人口出生率的最佳手段。布加勒斯特會議讓兩種爭鋒相對的人口觀更顯尖銳，即發達國家節育遊說團的「問題」論和主張第三世界發展的「解決」論。人口增長和有限自然資源及經濟戰略之間的聯繫從此就被稱為「人口-環境-發展關係」，並影響到從城市化到氣候變化的所有全球性問題。值得注意的是，瓦爾德海姆在聯合國任職時，拒絕承認自己曾在某公開支持種族優越論的政權下服兵役，而這個政權就是阿道夫・希特勒領導的納粹黨。〔19〕

這個三者關係自此便成為美國國家情報委員會（NIC）定期發布的全球趨勢報告中全球性問題規劃的量尺，對聯合國影響也是如此，最新成果就是聯合國千年發展目標（MDG）。〔20〕但是千年發展目標再次遭到了草根運動家們的抨擊，認為它忽視了農場主，也未表現出對大規模土地私有化的支援，〔21〕進一步顯示了聯合國在應對資源稀缺問題上偏心於非自願節育的做法。

細讀生育領域中與兒基會有關的諸項目標就會發現，它們都心照不宣地在朝著強制性的人口控制措施的目標前進。

- 避孕工具的使用在90年代大大增加，在新世紀卻未能延續這股勢頭。

- 越來越多女性的計劃生育需求正慢慢得以實現，但與此同時，對計劃生育的需求在激增。

- 針對生育醫療健康和計劃生育的官方發展援助（ODA）仍然十分有限。

儘管一本正經地做了這些預後，聯合國也不得不承認「有越來越多的女性開始接受產前檢查」、「青少年早孕的現象正在減少」。這些跡象被忽略，是對那些帶著種族色彩、支持減少人口的呼聲的無聲縱容。

伊波拉病毒與生物戰

非洲國家——特別是像幾內亞共和國這樣的從未簽署過《反生化武器公約》的國家——還有著另一個公眾恐慌，那就是用療效未經證實的藥物進行的非人道的人體試驗。例如，曾在波蘭進行過非法藥物試驗的賽諾菲巴斯德公司就在撒哈拉以南非洲地區發起了大量的疫苗接種運動，為一些外國NGO和黑心醫生做藥物人體試驗提供了機會。

2014年3月，伊波拉病毒在幾內亞爆發，時間剛好撞上兒基會組織的幾內亞兒童小兒麻痺症疫苗接種運動——一次計畫外的「緊急」行動，儘管當時並沒有足夠資訊表明當地小兒麻痺症大規模再現。來自英國的兒童領養機構「國際計畫」是當時唯一一個在位處偏遠的病毒爆發中心——森林幾內亞——運作的NGO。他們的流行病專家利用瑪律科夫鏈演算法證實了這一次始於一月末的病毒大爆發。爾後，兒基會發起了一場媒體運動，宣稱病毒爆發要遠遠早於這一時間，爆發地是在更西邊的法拉納地區。〔22〕這種把醫學研究人員一把推開、為自己的疫苗運動開路的企圖值得引起警惕，鑒於伊波拉病毒株並非西非地區特有。

無論是兒基會，世衛組織還是疾控中心（CDC），都沒有表現出任何意願要將非流行地區出現的薩伊型伊波拉病毒追源至早前發生在中非的一次病毒爆發，而且加拿大國家微生物實驗室的病毒母代株系樣本就是來自這一地區。無獨有偶，西非伊波拉疫情爆發之時，國際計畫的主管曾是一位BBC製作人，就在他新聞曝光關於伊拉克「大規模殺傷性武器」的虛

假醜聞、微生物學家大衛・凱利博士神祕死亡後，這位製作人被提拔為主管。〔23〕

西非伊波拉疫情爆發後流出了大量說法，披露美國及歐洲在軍隊、大醫院和國家醫療機構實驗室內部祕密進行傳染病研究。這些生化武器實驗室多數是由一些德國病毒學家主持。納粹德國戰敗後，美國中情局和英國軍情六處把這些病毒學家祕密轉移至美英在美國、加拿大和澳大利亞的軍事基地。在結束這個讓人糟心的話題之前，還需提到的一件事就是，總部位於亞特蘭大的疾控中心（CDC）一直想要細控西非伊波拉疫情的每一條公共資訊，並且早在1995年就試圖將其主管之一威廉・福奇博士安插進兒基會做執行主任。他的提名遭到了歐洲代表團的封阻。

在此之後福奇博士成為了蓋茨基金會的一名主要顧問。他把自己對醫療的興趣歸功於他的叔叔亨利・福奇，一位被派遣去新幾內亞的路德教牧師。而新幾內亞直到一戰結束前一直是德意志帝國統治下的一片殖民地。循著叔父的腳步，威廉・福奇在奈及利亞內戰期間做了一名傳教醫生，在戰火連天的日子裡還不忘從事天花研究。科學英雄網站（ScienceHeroes.com）轉述了他在自傳《火宅》（House on Fire）中說的話：「他參加了獲取醫療援助的祕密任務，遭到槍擊而被俘。人們很難把這種經歷和醫療工作聯繫起來。」

納粹的避風港

對於跨國公司、情報部門和捐贈國軍事力量的操縱，或者籠統地說對於西方列強的操縱，NGO是懷抱大開、來者不拒的。兒基會的合作夥伴NGO曾被捲入的醜聞包括：美國中情局利用國際救助兒童會的一個虛假的疫苗接種項目追索本・拉登行蹤，以及世界宣明會在約書亞計畫中扮演的角色（約書亞計畫旨在讓非基督教徒的少數族裔改變信仰）。（詳見附錄案例研究）

兒基會及其夥伴NGO的這些濫行是基於它們與西方情報機構的祕密聯繫。這些情報機構的誕生得益於納粹德國和美國第一委員會的交好。創

建一個全球性的兒童基金的想法最早由美國援助活動組織者莫里斯·佩特及其長期支持者、美國前總統赫伯特·胡佛二人提出。就在1947年1月佩特被任命為兒基會第一任執行主任前不久，他堅持這個新成立的機構也將服務於「前敵國」的兒童，不受政治影響，顯然是特指德國。〔24〕

冷戰開始和北約序曲

鑒於佩特和胡佛與納粹政府之間關係如此親密，德國戰後重建並不能簡單地理解為是對戰敗國的人道主義善舉。兒基會的創會元老們希望重振他們的戰前設想，建立美 - 德外交政治聯盟，與集體主義的前蘇聯抗衡。與納粹再續前緣，即時產物就是德國軍事情報併入美國新成立的中央情報局，也奏響了冷戰和北約誕生的序曲。

在1921年蘇聯大饑荒中，胡佛承諾糧食援助，成為美國歷史上第一位以糧食為武器的總統。那場大饑荒奪去了6百萬人的生命。胡佛對莫斯科方面提出的條件包括取消土地集體化，實行農田私有化，以及對外國資本進入做出的讓步，這些做法也就是後來為人所知的新經濟政策（NEP）。

隨著希特勒當選總理，胡佛將強大的德國視為可以抗衡布爾什維克主義和社會主義運動傳播的力量。珍珠港事件之前，胡佛一直是查理斯·林德伯格的仰慕者，也是當時反對擁護英法、干預戰爭的「美國第一運動」的幕後支持者。1938年3月8日，胡佛與希特勒在德國總理府會面，氣氛親切友好。希特勒向這位極具影響力的客人說到：

「（在國家社會主義〔納粹主義〕掌權之前，）共產主義極具威脅的前景給了資本家們巨大的震懾。相比之下，國家社會主義創造了全新的安全和穩定狀況，特別是為私人資本家創造了安全環境，與此同時，一定量的合理社會需求無需施壓而是由政府立刻實現。」

據歷史學家約翰·盧卡克斯說，「這些都是精心設計好的，想給胡佛留下個好印象，而胡佛對新德國也感到由衷欽佩，他見到的一切：嶄新的高速公路、新住房、德國鄉鎮村莊的普遍繁榮，都給他留下了深刻的印象。」〔25〕

從1939年秋天到美國加入二戰的這段時間裡，佩特帶領波蘭救助委員會（又名COMPOREL或胡佛委員會）向波蘭被德國占領的地區運送糧食。這些由美國國會付帳的糧食供給減輕了納粹政府占領活動的經濟成本，還有大部分糧食供給轉運給了德意志國防軍。〔26〕

希特勒青年團的歸來

兩屆聯合國祕書長庫爾特·瓦爾德海姆卸任四年之後，曝出了他曾在德國軍隊服役並在暴行肆虐的戰區擔任情報官的經歷。但是這場風波卻沒有進一步的追蹤，探查聯合國各機構和各NGO內部的納粹支持者。

兒基會的顧問團之一——SOS兒童村——有些納粹背景值得深挖。就在瓦爾德海姆被派遣去南斯拉夫的同時期，SOS兒童村的創始人赫爾曼·格邁納正隨德軍奮戰在對俄前線。1947年，格邁納回到奧地利，在提洛爾省的伊姆斯特建立了一個戰爭孤兒收容所。

在德奧合併時期，奧地利成為希特勒政權下的附屬國，他的家鄉當時歸屬蒂羅爾省福拉爾貝格州行政區，這個行政區還包括了南蒂羅爾地區（上阿迪傑），上阿迪傑在一戰後割讓給了義大利。納粹黨官員弗朗茨·霍弗是這個山地地區的專員，他和希特勒的私人祕書馬丁·博爾曼密切協作，致力於把蒂羅爾山區武裝成為「高山堡壘」，抵抗盟軍的進攻。由於霍弗和博爾曼留下的這份遺產，蒂羅爾到現在仍然是說德語的地區中最極端民族主義的一個。

1945年納粹政權垮臺，東歐各地被占領區的德軍和德語少數民族中的投靠納粹者紛紛被逐出。奧地利接收了大量的德語難民，其中包括來自南斯拉夫斯洛維尼亞地區的150,000名投敵者、南蒂羅爾地區回歸義大利管轄後被逐出的（具體數字不詳），以及103,000名來自東德國的納粹支持者，1950年難民總數達430,000名。〔27〕SOS兒童村為孤兒和其他流離失所的德國青少年提供了庇護所。分別位於義大利和瑞士邊境的蒂羅爾和福拉爾貝格都成為了納粹黨官員、黨衛軍軍官、武裝黨衛軍支持者及家屬逃亡的祕徑。他們與紅十字會勾結，經由義大利逃去南非，加拿大和澳大

利亞。

中情局、納粹黨衛軍與達賴喇嘛

SOS兒童村的官方帳戶對這段重要歷史隻字未提。在戰後時期，有兩個奧地利人和達賴喇嘛保持著親密友誼：黨衛軍出身的登山家海因里希・哈勒，他在40年代中期曾是達賴的老師；赫爾曼・格邁納，他於1963年在印度建立了西藏兒童村（TCV）學習項目，並在1971年取得對這些學校的完全控制。那段時期內，中情局一直出資贊助「影子馬戲團行動」，組織來自尼泊爾祕密基地的西藏遊擊隊針對中國政府控制的西藏地區發起邊境襲擊。

2012年維基解密公布了一份美國駐印度使館的外交電文，裡面說到：約有6,000名（流亡）的藏人服役於印度軍方管轄下的一支名為「第22部隊」的藏-尼邊境部隊，這支部隊據說是在1962年西藏在中國起義失敗後出現的，現已有超過30,000名藏人在此接受過訓練。直到上世紀80年代之前，從西藏兒童村（TCV）畢業的學生都必須加入第22部隊服役。〔28〕

第22部隊，又名為特別邊境部隊（SSF），或被非正式地稱為「藏軍」，曾參與多次軍事行動，其中包括導致孟加拉誕生的印度入侵東巴基斯坦，襲擊錫克教黃金寺，在位於巴基斯坦邊境、高海拔的錫亞琴冰川上的阿薩姆邦和曼尼普爾邦的鎮壓叛亂行動，卡吉爾戰爭，其突擊行動對「黑貓」還參與了2002年的孟買反擊戰。印度北部的SOS兒童村事實上一所所軍事學院，在29個國家和兒基會享有NGO地位的殺手訓練營。

德國退伍老兵和達賴喇嘛之間建立聯繫是三重努力的結果。首先是1938年由德國種族理論家布魯諾・貝格爾和動植物學家恩斯特・舍費爾領隊的德國黨衛軍入藏考察，認為西藏的喇嘛高僧可以納入雅利安人種學說。〔29〕第二層聯繫是在二戰結束前，黨衛軍登山家、奧地利人海因里希・哈勒從英軍戰俘營逃至拉薩，並成為了現在的達賴喇嘛的導師。〔30〕第三重聯繫是中情局官員詹姆斯・哈德斯蒂・克里奇菲爾德上校的間諜行動，他於1947年將德國情報負責人賴因哈德・蓋倫及其組織收入

麾下。在70年代初期，克里奇菲爾德是中情局一名情報官，負責在達蘭薩拉的達賴喇嘛的相關資訊以及在尼泊爾組建西藏遊擊部隊。〔31〕

赫爾曼‧格邁納參與到對俄前線作戰，五處負傷讓他戰勳累累。在戰時，蓋倫將軍負責德軍在東線的情報工作。SOS兒童村成立於1947年，正值中情局-蓋倫聯盟之時。當時如果克里奇菲爾德、蓋倫及其部下還有格邁納之間有密切聯繫，甚至有可能把西藏兒童村和第22部隊都一同招募進來。

種族優異理論的復興

優生學政策，在納粹的種族滅絕運動中達到了駭人的頂峰。二戰結束時，這樣的政策本應被英美精英們摒棄和拒絕。然而，西方國家不可告人的基於種族目的的人口控制政策卻被聯合國採用，並且悄然透過疫苗接種運動或者公然透過戰爭、挑唆下的制裁引起的饑荒、新型流行疾病等等暴力的人口減少手段加以實施。在聯合國虛偽的「人道主義」形象的掩護下，兒基會和世衛組織得以粉飾他們在生命科學和社會政策領域的馬爾薩斯主義行徑。讓已經牽涉反人類罪行的奸詐人物位高權重，就能實現這種全球性的令人震驚的欺詐程度，最顯著的例子就是庫爾特‧約瑟夫‧瓦爾德海姆和威廉‧安東尼‧克索普‧萊克。

對於他們的戰爭罪行，二人都採取了失憶的姿態。不知是機緣巧合還是命中註定，瓦爾德海姆服役期間在波士尼亞和科索沃任情報官，納粹和地方法西斯同盟對當地平民施以暴行，而在三十多年後這片地區再遭大屠殺洗劫時，指揮美國和北約支持新法西斯繼任者集團的祕密行動的，正是托尼‧萊克。因此，承載著維護世界和平和人類福祉的這個世界性組織，透過武器和不道德的生物科學應用，變成了一場永久的反人類戰爭中一件武器。

這些祕密行動披著由佩特和胡佛開創的「人道主義干涉」的外衣，並且在這片兒基會就支持德國占領時期的極端民族主義勢力殘留的抗議示威活動發表的聲明中再次登場：

紐約報導（2014年2月20日）烏克蘭暴力事件升級對於兒童及其家庭的影響愈發受到關注。有報導指出，在基輔發生的暴力事件中，兒童遭到逮捕，甚至受傷。鑒於暴力事件影響到兒童，聯合國兒童基金會正在收集資訊以確認這些報導，並密切監視事件動態。衝突各方有責任避免兒童受到傷害。

走向明日的多極世界

1981年12月，中華人民共和國否決了兩屆聯合國祕書長庫爾特・瓦爾德海姆再次連任的提名，為祕魯的哈威爾・佩雷斯・德奎利亞爾坐上聯合國第一把交椅開了路。現在回顧起來，中國的這張否決票可以看做是粉碎了美國在國際事務中壟斷地位的一記重錘，這在真正地開啟了多極主義的大門。

建立一個以公平、公正和和平為基礎的未來依然任重道遠，但是只要兒童基金會一直甘為華盛頓的禁臠，這個重任就將憂患重重。美國辜負了它自己的年青一代，也無法拯救這個世界的下一代。作為可恥的種族主義論最後的避風港，這是兒童基金會去納粹化的最後通牒。兒童基金必須完全置於國際共同管理之下，非自願減少人口的做法必須廢棄。這些改革必須在世界人口達到100億之前實施，這樣才能有條件探討、協商和認同一條良性的、人道的走向增長極限的發展道路，保證地球上人類和生命的存續。

萊克先生，您被指控犯有嚴重的刑事罪行。所以從現在開始，請您好好反省，老實坦白，給這個地球上無辜的孩子們真正的自由吧。

1. 威廉‧J‧柯林頓總統競選史計畫托尼‧萊克訪談，米勒中心，維吉尼亞大學，2002。

2. 本‧瓦滕伯格，《國家利益》，1990年秋季刊，引用自Democracy Digest網站。

3. 聯合國兒童基金會執行主任，全部為美國人，包括：莫里斯‧佩特，標準石油公司高階主管，美國紅十字會官員；亨利‧拉布伊斯，一名律師和大使，馬歇爾計畫官員；美國國際開發署執行官詹姆斯‧格蘭特；卡羅爾‧貝拉米，貝爾斯登和摩根士丹利銀行高階主管，紐約市議會議員；安‧維尼曼，美國農業部長；以及托尼‧萊克。

4. 聯合國人口司。

5. 經合組織（OECD）資料庫。

6. 皮尤州務中心，《百分之一：美國獄中 2008》（（華盛頓特區：皮尤慈善信託基金會，2008）。（One in 100：Behind Bars in America 2008）；以及格里諾，哈里森和薩伯爾，《2010年服刑人員報告》（Prisoners in 2010）。

7. 「歐洲人反對美國人擔任下一任兒基會主任」（「Europeans Oppose American as Next Director of Unicef」），史蒂芬‧格林豪斯，《紐約時報》，1995年3月6日。文章主要內容是歐洲拒絕讓美國疾控中心的威廉‧福斯博士被任命為聯合國兒童基金會執行主任。

8. 「美國在索馬里的戰爭罪行」（「U.S. War Crimes in Somalia」），阿曆克斯‧德瓦爾，《新左派評論》，第30期，1998，131-144. 線上版詳見https：//journals.lib.unb.ca/index.php/jcs/article/view/290/461， 以 及http：//hornofafrica.ssrc.org/de_Waal3/index.html「非洲之角危機」討論群，社會科學研究會（SSRC），紐約。

9. 萊克第二次訪談，米勒中心，2004。

10. 慈善導航網介紹。

11. 「非盈利機構CEO收入高」（「CEOs of Nonprofits say they bring in top dollar」），安德里亞‧詹姆斯，《西雅圖郵訊報》，2006年10月8日。

12. 「國際救助兒童會老闆年入帳23,400英鎊引怒火」（「Fury over £234,000 salary of the top boss at Save The Children」），馬克‧希馬克，《每日郵報》（倫敦），2014年2月。

13. 「大型慈善機構內6位數工資是常事」（「Six-figure salaries the norm at top charities」），保羅‧沃爾迪，《環球郵報》（Global Mail，多倫多版）,2010年4月14日。

14. 國際崇德社網站（Zonta International）。

15. 「世界衛生組織，聯合國兒童基金會否認肯亞主教指控其提供了致人絕育的破傷風疫苗」（「WHO，UNICEF deny Kenyan bishops' claim that they supplied sterility-causing tetanus vaccine」），貝斯‧格里芬，《天主教國家紀事報》，2015年3月6日。

16. 「全球疫苗免疫聯盟撤資印度」（「GAVI to withdraw funding to India」），《印度斯坦時

報》，2015年4月24日。

17. 由賈甘納斯·查特吉領導的反疫苗接種活動家網路（NOVAC）記錄了數以千計的由疫苗接種引起的殘疾和死亡的案例。http://whale.to/vaccine/chatterjee_h.html。

18. 1927年8月29日至9月3日日內瓦世界人口會議會議紀錄，《美國醫學協會雜誌》，1928年第1卷。

19. 阿迪爾·那加姆，「發展中國家對人口、環境和發展的看法」（「Developing Country Perspective on Population, Environment,and Development」），《人口研究和政策評估》，第15卷第1期。

20. 全球趨勢報告（Global Trend），美國國家情報委員會（NIC），國家情報主任辦公室；以及聯合國千年發展目標報告。

21. 薩米爾·阿明，「千年發展目標：來自南方的批判」（「The Millennium Development Goals：A Critique from the South」），《每月評論》，2006年第57卷第10期。

22. 島津洋一，rense.com，「伊波拉疫情爆發與聯合國疫苗運動同時發生」（「Ebola outbreak coincided with a UN vaccination campaign」）和「伊波拉，巴爾幹半島四騎士的詛咒：布雷爾，索羅斯，萊克和庫什內」（「Ebola,curse of the Four Horsemen of the Balkans：Blair,Soros,Lake and Kouchner」）是其2014年發表的7篇文章文章中的兩篇。這一系列文章主要是講關於西非伊波拉疫情與各大生化武器實驗室之間的關聯。關於疫情的大部分官網資料和報告在此之後就被從網路上清除，表明其中有高層參與以及製藥行業瀆職行為。

23. 奈傑爾·查普曼，國際計畫首席執行官，聯合改變（Partnership for Change）網站。

24. 莫里斯·佩特檔，胡佛總統圖書館。

25. 約翰·盧卡克斯，赫伯特·胡佛會見阿道夫·希特勒，《美國學人》，1993年秋季刊，第62卷第4期，634-636。

26. 蒂莫西·沃爾克，不尋常的美國人：赫伯特和盧·亨利·胡佛的生平和遺產（Uncommon Americans：The lives and legacies of Herbert and Lou Henry Hoover），格林伍德出版社。

27. 格哈德·賴希林，德軍被大量逐出（Die deuschen Vertribenen in Zahlen），波恩，1995。

28. 維基解密2002年10月3日；美駐新德里大使館2012年2月11日機密電文。

29. 有幾個關注西藏問題的網站報導了這一次接觸，其間，布魯諾·貝格爾透過測量藏族人頭骨尋找雅利安人種學說的顱相學證據。這一人種學說後來成為了對斯拉夫人、猶太人和吉普賽人進行種族滅絕的基礎。想要瞭解一個辯護者對於黨衛軍納粹智庫（雅利安遺產管事處）這次考察的洗白說法，可參見伊斯魯恩·恩格爾哈特，《1938~39年的西藏：恩斯特·舍費爾的考察之旅》（Tibet in 1938-39：The Ernst Schafer Expedition）。

30. 參見海因里希·哈勒的《西藏七年》和彼得·奧弗施耐特的《西藏八年》。

31. 詹姆斯·哈德斯蒂·克里奇菲爾德的訃告，阿靈頓國家公墓網站http：//www.arlingtoncemetery.net/jhcritchfield.htm。另見約翰·肯尼斯·諾斯，美國冷戰的孤兒與西藏的掙扎求存（Orphans of the Cold War America and the Tibetan Struggle for Survival）。更多關於中情局-蓋倫的資訊：海因茨·赫內和赫爾曼·措林格，將軍是間諜：蓋倫將軍及其間諜網的真相（The General was a Spy：The Truth about General Gehlen and his spy ring），紐約，1972。

主要國際性非政府組織的背景

國際調查記者聯盟（International Consortium of Investigative Journalists - ICIJ）

總部地址：美國華盛頓特區

類別：監督逃稅的媒體平臺，進行專業媒體訓練

成立：1997年

創始人：查克・路易斯（Chuck Lewis）

執行主任：傑拉德・雷勒（Gerard Ryle）

主要捐助者：索羅斯基金會、開放社會研究所、麥克亞瑟基金會和奈特基金會

　　國際調查記者聯盟（ICIJ）描述它起源於是「公共廉正中心（Center for Public Integrity）發起的一個項目是為了擴展中心媒體監督的能力，關注的問題絕不停留在國家邊界內：包括跨境犯罪、腐敗、對權力的問責。」

　　在強硬的新聞專業主義外表背後，卻有著往往少為人知的軟肋，例如現在人們往往忘記的事實是前美國總統比爾・柯林頓、他的競選顧問詹姆斯・卡維爾和一個由美國財政部和中央情報局經濟情報部門組成的內部人員曾經舉辦一系列只有獲邀才能參與的閉門會議，然後任命「調查記者」去調查美國民主黨或和美國企業海外利益有衝突的政治對手。這種有針對性的調查報告從一開始就是全球經濟戰爭的一個局部戰場而已。

　　獲取報告背後的調查方法通常是令人討厭的和甚至凶惡的，例如，國際調查記者聯盟是如何獲取瑞士洩漏的檔。根據英國《衛報》報導，愛德華・斯諾登自己曾披露當時他是中央情報局在瑞士日內瓦的祕密行動小組的成員一部分：「斯諾登描述當時中情局特工試圖招募一位瑞士銀行家獲得祕密銀行資訊。斯諾登說，他們故意給這個銀行家灌酒，然後鼓勵他開車回家。當銀行家因酒後駕車被捕，祕密的特工則為他提供幫助，這樣也

就成功地招募了這名銀行家。」

「我在日內瓦所看到的這一切真得令我對我國政府職能和其對世界的影響感到失望，」斯諾登說。「我意識到我正在做的弊大於利。」

私人銀行HSBC-Swiss的技術人員赫佛‧丹尼爾‧馬塞爾‧法爾恰尼（Herve Daniel Marcel Falciani）也遭到了非法手段調查。法爾恰尼聲稱他被以色列摩薩德特工綁架，他們希望從他那裡獲取所謂與黎巴嫩真主黨有聯繫的商人的存款資訊。當綁架他的人釋放他後，他則被瑞士當局因違反客戶保密法律而遭到逮捕。之後美國祕密特工勸他逃到西班牙去，在那裡他再次因為事先設置的圈套而因違法出售機密資訊而遭到逮捕。不僅是銀行員工被強迫重複披露儲戶的名字，法爾恰尼是誘使不要洩露美國、英國和以色列官員及特工的帳戶資訊以及相關祕密行動。

基於國際調查記者聯盟是透過這種方式非法獲取機密的銀行資料和選擇性地對外披露名字，國際調查記者聯盟事實上是為其政治主人處理贓物和進行政治勒索的犯罪工具而已。

由此提出了必須的調查性新聞的倫理問題：記者是否應該成為某些情報機構的喉舌，選擇性地釋放透過暴力威脅和侵犯隱私獲得的資訊？揭露黑暗固然值得讚賞，但國際調查記者聯盟的整個工作是為政府部門和宣傳部門服務，而並不是真正從事新聞調查。

國際調查記者聯盟（ICIJ）基本上就是美國和英國稅務機構尋找逃稅者的一個管道和揚聲器。問題是大多數的被國際調查記者聯盟披露的名單都不是美國或英國政客，而有些國家的法律並不禁止離岸銀行的使用。正如亞洲諺語所說的：國際調查記者聯盟和其幕後的老闆旨在「殺雞儆猴。」

國際調查記者聯盟已經披露的離岸帳戶多達13萬個，其中多數是有相當影響力的的中國公民，他們被指控透過在避稅天堂設立「離岸」帳戶從而參與國際洗錢和逃稅。此後這一歇斯底里的指控被眾多新聞媒體飲用，例如香港的《南華早報》（South Morning Post）在其一系列社論中援引國際調查記者聯盟（ICIJ）的報告作為權威來源要求當局進行調查。根據前港英殖民政府的法律和與之銜接的《基本法》，香港的企業和個人

有權在英屬維爾京群島的銀行設立帳戶。現在由於英國自身管理不善而導致嚴重赤字，卻突然要求改變既有法律規定與規則。

世界上多數國家的司法規定並不認為設立外國銀行帳戶是非法行為，而且許可這作為商業活動的必要行為。

因為透過許多主權國家內部的存款銀行進行國際收付時對於全球貿易而言顯得過於緩慢和繁瑣，特別是對需要進行立即付款的大商品市場交易的時候尤其如此，例如需要在鹿特丹石油現貨市場競標輕質原油或芝加哥交易所購買新上市的春收小麥的時候，這種離岸帳戶是必不可少的。

至於所謂逃稅的問題，香港則是一個典型例子；無論一個人持有的外國資本在哪裡，香港都不存在徵收所得稅的問題。與美國、英國、日本和不少歐洲國家不同，許多其他國家並沒有難以承受的龐大的主權債務，所以他們也沒有透過大規模徵稅榨乾本國公民的動機。

國際調查記者聯盟（ICIJ）聲稱他們依靠神祕郵寄到他們辦公室的硬碟而獲取所謂內部資料庫的資料撰寫相關的攻擊性報告。當本書的聯合編輯島津洋一向國際調查記者聯盟（ICIJ）發信詢問郵寄硬碟的信封和其郵戳的照片時，國際調查記者聯盟的高層人員則保持著耐人尋味的沉默。

沉默本身就告訴我們了事實，顯然這些資訊並非來自所謂的神祕硬碟，而是直接來自英國財政部，這絕對是英國的政府官員公然違反英國法律的行為。據此，國際調查記者聯盟與其共謀者應該被送上法庭。

國際調查記者聯盟發布離岸帳戶報告的時間點正好與一名英國財政部高級官員的退職發生在同時。這位前英國財政部官員出身於一個孟加拉的猶太人家族，其家族在中英鴉片戰爭期間透過販運鴉片而獲取巨額財富，該家族曾在昔日的上海以「鴉片巨頭」而著稱。他退職後即返回香港管理他的家族財產，他現在也是英資怡和洋行的董事會成員。

國際調查記者聯盟（ICIJ）的資金主要來自於一些試圖收買媒體以避免曝光的大亨，他們希望隱匿自己的資訊來「保護」他們的非法收益。這些商業騙子中包括「香蕉巨頭」已故的山姆・澤姆拉（Sam Zemurry），這位猶太複國主義者擁有聯合水果公司，曾經遊說美國中央情報局推翻瓜

地馬拉的阿本茲政府。此外可能捲入其中的「嫌犯」還有與中情局有密切聯繫的潮汐中心、麥克亞瑟基金會和奈特基金會。

國際調查記者聯盟並未將他們所有的手法與內部帳目告訴公眾，而且透過設立免稅基金會以逃避稅收。更嚴重的是國際調查記者聯盟的捐助者大西洋慈善基金會的創始人查理斯·菲尼透過遍布世界各地的免稅購物業務DFS而偷逃銷售稅，現在國際調查記者聯盟正有一個相關調查，我們看看狗是否敢咬他的主人。

透明國際（Transparency International - TI）

祕書處地址：德國柏林奧托-莫阿比特（Alt-Moabit）96號，郵編10559
類別：金融監管機構、非政府組織評級機構、智庫
創立時間：1993年5月德國
創始人：彼特·艾根（Peter Eigen）和世界銀行的漢斯約格·艾爾尚斯特（Hansjoerg Elshorst）與德國技術合作公司的邁克爾·韋亨（Michael Wiehen）
主要捐助者：埃克森美孚、殼牌、對沖基金KKR和韋穆特（Wermuth），德勤會計事務所、安永會計師事務所、索羅斯基金會和開放社會研究所、休利特基金會（Hewlett Foundation）和美國國家民主基金會（NED）。

→ 什麼是外國援助？

1969年荷蘭外交部長約瑟夫·倫斯（Joseph Luns）對此給了明確的答案：「發達國家的窮人向窮國家向富裕的人。」

二十年過去了倫斯的警告被證實了，來自捐助國的援助資金進入受援國時充滿各種欺詐、浪費和管理不善。在推動建立歐洲單一市場的過程中，1989年經合組織（OECD）發起了反腐敗監測運動，這一努力在簽訂馬斯特里赫特條約時達到高潮。為了在新的歐洲大陸市場獲得有利地位，尤其是占據南歐市場的分額，法國和德國展開了激烈的競爭。但是經合組織對歐洲內部的大企業和政府部門行賄外國公務員制定了嚴格的措施，任何人參與其中將受到法律制裁，而這一規則將一定程度影響他們對經濟的

控制。

　　由於對經合組織採取的強硬嚴肅的態度感到震驚，時任德國總理科爾提議對賄賂推行非懲罰性措施。「透明國際」（Transparency International - TI）由此誕生，成為了商業腐敗的救世主。

　　透明國際的創始者為了保護商業集團想出了一個狡猾的策略，把商業行賄的責任從富有的行賄者轉移到一個受賄者在發展中經濟體公共實例。為了在第三世界國家的精英中激發恐懼和厭惡，透明國際每年都透過其挑選的專家推出年度清廉指數（Corruption Perception Index - CPI），而這些專家幾乎都是國際金融機構、投資銀行或商業媒體的內部人士。

　　因此「透明國際」變成了已經富有的人們用來控制那些夢想變得富有的「乞丐」的心理工具。創建透明國際絕對是精彩絕妙的一擊，透過減少賄賂，年度清廉指數（CPI）阻止了野心勃勃的暴發戶印尼的蘇加諾、剛果的蒙博托和海地的杜瓦列爾的興起，從而使這些國家繼續臣服，待在新殖民主義體系內他們該待的地方。

　　讓這些貧窮國家屈服的最典型的例子就是，因為有媒體傳言巴西前總統盧拉在其任期內涉嫌捲入巴西國家石油公司（Petrobas）的腐敗案，這導致透明國際降低了巴西的清廉指數等級。在過去幾年透明國際的年度清廉指數（CPI）經常被媒體專家引用將金磚五國聯盟貶低為一個由專制腐敗的國家政權組成的團夥。

　　透明國際從來不敢批評美國或者使美國的清廉指數排名哪怕略有下降。透明國際對於美國軍事占領伊拉克期間的各種盜竊、賄賂和的令人髮指的罪行視而不見聽而不聞，例如美國軍方授予軍事承包商哈里伯頓全權便宜行事，祕密資助軍事承包商和當地武裝民兵，而且與伊拉克中央銀行金庫中黃金神祕消失不無瓜葛。由於這些公然的違法行為，應該在國家清廉指數排名中將美國遠遠排在墊底的土庫曼斯坦後面。而且，並非巧合的是那些為西方國家「救助」的國家，包括海地、伊拉克、阿富汗和索馬里都在清廉排名中墊底。

　　清廉指數排名是將罪責歸罪於受害者的典型案例，因為這個原因，

就應該將透明度國際予以廢除。這種內在的對不發達經濟體的不公平最終促使2003年創建了採掘業透明度倡議（Extractive Industry Transparency Initiative - EITI）。而這個新機構的出現正好與中國作為原材料主要進口國的崛起，以及北京的非洲倡議（Africa Initiative）的時間點相吻合。

但是，無論是透明國際還是其分支採掘業透明度倡議（EITI）都未能解決所謂「七姐妹」的西方能源公司的系統性賄賂的問題。為了維持對石油和天然氣的勘探與生產的壟斷性控制，接受腐敗是行業內一個公認的方法。如頂級工程師的技能優勢、野外現場經驗和資本不過充分，西方能源公司會賄賂地方官員和提出相關的激勵機制，以確保其領先地位，並保證他們在新專案中中標。

因此，針對巴西國家石油公司腐敗案的指控是虛偽的甚至是荒謬的，埃克森美孚和雪佛龍德士古這兩家大石油巨頭實際上是調查重點。再次，在巴西近來發現的海上石油和天然氣儲備進行國際招標後不久，透明國際再次降低了巴西的清廉指數等級。由於傳來巴西國家石油公司和中國石油企業中標的消息，西方投資者沒有能從中受益，所以，媒體繼續傳播著巴西國家石油公司的「醜聞」。

由於新加坡、馬來西亞與中國的崛起導致全球遊戲規則發生變化，他們利用主權基金大量購買美元與歐元國債。這些由政治主導的國家主權基金可能被視為最大的「腐敗實踐」，因為他們的存在嚴重侵犯了美國和歐洲公務人員獲取特殊利益的可能性。

根據透明國際的觀點，對欠發達國家而言，良好的行為就是普遍性地接受「可持續」原則，無論是身在不丹還是再波札那，只要當地原住民高興，邊緣性的貧困是無足輕重的。可能德國與美國應該將基層幸福指數（Gross National Happiness）作為經濟指標，在沒有金錢的世界中，也許腐敗終將無法存在。

→ 背景

透明國際包括位於柏林的總部與其在116個國家的自治組織。透明國際最初是由兩名世界銀行官員創立的：彼特·艾根（Peter Eigen）與邁克

爾‧韋亨（Michael Wiehen），彼特曾經是世界銀行的地區主管，也是福特基金會和卡內基基金會的圈內人士，而邁克爾來自德累斯頓銀行；當他們在指責他們腐敗時，事實上世界銀行本身一直在是充滿腐敗醜聞的中心，裝模作樣進行內部調查的獨立評估小組和只做表面文章的沃爾克報告（譯者注：Volcker report，2005年聯合國針對伊拉克石油換食品專案設立的調查委員會發布的報告）。國際機構事實上已經不可能擺脫其腐敗的文化。這從來不是一個祕密，國際機構派往欠發達國家的出訪考察員工通常都是是銀行家，往往得到當地政府的奢侈款待，他們往往得承受全球金融體系擯棄的這些權貴作為接收外部援助的贈品。因此世界銀行被認為是臨近退休的銀行家們用來填補他們的瑞士帳戶的最好的積攢養老金的就職機構。

透明國際已經非常小心不要揭露「自家人的」國際機構內部人士的日常化腐敗行為，特別是那些控制著大型基礎設施貸款的「錢袋」的精英銀行家們。「腐敗」到底是因為那些為本國民和他們家人尋求更好的貸款和投資的政客和官僚的本性？還是當地精英事實上被國際銀行家們所要求的貝盧斯科尼式的昂貴菜品、進口葡萄酒、異性陪同服務、毒品和奢靡夜生活的生活方式所腐蝕？多明尼克‧斯特勞斯-卡恩（譯注：前國際貨幣基金組織的總裁和法國財政部長，因性醜聞而下臺）絕非是銀行家中例外，這些銀行家們經常成群結隊地出沒在發展中國家的紅燈區中。

對受援者與捐贈者的雙重道德標準反映在透明國際（TI）創始人弗里茨‧海曼（Fritz Heimann）的個人經歷上，他在政治上是一位著名的新保守主義，也是美國通用電氣（GE）的律師。監督機構「商業觀察」（CorpWatch）揭露了海曼服務超過20年的客戶的本性，「通用電氣具有長期的刑事犯罪、民事過錯、政治和道德污點的紀錄，其一些令人震驚的行為甚至是漠視人類整體的。」

另一個透明國際的創始人邁克爾‧赫什曼（Michael Hershman）是一名職業間諜（其主要工作就是欺騙和歪曲資訊），他創立了薩維斯國土安全集團（Civitas Home Security Group），這個公司是由石橋企業諮詢集團

（Stonebridge）和公關宣傳公司博雅和馬斯特拉（Burson Marsteller/WPP）創立的。用該公司自己的說法，「石橋集團是一家總部設在華盛頓的全球戰略公司，旨在幫助美國和跨國公司制定和執行結果導向的策略，以抓住商機和解決問題。」其中「抓住」是最關鍵的字。

自然保護協會（Nature Conservancy）

維吉尼亞州阿靈頓市北費爾法克斯路 4245 號套房 100 號

分類：荒野保護，環境政策，土地信託

成立：約翰·索希爾於 1951 年成立

董事長：馬克·特瑟克

主席：克雷格·麥考

主要資助人：ADM 公司，殼牌，英國石油公司，杜邦，弗里波特·麥克莫蘭銅金公司

收入：三億三千萬美元

資產：超過 10 億美元

自然保護協會透過與 2,000 多家公司合作成為了世界上最富有的環境組織，這些公司包括很多世界上最嚴重的工業污染企業。雖然此協會出售捐贈土地的可疑舉動已經在媒體曝光後中斷，該協會為了它那些會在豪華的私人度假勝地花費高價的顧客充當起免稅且「自然的」安靜居所。該集團透過直接郵件形式和廣告投放形式的大規模籌資力度是針對下層中產階級捐贈者，這些捐贈者是不會得到任何好處和來自公司內部董事與他們的同行的好處的。

其可疑的生態活動促進並宣傳小型企業環境行為，這是一個被稱為「綠色洗滌」的任務，由商業廣告機構完美完成。這個活動同時也是對大面積土地進行購買的行為，即定義不明確的「自然保護」。

自然保護協會自稱「自然的房地產經紀人」，它的準則是以荒野的神話為基，支持歐洲殖民擴張到新大陸、大洋洲和非洲的大部分地區的基本原理。探索的旅途中發布了有關「處女地」的「發現」，這實際上是伴隨

著炮火聲、大規模驅逐、奴役和傳染病的人口減少。基於猶太教和基督教的一身命定的道德層次，至上主義者的態度把土著人民壓制到非人的狀態，僅高於役畜和野生動物。

財產契約的當權者利用「原始荒野」的概念清理原始居民，土地所有權仍然影響著最大的環境保護組織的心態，特別是Big Green環保團體自然保護協會、保護國際基金會和世界野生動物基金會。這些「環保人士」精英已經發明了一種否定人類的生存和經濟活動的虛假生態學。本地的牧民、叢林肉清潔工和園藝師被視作寄生者，擊退自然保護的「偷獵者」和野生動物生物學家、導遊及按次計費的獵人的遊戲公園。

在非洲和拉丁美洲的土地上，森林和休耕農田被所謂的土地銀行託管。這些土地銀行是由富有的非政府組織控制的。巧合的是，同一個術語被企業房地產開發商為了未來房地產開發，作為閒置土地使用，同樣也是為了吸引投資者而預定的資產。那麼兩種對土地儲備定義的區別有多大？也許沒有區別，因為這片被保護的荒野總有一天會變成旅遊勝地、「綠色」企業和可持續的發展。

環境土地銀行是在完全競爭中對隱形財產徵收的戰略，它是反對建造主權國家、地方農民和社區企業的國家公園。首先，建造自然的安居所，然後是生態度假區，其次是「自然，接近有機」的農場，最後是「可持續」的露天礦廠、林場、堤壩、面向家庭的賭場和高爾夫球場以及生態城市發展的猛攻。所有這些綠色發展將有可能由私人企業參與非政府組織的理事會和董事會成員建立和管理。

對於這些零碎財產的投資基金不來源於那些冒著自己資產危險的投資者，而是來源於得不到股份或專有權的低收入中產階級那裡。自然保護模式的特權和對於徵稅人的權利以及捐助民眾通常被稱為封建主義。新生態產業的管理與創建了殖民主義者殖民經濟的皇家土地贈款驚人的相似。

對於三個主要保護組織的其他方面的批判集中在他們與能源公司、採礦企業和農業、很多他們的主要污染源的安逸關係，比如自然保護組織與英國石油公司在墨西哥灣深水區的石油洩漏事件之前和期間的關係。

企業的利益與自然保護協會的領導有緊密聯繫，領導包括杜克前首席執行官、現副主席傑姆斯‧羅傑斯，來自谷歌的「谷歌退休人」祕書肖納‧布朗，普利茨克集團（Hyatt）財務主管約瑟夫‧格雷博曼，董事會成員包括默克製藥前首席執行官羅伊‧瓦格洛斯，布列傑斯班投資集團領袖湯瑪斯‧蒂爾尼以及惠普公司前首席執行官瑪格麗特‧懷特曼。

它最令人震驚的對公眾信任背叛之一是代表木材巨頭喬治亞太平洋公司採掘業的祕密聯盟奮力爭取公司對於瀕危物種法案的修訂。更令人難堪的是Big Green集團在「漂綠」農業企業中的形象，其取代了貫穿發展中國家以及美國和歐洲的家庭農場。

「RTRS方案是這些認證方案的典型。其成員包括世界自然基金會、保護國際基金會、動植物國際協會、自然保護協會和其他著名的非營利組織。公司成員包括工業食物鏈中多次誹謗成員。截至2012年一月，成員數量已達102人，包括孟山都、嘉吉、阿丹米、雀巢、英國石油公司和英國超市阿斯達。」（獨立科學新聞，喬納森‧萊瑟姆）

自然保護協會是由一位能源顧問成立的，尼克森政府稱之為約翰‧索希爾，資源觀察（Sourcewatch）將其描述為一個「核動力的狂熱支持者」。與他狡猾的土地掠奪騙局相比，索希爾在地表上持久的環境遺產是切爾諾貝利和福島。

國際美慈組織（Mercy Corp）

總部：俄勒岡州波特蘭市安克尼街45號，郵編：97204

成立時間：1982年（從1979年成立的拯救難民組織轉變而來）

類別：以誠信為本的救援組織，微觀金融領域的商業夥伴

主席：南茜‧蘭德伯格

首席執行官：尼爾-肯尼‧蓋耶

創始人：丹‧奧尼爾，艾爾沃茲‧卡爾弗

支出：191萬美元（2008年）

www.mercycorps.org

國際美慈組織是自救專案的引領者，透過以誠信為基礎的市場經濟准入條件用小額貸款和現金專案以培育社會資本。用它們自己的話說：「美慈組織是一家從事令人震撼的過渡環境下的全球人道主義援助的組織。這些環境包括：自然災害，經濟崩潰或衝突。在這些情況面前人們迅速採取行動從食物到能源援助以幫助人們重建以社會驅動和市場為主導的經濟。

　　其「借釣竿而不是給魚」的做法在很大程度上是受聯合創始成員道格・威德的啟發，這位爭議集會布道者和布希家族的內部人員為安利銷售人員提供激勵演講。福音派救援小組，最初由流行歌手派特・布恩在印第安那州建立以協助柬埔寨人逃離波爾布特政權，該組織在20世紀80年代期間在洪都拉斯作為美國對中美洲桑地諾解放陣線軍事干預的追隨者開始發展。

　　施恩進制的方式對於慈善機構而言，當然，在發展中國家和經濟轉型國家中與公司和美國外交政策利益相互滲透相吻合。「為農村企業家建立起的包容性市場聯盟是由美慈組織、美國國際開發署、沃爾瑪和AGIL基金會共同建立的。該聯盟幫助農民從自給農業到以需求為驅動的農業生產以供應主要零售商就像中美洲的沃爾瑪超市一樣。另一種方法：這是沃爾瑪得到的聯邦自上而下的援助。

　　透過與銀行合作，包括高盛在內，國際美慈組織已設立小額貸款公司在如下國家：蒙古海斯銀行；中國扶貧基金會和中國圖們江區域扶貧計畫（PATRA）；阿富汗阿麗亞娜金融服務公司；吉爾吉斯斯坦kompanion金融集團；塔吉克斯坦IMON和Borshud集團；哈薩克亞洲樂信集團；科索沃金融代理；波士尼亞赫塞哥維納小額信貸合作夥伴，印尼資源和替代品小額信貸創新中心；印尼和菲律賓的MAXIS，以及在瓜地馬拉的社區衛生和小額信貸。

　　據其2008年年報，美慈在全球擁有3700員工，並在40多個國家擁有近1670萬成員。」大約40％，即81億美元的預算來自政府撥款來源，這引起了一個問題：美慈是否是一個真正的社會組織而不是美國政府的安全承包商。

批評：當非政府組織進入銀行領域，那麼它還是慈善機構或公司嗎？透過模糊慈善捐贈與獲利之間的界限，美慈「社會企業家」的大膽擁護已經挑戰了慈善事業的傳統觀念。

　　該結果可以隱藏在那些接受美國貸款的對美友好地區，該地區得到了一些其他協助，例如技術援助，行銷網路和發展模式。相比於其他地區的大多數小生產者該地區占據主要競爭優勢。以犧牲本土生產者為代價，網路社會的結果是政治偏好朝向被外國非政府組織培育起來的中產階級。

　　為了達到透過支持經濟力量雄厚以及輿論親美的政治勢力以反對民族主義領導人的目的，新興的「社會企業家」是國際美慈組織的高階主管和他們的美國國際開發署贊助商用人的最佳選擇。其結果是外國勢力促成社會分裂，這種現象又被形容為「顏色革命」。對部落社區和地域文化而言，一個特別問題是調和貪婪的個人主義與傳統的社區價值觀之間的衝突。正如在慈善紀事中引用的那樣，克爾斯丁‧埃里克森指出，「社會企業家」是「自我利益的最佳實現者，部門利益最糟糕的破壞者」。

　　強調轉向社會資本的調整也可以從處理突發事件的基本任務中轉變管理方式。一系列來自歐洲的援助官員與全國公共廣播電臺的批評抨擊了2010年美慈與世界宣明會在海地震救援中乏善可陳的援助，儘管國際美慈組織和世界宣明會從美國公眾中募得巨額現金。兩年前的早些時候，在緬甸遭遇颱風期間，參議員約翰‧麥凱恩抨擊美慈接受來自雪佛龍的150,000美元，而雪鐵龍渴望結束制裁是基於對安達曼石油儲量帶來的潛在利潤的考量。

　　慈善機構所面臨的最為激烈的競爭者尚不太可能成為騎士，這些人抗議海軍陸戰隊訓練騎術的方法。慈善機構的管理者的雄心被一些論斷所打消，建立在瑞士的騎術探險者聯盟中的長距離騎行協會的會員CuChullaine O'Reilly認為：「穿越蒙古境內行軍534英里，被視為世界上最為困難的騎術戰略，他們有可能會遭到狼群的襲擊，感染上腹溝股炎症、恐水病等疾病，會面臨著山洪爆發的危險，穿越惡臭無比的水塘，還會面臨著食物中毒，盜賊四起和武力攻擊的危險。在蒙古經營著發展專案的非盈利組織鼓

勵牧羊人發起世界上最為長距離的賽馬旅程，同時這些參賽著會自行湊集資金用以維持該項目的運營。CuChullaine O'Reilly同時也懷疑這些慈善機構的管理者是否意識到了深藏於騎兵世界中的隱憂。那麼在這裡存在著一個典型的例子可以證明以上現象，俄勒岡的媒體在編造事件來吸引美國的支持，同時卻助長了地方權貴的支持和信任。

美慈風險投資的虛偽在於：這本身就是一種鼓吹資本主義對窮苦大眾的自助行為，同時也是對由聯邦政府所資助的建立起來的福利系統的一種意識形態上的強烈反對。這相當於送用閃亮絲帶包裝的禮物給在耶誕節像守財奴一樣非政府組織的管理者。給在美慈的行政人員一個建議：要麼得到一個真正的工作，或者夫妻共同經營一個商店。

卡內基國際和平基金會（Carnegie Endowment for International Peace）

美國麻塞諸塞大街1779號西北華盛頓20036 - 2103（大使館行區）

類別：智庫、私人基金會

成立：1910年作為一個促進和平論壇而成立

總裁：威廉‧伯恩斯（William Burns），美國前副國務卿

http：//carnegieendowment.org

2013-14年財政支出：3,290萬美元

1910年，美國鋼鐵行業巨頭安德魯‧卡內基（Andrew Carnegie）在尼古拉斯‧默里‧巴特勒（Nicholas Murray Butler）的督促下拿出1,000萬美元建議基金會以實現」加快清洗我們文明污點——廢除戰爭。」的目標。他大膽的設想經過歷屆領導的修改變成更為謙虛保守的目標。「雖然這一目標總是高不可攀，但是卡耐基一直忠實於促進和平交往的使命。」

「2006年，卡內基重新將自身界定為在世界上五個國家建有分部的「全球智庫」其中包括美國華盛頓特區、黎巴嫩貝魯特、比利時布魯塞爾、俄羅斯莫斯科和中國北京（清華大學），印度新德里的分部仍然在建設計畫中。在一個全球管理小組的監督下，由一個國際受託人理事會領導的學

術與企業混合架構指導整個學者網路進行工作。由於俄羅斯政府頒布新的針對非政府組織治理的法律和規定，卡內基基金會威脅要撤銷莫斯科分部。

儘管卡內基基金會的視角超越了狹隘的大西洋兩岸，更為具有全球視野，但是其應對危機的方式仍然是基於精英外交基礎與局限於參與國家政治事務的精英中。

必須認真應對新風險對於國際秩序的挑戰，而不是簡單地被動地接受，應該積極建議進行最小的改革和讓步以減少對現狀的威脅。

卡內基基金會的資金主要用於地區專案（俄羅斯、亞洲、中東、南亞等地區）或重點專業專案（民主、法治、核政策、能源/氣候）的會議、津貼和酬金支出，以及被稱為「全球視野」（Global Vision）的應急性彈性預算。基金會的資金來源主要是現金捐贈和長期投資的股息分紅，其中包括原始投資帶來的累計利息、帕卡德、梅隆、辛古拉‧凱怡和艾爾愛琳基金會。

批評：當這些盛名顯赫的公司看起來似乎主要是為晚宴和組織政策會議買單的時候，卡耐基俄羅斯分部和歐亞大陸中心不顧其上流社會文雅有禮的聲譽，一直在憤怒地指責俄羅斯挑戰西方遏制西方公司掠奪性投資企圖控制歐亞能源、銀行與大眾媒體的企圖。這種姿態對於這個組織來說毫不奇怪，因為該組織歷史上最傑出的總裁是約翰‧福斯特‧杜勒斯，著名的冷戰煽動者。

但顯然身穿晚禮服的「卡內基們」無法理解為什麼像普丁和已故的查韋斯這樣的人物會被全世界數十億貧困交加人視為英雄。儘管卡內基基金會是全球主義的宣導者，但基金會無法將其家長作風的同名創始人的劣跡隱藏起來，他的態度總是「西方知道最好的方法」，因為他在19世紀曾經野蠻地對待鋼鐵工人並無情地破壞他們的罷工而遭致民眾的厭惡。

卡內基的地區分部仍然在虛情假意的美國人手中然牢牢地掌握著，以確保前臺的本地雇員按劇本表演，就如同口技藝人表演一樣。正如其此前聲明所稱的「和平是高不可攀的」，所以卡內基基金會所要傾銷的「和平」

在很大程度上就如基金會第一任總裁伊萊休・魯特（Elihu Root）宣揚的和平一樣——是好戰的支持美國加入第一次世界大戰，並將卡內基大樓內的辦公室提供給陸軍炮兵作為總部。在第一次世界大戰爆發之際，卡內基基金會的理事會發表了一段經典的欺人之談，「促進持久的國際和平的最有效的手段透過戰爭擊敗德意志帝國政府，實現最後的民主勝利。」在人道主義干涉的時代，我們能夠充分理解這段話的含義。

參閱印地嘉特・帕爾瑪（Inderjeet Parmar）所著的《人為設計的共識：1939年-1945年卡內基國際和平基金會和美國公眾輿論動員》Engineering consent：the Carnegie Endowment for International Peace and the mobilization of American public opinion 1939–1945），國際研究評論（Review of International Studies）（2000），26期，35-48頁。

人權觀察（Human Rights Watch - HRW）

類別：世界範圍內監督與宣傳人權的非政府組織

成立時間：1988年，前身為赫爾辛基觀察（1978年成立）

支出（2011年）：5,060萬美元

執行董事：自1993年起為肯尼斯・羅思（Kenneth Roth）

創始人：羅伯特・伯恩斯坦（Robert Bernstein），蘭登書屋（Random House）出版商

人權觀察（Human Rights Watch - HRW）一直處於爭議的中心，這往往是其自身造成的。其過去和當前政策之間的激烈衝突反映了其創始主管羅伯特・伯恩斯坦（Robert Bernstein）與現任首席執行主管肯・羅斯（Ken Roth）間的不同立場和個性，前者是一位信奉自由主義的冷戰鬥士與堅定的猶太複國主義者，而後者的觀點更注重於對蘇聯解體後西方的人道主義干預和隨意更迭政權的做法持懷疑態度，並對西方的言行嚴格評估。

人權觀察的演變表明，在一個日益多極化的國際社會中，在不放棄人道主義、民主規範和道德實踐核心原則的前提下，非政府組織能夠超越以往歐洲中心主義和美國單邊主義模式走向更複雜多邊參與的規則與模式。

透過非常規地強調西方侵犯人權和冒著得罪國內支援者的風險，人權觀察（HRW）在批判美國政府濫用權力和侵犯人權方面表現出了令人欽佩的勇氣，過去美國一直在關於侵犯人權的指控方面享有豁免權。

最近人權觀察，特別是人權觀察拉丁美洲分部，出於意識形態偏見的批評，表明其如同許多非政府組織一樣，其內部機制性慣性仍然具有強大的力量。在當前國際關係正在發生調整之時，需要更換其機構內部不適應新的全球現實的主管與工作人員進行全面改革。

因為人權觀察的總部設在紐約，所以任何對以色列侵犯人權與違反司法標準的行為稍加批評都會必然導致支援以色列的活動分子的不滿。但是羅斯，作為從納粹德國逃離的猶太夫婦的兒子，他卻主動承擔起不值得羨慕的維護巴勒斯坦人基本權利的任務，並以鎮定的風度應對親以色列遊說團體施加的壓力。

人權觀察對於當前全球人權狀況採取更加平衡和微妙的立場，使它現在的態度與當初伯恩斯坦時代對美國軍方和其發展中國家代理人侵犯人權的暴行視而不見的態度發生了截然不同的差別，這是一個值得歡迎的變化。

人權觀察在1990年代後半期曾經陷入聲譽最低點，因為當時它是第一個呼籲對巴爾幹地區局勢進行人道主義干涉的非政府組織，並支援好戰的北約及其相關的情報機構在當地的活動。當年伯恩斯坦念念不忘地頑固牢記1989年發生的天安門廣場事件，使他思想僵化而無法認識到中國近些年在人權領域所做的努力和取得的進展，例如中國進行的大規模司法改革，尤其是顯著減少了死刑判決。

人權觀察根據《權利宣言》而發布的各國國別人權報告是值得稱道的行為。但需要注意的是，許多發展中國家今天的人權問題是由於沒有完善的法律體系和缺乏法治傳統，而且內部種族、宗教和階級的差別帶來了嚴重的衝突。當然，人權觀察並沒有義務取悅具有權力的各國官員，但同樣隨意指責他們侵犯人權也是武斷的而且沒有任何充足理由的。

人權觀察是1998年組成「呼籲停止使用童兵」聯盟（Coalition to Stop

the Use of Child Soldiers）的六個國際非政府組織中的一員，也是國際呼籲禁止使用地雷運動（International Campaign to Ban Landmines）的聯合主席，這一遊說運動旨在貫徹《渥太華公約》規定的禁止使用殺傷人員的地雷的規定。

人權觀察是國際言論自由交流（International Freedom of Expression Exchange）的創始成員，這是一個非政府組織網路監控全球各國的言論審查行為。人權觀察管理著赫爾曼-哈米特獎（Hellman-Hammett Grant）以撥款救助面臨政治迫害的作家。

人權觀察一直被人們視為是非政府組織領域中承當經濟責任與財務透明的典範。為了防止利益衝突和政治干預，人權觀察堅持不接受任何來自政府的資金的政策，完全依靠來自個人和私人基金會的捐款。如果對其資助者的政治影響力有些疑慮的話，主要是它接受來自喬治‧索羅斯（George Soros）的經濟支持，他曾表示人權觀察是他個人喜歡的非政府組織。

針對人權觀察的批評：在羅斯的任期，對人權觀察抱怨最大的抗議來自以色列的支持者，他們集中抱怨人權觀察在中東和北非的雇員薩拉‧惠特森（Sarah Leah Whitson），她是當時為數不多針對北約在利比亞的轟炸行動可能導致地區局勢不穩定提出警告的人士中的一員。

在伯恩斯坦離開後，人權觀察仍然繼承了其創始人遺留的由人權活動人士對特定目標進行批評的習慣；特別是其在拉美分部，由令人鄙視的湯姆‧馬林諾夫斯基（Tom Malinowski）組成的的新保守主義的團隊是查韋斯和歐綠寶集團（ALBA group.）無情的敵人。它的非政府組織的立場與融資資金也意味在它的國際董事會裡著充斥著投資銀行家。

人權觀察能否在歐巴馬政府離職和喬治‧索羅斯（George Soros）退休之際清理內部親五角大樓和宣揚自由市場理論的專家與成員將是對其道德能力的下一個測試。

拉丁美洲的人權活動家和地區學者為了投訴人權觀察拉丁美洲負責人湯姆‧馬林諾夫斯基（Tom Malinowski）而在2014年5月13日發布名為

「人權觀察之腐敗」（The Corruption of Human Rights Watch）的公開信，這是前所未有的行為。

基恩・巴托（Keane Bhatt）寫作的的「人權觀察的虛偽性」（The Hypocrisy of Human Rights watch）一文也對人權觀察拉丁美洲專案進行了詳細的批判，該報告發表於2013年冬季。（關於拉丁美洲問題的北美會議）

也可參閱保羅・特雷納（Paul Treanor）2004年發布的「人權觀察背後是誰？」（Who is behind Human Right Watch？）其中提及了人權觀察從伯恩斯坦時代冷戰時期遺留下來的董事會和行政人員。

歐亞基金會（Eurasia Foundation - EF）

華盛頓康乃狄克大道1350號西北，套房1000號，郵編20036

類別：公私合營，獎金授予者／國家資助管道

成立：1992年，美國國會為在獨聯體國家中推動自由企業和民主

主席：簡・卡里克（Jan Kalicki）

總裁：霍爾頓畢比-桑特（Horton Beebe-Center）

主要資助機構：美國國際開發署、開放社會基金會、挪威、瑞士、世界銀行

支出：大約每年2,500萬美元

在回答關於歐亞基金會與美國情報機構之間關係的潛在問題時：歐亞基金會的受託人不聽從中央情報局的命令，他們給中央情報局下達命令。這是一個美國商界精英的藍絲帶團體，其中包括公司律師、白宮業內人士和知名學者，他們旨在改造這個世界的絕望痛苦和美國模式的無能形象。多級治理還沒有被提上日程，亦沒有在飯桌上提及。

這是一些曾在其董事會的貴賓：瑪德琳・奧爾布賴特，詹姆斯・貝克三世，卡萊爾集團的弗蘭克・卡盧奇，來自雪佛龍的簡・卡利基，技術能手伊斯特・戴森，能源專家理查・莫寧斯塔，前總統候選人比爾・布蘭得利，諾貝爾經濟學獎獲得者約瑟夫・施蒂格利茨。這個名單不是有關傳統

貴族還是財富新貴，董事會都是大富豪們。不必因為其中沒有斯拉夫人和黑人代表有違平權法案而需道歉。

如何在政治正確性時代調和歐亞基金會冷酷的心？甚至不會去嘗試。套用克勞塞維茨的說辭：非政府組織就是以另一種形式延續的投資。作為慈善事業的靈魂，同樣是這位普魯士的戰術大師的話就是：「由仁慈導致的錯誤實在異常糟糕。」蘇聯失去了和平，歐亞打算贏得戰爭。

因此以下是一些除了其對民營企業推廣的核心工作以外推動的舉措：

－管道監測和對話倡議（PMDI），無視俄羅斯的異議，計畫建設一條從裡海的亞塞拜然出發透過格魯吉亞州去往土耳其傑伊漢的石油管道

－在莫斯科創建新的歐亞基金會使普丁如刺在喉

－亞美尼亞的伊茲墨廉歐亞通用信貸公司（UCC）

－中亞地區推動職業青年新聞記者培訓

－在伊斯蘭恐怖襲擊日益增加的中國西北部地區增強非政府組織建設能力

－由美國國務院和荷蘭政府資助建立中亞新聞通訊社（Central Asia News Service - CANS）

該基金會開展高加索研究資源中心（CRRC），這是一個研究網路和座落在亞美尼亞、亞塞拜然和格魯吉亞首都城市的資源培訓中心，旨在加強南高加索的社會科學研究和公共政策分析。高加索研究資源中心（CRRC）是由歐亞大陸的分支夥伴基金會於2003年在紐約卡內基公司的金融支持下建立的。

批判：2014年冬季，烏克蘭親歐盟示威廣場上，濫施暴力的暴徒被催生導致發生了一場針對民選總統的政變。由歐亞基金會共同創辦的基輔經濟學院在這個廣場上舉辦了「開放大學」活動，為了鼓動親西方的經濟轉型，這個舉動把脆弱經濟朝向英國石油公司水力壓裂勘探和東芝公司的核燃料出口的經濟入侵方向改變，東芝公司是負責鈾鈽混合氧化物（MOX）爆炸和導致福島第三號核反應爐徹底熔斷的。

在烏克蘭地區反對歐亞基金會的指控包括，其國家主管尼克・達切克

維斯基（Nick Deychakiwsky）以前曾與參與顏色革命的索羅斯復興基金會相關。歐亞基金烏克蘭分部一直專注於在其媒體可行性方案下提供「軟」貸款，這在純英文中被稱為付費宣傳。該基金會還與約翰·霍普金斯大學和馬里蘭大學為頓涅茨克地區的某公共管理培訓計畫資助了一個聯合項目。頓涅茨克地區是一個有爭議的地區，一直以來飽受戰爭創傷。歐亞基金會創立的由外國運行的國有媒體很難被稱為一個獨立自由的第四權。

歐亞基金會的工作人員和雇員的做法被譽為將「改變」的種子種植在草原硬土上。例如，計謀大師格雷厄姆·富勒於20世紀90年代利用歐亞基金會的基金穿越中國的新疆維吾爾族自治區。此人在冷戰時期曾參加走出安卡拉的「格萊迪奧行動」（譯注：Gladio Operation，北約冷戰時期為防備蘇聯與華約進攻時而預先設置的遊擊戰計畫）。穿越新疆的行動帶來豐富的成果，其中包括2009年烏魯木齊發生的持刀攻擊和2015年曼谷四面佛炸彈襲擊事件。富勒的女兒安卡拉使以他最喜歡工作站的名字命名，她是參加波士頓馬拉松爆炸裡恐怖分子兄弟的叔叔魯斯蘭·察爾尼的妻子。

烏茲別克斯坦商人組織的2005年恐怖暴亂之後，烏茲別克檢察官下令與歐洲廣播電臺、自由之家和由洛克菲勒·溫思羅普創立的溫洛克國際組織一起驅逐歐亞基金會。莫斯科的新歐亞基金會在俄羅斯不良外國組織名單上題名。

問題仍然存在，簡單來說：歐亞基金會是伊斯蘭恐怖主義的支持者？為尋找答案，去問死在曼谷、烏魯木齊和塔什干的人們吧。

結論

國中之國
——亟需改造的全球殖民體系下的非政府組織

西爾維婭·蓋爾梅克（Silvija Germek）與島津洋一（Yoichi Shimatsu）

當前許多發展中國家及新興經濟體（即「金磚國家」）正在進行的針對非政府組織的新一輪立法浪潮，各界對於立法的法理依據及背景事件進行了廣泛的探討和梳理。這些法律改革的初衷旨在遏制嚴重違反道德規範的違規行為或涉及濫用非營利地位的違法活動。

外國非政府組織對全面改革的反應往往不外乎兩種：

一、反對一切法律改革；二、是採取措施主動合規。

相比之下，第二種做法更為明智，因為外國非政府組織本國的相關法律更加嚴格，所以如果它們反對發展中國家的法律法規，其實不過是虛偽的政治正確。事實上這些非政府組織受援國的法律改革已是姍姍來遲，因為西方發達的援助國早已針對反對濫用非營利地位謀求經濟或政治利益制定嚴格的法規及懲處措施。

除非在執法過程或案例探討中發現意外問題，作者本身假設新的立法旨在剷除濫用慈善的名義，同時保護名副其實的善舉。

然而，在每個新法實施之初，都不免出現執法過度或執法程式過於繁瑣的問題。監管者希望借此逐漸學會公平地規範非政府組織的活動，避免偏袒或過度干預。就新標準的執行而言，非政府組織和監管部門都已進入不斷試錯的過渡階段。監管者應盡快過濾掉非政府組織裡的非法因素，同時也應給予誠實守信的非政府組織適當的寬限期以期它們的高階主管、贊助商、工作人員及社區合作夥伴可以自行糾正不合當地倫理的做法。

本書的作者們認為無視政府努力的非政府組織對公民社會或者良治無益。如果非政府組織尊重東道國及客戶社區的關切，那麼它們能發揮重要作用。數以百萬計的非政府組織都在基層工作，而與基層的長期聯繫能夠幫助政府部門意識到有待解決的問題。非政府組織能夠影響部長決策，因此有助於使政府發展專案更切合基層需要，對偏遠社區而言尤為如此。

協同及整合作用：最為重要的是，非政府組織能夠對政府規劃和專案在基層水準上進行整合。例如，政府分部門對事務進行管理：衛生、營養安全、農業和農耕方法、自然資源管理等。這些不同的項目都是由獨立的部委或部門進行監管，而就社區層面而言，這些相關問題是密切相關、不可分割的。例如，如果某社區任由自然資源基礎惡化，那麼它也無法改善食品生產和營養安全。

共建互信至關重要：對於發展中國及新興經濟體的經濟和社會福祉而言，國家政府、非政府組織及基層社區三者之間保持透明的關係和健康的互動至關重要。這三者一方面要積極打擊濫用慈善的行為，另一方面必須拓展對話和合作空間，以便政府政策和實際工作在社區層面實現最優組合。

無論是好的、壞的和醜陋的

慈善機構、公民社會組織（SCO）、志願組織和社區團體都屬於非政府組織。非政府組織無處不在，幾乎涵蓋了所有領域：社會經濟發展、基本權利、經濟發展、借貸、食品和營養、安全、衝突解決、婦女權力、兒童保護、自然資源保護及保守社會中的性偏好（這一點帶有爭議）。

非政府組織往往與善良的愛心志願者聯繫在一起——他們從事有益的社會活動，不以營利為目的。非政府組織也為公共捐款和私人捐贈（許多人因捐贈而獲得了減稅的資格）提供了捐助通道。由於其慈善宗旨及免稅地位，針對非政府組織的監管及報告要求一貫最少。然而，不幸的是，對慈善事業的監管漏洞，使得不法分子有機會打著慈善的旗號謀取經濟利益或從事更為嚴重的違法活動。

→ 監管者面臨的挑戰：

對於稅務部門而言，在金融交易中盡職盡責、在政治上確保非政府組織的中立性，這是一項艱巨的挑戰。在富裕的捐助國如此，在貧窮的受援國更是如此。由於擁有免稅地位，非營利組織比營利的商業組織負有更少的向監管者報告的義務。作為國民經濟一個鮮為人知的組成部分，非政府組織的資金來源和支出很難追蹤，這主要是因為捐贈資金的來源多種多樣，包括各種基金會、政府合同、公共補助、個人及家庭慈善、信託基金、資助票據交換所、個人線上捐贈、實物捐贈、集資活動、銷售和志願活動。

→ 美國免稅規定的執行：

據美國國家慈善信託基金統計，美國現有152萬多個非營利團體，每年接受的捐贈金額高達3,500億美元，相當於美國國內生產總值的2.1%。超過95%的美國家庭都有慈善捐贈，這對執行免稅規定是一個巨大的考驗。2012年，公共慈善機構公開的年收入超過1.65萬億美元，資產總值超過3萬億美元。擁有聯邦法律501（3）免稅資格的非營利組織數量龐大，這對國內稅務局調查人員來說是個巨大的挑戰。相比之下，這些調查人員更願意向工薪階層和工商企業徵稅。

如果像美國國內稅務局這樣人員充足、裝備齊全的稅務機構對監管非營利組織都有困難，那麼這對於受援國人手不足、漏洞百出及效率低下的稅務部門而言就是一個更為艱巨的挑戰。欠發達國家及新興經濟體通常認為外國非政府組織資金有限，不過集聚了來自較富裕社會的潛在機會。由於多數非政府組織並不涉足大規模的企業經營活動，因此地方稅務部門往往都會無視它們的營收活動，而這些活動有時卻比許多國家產業或農業貿易更為有利可圖。

非政府組織的行政監管不足及快速增長導致非政府組織的統計資料存在巨大「黑洞」。我們無法獲知非政府組織對經濟、社會發展、教育、文化價值觀、本土宗教及公眾期望的具體影響。非政府組織的總支出、員工

工資、淨值、總收入、淨利潤、資本投資及貨幣持有的情況如何？由於資料不足，沒有人能給出確定的回答。

隨著非政府組織在過去二十五年裡的不斷增長，類似問題正變得日益重要。例如，就金磚國家而言，巴西有27個家註冊的非政府組織；俄羅斯有22萬個；印度有超過220萬個；中國有41萬個；南非有10.2萬個。換言之，這五個國家共有人口近30億，而非政府組織的總數為300萬個，平均每千人有一個非政府組織。

非政府組織所能進行的最嚴重的金融違法活動就是侵吞或者直接盜取災難援助。這些活動現在已是司空見慣，而且從未被徹查。不論是貧窮的發展中國家還是富裕國家，每當有重大自然災害發生，非政府組織都會收到來自普通人民的大量捐款。2004年亞洲海嘯及福島核洩漏三重災害發生後，非政府組織的高階主管們將數億美元的捐款中飽私囊，而整個災區卻孤立無援：沒收到一分捐款，有些地區甚至連麵包或被子都沒有。伴隨大災而生的違法活動在發達經濟體的最富裕地區也有發生。例如，洛馬·普列塔地震後，三藩市市長就因美國紅十字會拒絕發放捐款而把後者告上了法庭。由於涉及到數十億美元及無數人的生命，因此政府無論大小都有必要加強對這一犯罪猖獗的經濟部門的監管。

國中之國

非政府組織影響力的不斷擴大可能會侵蝕政府的執政效力，進而削弱人民的國家主權觀念。習慣性的依賴於非政府組織獲取免費的關鍵服務將妨礙政治家及政府官員履行良治的核心職責，最終將會影響國家政府提供社會福利、衛生保健和教育。如果國家不再投資培訓及雇傭教師、醫務人員、農業專家、土木工程師及管理人員，那麼欠發達經濟體將持續停滯不前，依賴有限的外國援助勉強維持。西方國家的對外政策精英們曾使用捐款把非政府組織安插到弱小且據信有腐敗行為的政府和貧窮的民眾之間，填補其中社會服務缺失的空白。經由外國非政府組織進行慈善活動，進而吸引貧窮國家的絕大多數或者多數選民轉向支援西方企業控制地位的政治

家和官員。

　　號稱為「世界上最大非政府組織」的孟加拉鄉村促進委員會（BRAC）就是一個擴張性「非營利」組織的典型案例。孟加拉鄉村促進委員會（BRAC）接管了，或者如它的批評者所言的壟斷著，東道國的整個社會服務部門。這一非政府組織擁有12萬名雇員，為10個國家的弱勢社區提供服務。BRAC運營者自己的銀行和學校系統，並且以成本價格向農戶出售雜交種子。總部設在達卡，BRAC在倫敦、阿姆斯特丹和柏林都有國際宣傳和集資機構，其捐款主要來自於歐盟、澳大利亞國際開發局、加拿大國際發展署、世界糧食計畫署及聯合國開發計畫署。這一龐大機構的創始人是擁有孟加拉和英國雙重國籍的法索·哈桑·阿博多（Fazle Hasan Abed）爵士。阿博多爵士是殼牌石油的高階主管，上世紀七十年代曾為遊說東巴基斯坦獨立而服務。BRAC開創的小額金融服務使其陷入了慈善組織與營利動機的潛在衝突之中。這一龐大非政府組織與全球權力和金融中心之間千絲萬縷的聯繫很好地體現在了其董事會成員瑪利亞·奧太羅（Maria Otero）的職業發展道路上。奧太羅是一名職業銀行家，目前經營著一家小額信貸企業，同時也是美國約翰霍普金斯大學國際先進研究學院（SAIS）的一名教授。她曾在美國和平國際研究所、美國國際基金會、卡爾弗特投資公司的慈善部門卡爾弗特基金會及世界銀行任職。

　　國與國之間的海外發展援助通常對合作專案都設定了期限限制，但是針對非營利項目的期限限制卻很少。相比之下，在發展中國家的許多地區，特別是戰區或所謂的「失敗國家」，外國非政府組織常常扮演實際政府或者發薪者的角色。在部落手工藝品和咖啡豆生產等許多鄉村企業中，非政府組織借由非競爭性補貼（包括小額信貸、進口技術和行銷網路）建立了壟斷地位。受類似補貼專案影響，獨立的種植者或本土企業不得不長期在劣勢下經營，而它們的行銷網路也將逐漸萎縮。

　　使生產者遠離市場：只要西方國家的消費者願意付高價購買公平貿易的產品，那麼假設理想的外國志願者比本土的企業家或傳統的貿易網路更懂管理的偏見就是方便且有效的。人民早已忘記殖民時代的種植園管理

體系曾留下許多生於歐洲的領班以及當時的種族主義偏見。也許高端的農產品出口到西方的富裕國家能讓有保障的簽約農戶多賺一些錢，但是同時也阻礙了區域經濟的自主發展，本土農戶也無法獲悉全球市場究竟如何運作。非政府組織是否使用「非營利」補貼促成較低轉讓價格或者充當供方與跨國企業之間的緩衝器？非政府組織的品牌行銷是否阻礙了內部貿易和南南貿易？當非政府組織向西方國家的超市和咖啡連鎖店推銷產品時，它們扮演了諸多角色：農場經理、有機產品認證機構、買家、加工者、運輸商、品牌經理、批發商、網路分銷商、目錄銷售、零售商，因此取得了整個供應鏈的控制權。銷售之外的這許多步驟有哪些被用來規避出口關稅、進口稅、增值稅或最低工資要求？大部分的利潤都用以再投資，但是大部分的決策是由農場社區做出的嗎？農場工人和加工工人有醫療福利嗎？他們能夠參與集體談判和工會嗎？

潛在的一個問題是，當我們談到非政府組織時，我們常常忽視那些同樣適用於商業企業的規則。監管的漏洞促使了農業非政府組織及農業化學公司和轉基因種子生產商農村合作社的形成和發展，這在報告要求寬鬆的國家尤為如此。發展中國家的許多實驗室發現和田野研究實際上已被跨國公司經由許多前端機構操縱了。

→ 運作方式和績效評估：

欠發達地區流傳著許多這樣的軼聞：外國派遣的「專業」員工、專家和研究人員拿著高薪，開著四輪小轎車，在本土員工和客戶面前耀武揚威。而另一方面，捐贈者的想法卻有所不同：捐款管理人員認為外派遠方的員工都是勇士，他們放棄了領取本國福利或者辦公桌前的安逸生活，而選擇了一項無私奉獻的艱巨任務。

懶惰無能的非政府組織外國和本地高階主管常常被諂媚的使館工作人員邀請參加各類研討會和貿易博覽會，享受每人五十美元的午餐，並回答來自訪問學生的幼稚提問：徒步探險經歷如何？野外環境裡廁所設備太過簡陋怎麼辦？海拔兩千米時還能用Skype嗎？如此放任自流地「薪火相傳」，一代懶人接著一代懶人，而援助專案卻終於有了充分的理由表示令

人滿意地完成了援助週期的目標。依然是扭曲的殖民關係，沒有一點改變。外派員工的績效評估曾經是歐洲在殖民時代面臨的一大難題。

→ 放任自由殖民主義的遺產：

在自由主義的放任政策下，為了最大限度地減少帝國對殖民地國家的開支，英國王室將商貿分配給了東印度公司等貿易企業，而將為殖民地人民提供社會服務留給了傳教士組織。帝國政府的角色僅是為了「保護英國臣民」提供軍事支持，包括無情鎮壓本土叛亂以及與歐洲競爭對手和美國之間你搶我奪的戰爭。在第一次鴉片戰爭以前，貿易自由主義的影響力要遠遠超過民間慈善事業，並且對殖民地人民採取的是無情的反人類的態度。《經濟學人》的創始人詹姆斯·威爾遜曾寫社論：「無人負有供養他人的義務。」慈善應僅限於施捨給無足輕重虔誠修女的少許內疚捐款，而經營企業才是人們應該從事的活動。這就是現代新自由主義經濟政策的起源。希臘金融危機和非洲難民問題都體現了這一點。

政府部門的職能曾僅限於批准貿易特許權、發放營業執照及徵收稅款，並無權力管理向殖民地提供醫療服務、教育和衣物的傳教士團體。擔任教職或者社會工作的人員通常是那些企圖從殖民地的阿諛奉承中謀求個人特權的新富階層或者那些在國內道德敗壞的個人。而對於那些更為雄心勃勃的野心家而言，外派不過是他們打開國內晉升通道的一個不怎麼舒服的墊腳石。儘管殖民地的學校和醫院大都是當年的基督教傳教士秉持最虔誠的信仰修建的，但是這些謀求更高社會地位的野心家在外派任期結束自信仰缺失的殖民地回國之時，都攜夾著竊取自教堂金庫或搜刮自基督教信徒的硬幣和金塊。

非政府組織真的像它們自我標榜的那麼重要嗎？或者它們就是批評者眼中的「新殖民主義者」嗎？對於多數受援國而言，由於非政府部門仍未納入統計範疇，因此它們無法提供現成的準確資料。就全球範圍而言，以國內生產總值或者其他發展指標計算，非政府組織的活動都帶了哪些切實利益？對於貧窮社區而言，非政府組織是提供醫療和教育服務的最高效方式嗎？非政府組織的專案與具體目標客戶群體的文化遺產和環境條件相匹

配嗎？由於根本沒有這方面的調查或者年度報告資料（或者即使有，也不足以採信），無人能回答上述重要問題。

如果憑藉單一事實做出判斷，那麼結論令人非常沮喪。在花費數十億並進行了大量工作後，在「援助」了亞洲、非洲和拉丁美洲的數百萬個社區後，沒有一個非政府組織或聯合國機構能夠宣城他們創建了一個示範村或者示範社區——衛生條件良好、飲用水達標、食品有保障、營養良好且公共醫療體系建立。與此同時，許多非政府組織的管理者外派結束回國時，卻賺到了他們從事其他工作根本無法賺到的財富。

因此，非政府組織活動法治改革的出發點應是客戶群社區的發展和福利。在立法階段以後，受援國政府需要以客戶群社區生活品質的改善程度為參照評估非政府組織帶來的切實利益。如果國內外的非政府組織表現不佳，那麼應吊銷他們的運營執照，以便減少相關政府部門的監管成本。毋庸諱言，現在的問題是非政府組織數量過多，但做的實際工作卻很少，因此建議精簡數量。

犯罪手段

非政府組織的初衷和社會理想主義從表面上看無可指摘，但實際上違法行為卻充斥其中並與日俱增。隨著非政府組織在全球範圍的快速增長，違法行為的發生機率已經開始超過慈善活動所帶來的福祉。《斯坦福社會創新評論》中曾經寫到：「在一個充滿不確定性的經濟體裡，非營利組織中的不道德行為與營利組織大體相等。」

非政府組織在援助國享有的免稅待遇使其成為了金融違法行為的溫床，其中包括逃稅漏稅、利益衝突、工資和津貼過高、問責不清及欺詐等。除了經濟犯罪，部分非營利組織甚至利用自己的慈善地位為非法政治活動提供掩護，從不當遊說、賄賂政客或政府官員到與顛覆組織勾結不一而足。

由於許多非政府組織都是在國際水準上運營，因此不法分子可以利用它們把金融資產轉移到執法機制較弱的離岸市場，從而規避稅務部門的審

查，進而把腐敗和犯罪傳播到毫無嫌疑的受援國。英國政治保安處的警官曾向作者透露，一個世界知名的環保非政府組織就是為了給歐洲最富有的毒梟洗錢而設立。數十年來該組織一直在篡改它的外國帳戶，以便規避稅務部門的審查。跨境犯罪活動並非鮮，與戀童癖集團、販毒集團和恐怖分子保持著隱祕的聯繫。在有關非政府組織的國際法、甚至是自律守則缺失的情況下，非政府組織違法活動執法一貫不嚴，因為許多使館都不願意對以慈善為掩蓋而犯下不體面罪行的旅居國外的本國公民展開調查。

腐敗關係網

非營利組織的高階主管和員工涉貪腐案件如此之廣以致於都被笑稱為BI非政府組織，即公事包國際非政府組織，形象地描述了一包包非法資金以無償捐款的名義流出。印度的逃漏稅和洗錢活動如此普遍以致於一名新德里法官曾經說道：「目前的非政府組織裡有99%都只是欺詐和洗錢工具而已。」

國外援助行業裡的知名機構都曾曖昧地承認參與過欺詐，包括國際關懷組織、牛津饑荒救濟委員會、國際計畫署、挪威難民理事會、行動援助組織、國際助殘組織、關愛世界組織、無國界醫生、美國猶太聯合分配委員會和丹麥難民理事會。據透明國際組織統計，上述組織全部都曾報告過年收入0.002%到0.06%之間的虧損。挪威難民理事會曾公布過14起金融違法案例，涉及賴比瑞亞、阿富汗、巴基斯坦和哥倫比亞等9個國家。

而且，無所不在的欺詐一直延伸到非政府組織最高層。2010年，美國國際開發署總巡視員辦公室曾要求在150個國家推廣高等教育的教育發展學會（AED）退還大筆捐款。在對巴基斯坦和阿富汗教育發展學會的調查中，總巡視員辦公室發現該非政府組織與當地供應商合謀在減災、基礎設施開發、教育及農業服務等專案中虛報開支。教育發展學會因此停業，經營的項目也移交給其他非政府組織。

然而，最令人擔憂的是，政府捐贈人一貫不會公開披露詐騙活動的細節或者涉案非政府組織官員和企業的名稱。教育發展學會的案例是個特

例。案件舉報人打破了內部行政管理鏈條，將違法行為直接報告給了與聯邦管理與預算辦公室掛鉤的總巡視員辦公室。

據透明國際組織統計，大多數大型非政府組織都拒絕披露它們的損失。沉默準則流行的一個無法言說的原因就是母國政府往往利用援助組織進行各種賄賂活動，包括操縱親西方候選人參加選舉、獲取地方軍閥的支持、支付贖金或買通敵對武裝以及安排暗殺民族主義分子。儘管教育發展學會一案的具體細節從未被披露，但是供應商獲得非法資金是在巴基斯坦卡車運輸司機抵制美國在阿富汗的軍事行動之時，而此後巴基斯坦卡車同業聯盟便鬼使神差地採取了合作態度。挪用救災捐款救助戰爭受害者的事情也無人再計較。

由於非法轉移資金對新殖民主義事業至關重要，因此非政府組織的腐敗成了一個複雜問題。數百家非政府組織與美國國際開發署、美國國防部、歐洲政府開發援助機構和北約都有合約關係。腐敗是入侵或者所謂的人道主義干涉和政權變更的代價。非政府組織就好比驢子，慷慨地將一箱箱金銀送到了與西方國家結盟的土匪或殺人犯手裡。外交機構對諂媚者的偏袒使他們的本土競爭對手眼紅。淪為戰區的伊拉克及「伊斯蘭國」恐怖組織對被控為間諜的西方援助工作人員的致命報復就是個很好的例子。在現實世界的貪婪和背叛中，曾經神聖的建國大業已經墮落為黑幫謀殺處決、爭搶地盤或者搶奪國家資產。

在非政府組織與兇手和暴力合作的大背景下，少數非政府組織被徵召加入歐美主導的反腐運動，目標往往選定西方政策議程的反對者。例如，國際調查記者同盟（ICIJ）根據所謂線人的披露，痛斥中國和其他發展中國家的領導者濫用「避稅港」。為他們提供有關個人財務資訊線索的很有可能是美國和英國的稅務部門。事實上，由於大宗商品交易和能源現貨市場有著快速金融交易的切實需求，離岸帳戶在多數國家管轄範圍內都是完全合法的，並不會涉及大規模欺詐。儘管國際調查記者同盟（ICIJ）不斷向服務金磚國家或者發展中國家客戶的銀行施壓，他們卻幾乎不或者很少過問華爾街投資銀行和對沖基金的公開金融違規行為，也對柯林頓基金會

或者托尼‧布雷爾非洲倡議等可疑組織視而不見。

　　非政府組織的反腐運動經常與美國財政部凍結政治對手銀行帳戶或者財產的計畫相吻合，例如近期核協議簽訂前的伊朗、恐怖戰爭期間的阿拉伯企業以及不願將本國經濟雙手奉送給西方企業的非洲領導人的銀行帳戶。偽善的反欺詐行動有著政治動機，再次讓人質疑非政府組織是服務於西方大國的情報機構。

　　非政府組織、工作人員及傳教士性侵未成年人的恐怖敘述最終還是傳到了參與本國社會福利專案的消息靈通人士以及相關外國人員耳中。受害者父母或者孤兒院的投訴往往因封口費而歸於沉默，而受害者的幼小遺體被草草埋葬或者直接丟棄也並非罕見。儘管鮮少公開披露，類似暴力犯罪行為基本都無人上報。施暴者從未面對使館官員的質詢，或者犯罪嫌疑人只是簡單地被轉移到另一地區又開始新一輪犯罪。

　　此外，作為實體的非政府組織是把孤兒或者其他「遺棄」兒童送到西方寄養家庭的主要走私者或者運輸者。歐洲和北美的員警根本不會追蹤最終落入伴遊、賣淫或者販毒組織的數千名外國女孩和男孩是從何而來。因此，性侵者普遍認為在非政府組織工作就是獲得了性侵未成年人的許可證。

　　在非政府組織的保護下，性侵者意識到遠距離執法基本不可能。在社會關係良好的捐贈人涉嫌性侵害一事上，非政府組織管理者和合夥人都在遵循一種類似黑幫的沉默準則。例如，在調查有戀童癖的要員涉嫌侵害金邊孤兒院時，西方非政府組織集體拒絕合作。受援國迫切需要透過非政府組織新立法、嚴厲的監禁徒刑以及強制性的精神病檢查來嚴格保護未成年的權益。在成年人性侵未成年人一事上，唯一可採取的溫和立場就是強制性監禁徒刑；如果犯罪者是外國人，那麼可考慮在刑期結束後將其轉交給母國員警處理。非政府組織員工如被發現為性侵者提供庇護，那麼也應被逮捕並面臨相應監禁徒刑。

　　就制度安排而言，外國人對弱勢群體的性侵害與歐洲社會對生殖權利和人口控制的矛盾態度相一致。一方面，歐盟法定保護個人的性自由，

包括性伴侶的偏好和對濫交的寬容；但另一方面，歐盟卻支持強制節育措施，反對許多發展中國家傳統實施的一夫多妻制。如果個人享有基於歐洲寬鬆標準的全部自由，那麼就邏輯上而言夫婦二人能夠自行決定生育幾個孩子；但是，人口政策的宗旨卻是限制家庭規模，這也就意味著對性活動有著嚴格的約束。進入現代社會以來，許多基督教派系對非異性戀是否有罪的態度都發生了逆轉，這激怒了許多深感遭到背叛的非洲教會。在歷史上，他們的先人曾被西方國家強迫摒棄了傳統的家族做法，轉而接受強加的一夫一妻制。如果沒有其他特別原因，那麼歐洲議會關於「任何」的新標準透露著很大的隨意性。

人口滅絕計畫裡的同謀：就歷史上而言，宗教領域的非政府組織對這種矛盾態度的二重性都有體現。一方面，這些非政府組織派遣傳教士對教眾宣講，只要奉行一夫一妻制，就可「任意生育」；另一方面，如同鴉片戰爭期間「中國異教徒」的經歷一樣，這些非政府組織又召喚地獄之火與硫磺用以滅絕罪人之國。受19世紀優生學中社會達爾文主義的深遠影響，美國和歐洲也限制貧民窟和殖民地「低等種族」的人口增長。固有的種族主義偏見一直延續到冷戰期間洛克菲勒基金會的人口計畫。該計畫提倡包括女性絕育在內的強制性節育措施。

新殖民主義者對殖民地人民生育權利的攻擊給南亞的印度和穆斯林社區以及非洲社區都留下了深深的烙印。在發展中國家的農村地區，由於兒童傷亡率居高不下，許多社區越來越反對非政府組織代表聯合國兒童基金會、世界衛生組織、蓋茨基金會以及大型醫藥公司開展大規模疫苗接種活動。愛滋病、非典型性肺炎、禽流感以及伊波拉等動物傳染病的大規模爆發現在普遍被認為是因實驗室病毒意外洩露或新型微生物減人功能人為實驗所致。西非伊波拉疫區醫務工作者所遭受的暴民襲擊不能簡單地被視為非理性的偏執行為，而是反應出基層人民對人口控制計畫懷有諸多不信任。

生育控制及可疑疫苗接種行動的不良紀錄和聖經原教旨主義已極大損害人民廣泛接受人口控制計畫的可能性。現在各國的人口發展綱要、教育

專案和方式都由本國的衛生部門來指定，並不會採納西方非政府組織給出的漏洞百出的建議。在西非伊波拉疫情神祕爆發後，要求世界衛生組織改革的呼聲日益高漲，這反映出聯合國註冊的公共衛生非政府組織未能滿足病患以及客戶社區的期望。因此，當前這輪有關非政府組織的立法應該只是各國及世界範圍內對非政府組織展開系統性批評的開端。

宗教皈依的成本：與性侵害相比，宗教皈依的罪行可能較輕一些，但是卻能對東道國的社會造成同樣惡劣或者往往是更具破壞性的影響。外國傳教團體一方面尋求當地社會包容它們自己的信仰，另一方面卻對長期使用殘酷手段及近乎於精神控制的教條主義教育強制皈依自己的信仰。在全球範圍內，一套又一套完整的文化傳統、語言和信仰正在被高效地毀滅。宗教的本土化在過去是一種必要的妥協，但是直到最近才被一些主流基督教堂所接受。然而，福音派運動及其他強硬教派卻繼續輕蔑地咒罵印度和尼泊爾的印度教徒。歐洲基督教徒根深蒂固的不容忍心態在中東引發了來自歷史悠久教堂的聖戰式反應，而這些教堂卻已經與它們的穆斯林鄰居們和睦相處了數百年。

儘管猶太教以其強大的慈善傳統而聞名，但以色列針對以穆斯林和基督徒為主的巴勒斯坦人和阿拉伯鄰國的殘酷行為仍拖累了國際輿論對猶太教的看法。而斯里蘭卡和緬甸的公共暴力事件也損害了佛教徒的和平主義形象。在所有這些因宗教引發的衝突中，受宗教影響的非政府組織在國內及國際上都發揮了關鍵作用，包括祕密資助武器運輸、提供政治宣傳材料以及買通信徒煽動暴力。基於上述原因，某些國家正效仿衣索比亞拒絕給予涉嫌煽動宗教不容忍及社會衝突的組織團體以非政府組織地位。防止大屠殺的合理法律措施不能被視為對宗教權利的限制。平心而論，今天的大多數宗教衝突都不是基於真正的教義爭端，而是出於政治動機並受世俗地緣政治鬥爭驅使。各國的強勢精英及企業贊助商為爭奪市場和影響力而引發各種世俗衝突，在能源和國防行業尤為如此。

侵犯主權

一方面，不道德非營利組織的犯罪行為給受援國的經濟帶來負面影響；另一方面，看似「高尚」的非政府組織與西方間諜頭目之間的勾結對於受援國的影響更為惡劣。就實際目的而言，自由之家及人權觀察等許多顛覆行動都是赤裸裸的新殖民勢力的代理人。然而，有更多的非營利組織將它們的顛覆議程隱藏在無害的偽裝之下，例如搶救巴基斯坦兒童的行動實際上是在集中運作祕密間諜行動。

在保護人權的幌子下則隱藏著更為惡意的目的，例如引發不同民族或宗教之間的敵意或者透過身分政治煽動不和諧。促進民主的行動往往被轉而利用以削弱公民對合法政府的信任或者引發導致「政權更迭」的所謂顏色革命。「政權更迭」現已被廣泛認為是軍事占領、扶植有罪諂媚者上位、洗劫國家財富及使曾經充滿活力的經濟體接受國際貨幣基金組織和外國中央銀行高利剝削的代名詞。

最為重要的一個問題是，捲入顛覆活動和恐怖主義的非政府組織是單純地被情報機關利用的「有用的白痴」還是專門為間諜活動而設計的機構。本書的作者和作者們進行的首輪研究顯示實際情況為後者，即包括許多世界最大的慈善組織在內的數百家非政府組織都明知故犯但祕密地與西方外交使團及它們的軍事和情報機構有勾結。

在很大程度上，非正式的「18國集團」（包括18個發達經濟體）之間的外交、情報以及時不時的軍事合作在這些國家內設立的非政府組織，特別是官方發展援助安排下的非營利組織中都有體現。這些非政府組織的情報功能包括對當地人民進行人口和社會研究、與當地領導者合作招募有希望的青年進行教化、拓展親西方的支持者網路、收集關於潛在有敵意政治運動的資訊以及當贏取人心及教化思想行動失效時，草擬知名人士名單透過暗殺小分隊、無人機襲擊和其他方式予以政治清除。人類學家和教師等以當地語言進行培訓的員工透過他們的客戶群體和「朋友」進行有效的調查工作，而這些方面通常是軍事偵察無法涵蓋的範圍。令人吃驚的是，五角大樓和北約武裝在向戰區部署援助人員時進行的風險評估很是隨意，從

而使得援助人員被「伊斯蘭國」等抓獲時或面臨可怕結局。

　　有意願且有能力的非政府組織也被許多文字記者、圖片記者、攝影記者、博主、圖表設計者及其它媒體從業人員用作政治宣傳的主要源頭。這些媒體從業者往往也受雇於某個西方情況機構，定期聽取使館新聞官的簡報。儘管教堂修正案禁止招募記者進行間諜工作，但是五角大樓和中央情報局卻把各大通訊社、印刷媒體和新聞網站握在手裡打著一副好牌。在中亞、中東及世界各主要資本主義國家，「記者」的頭銜已染上如此之多的偏見以致於成了「間諜」的同義詞。以西方資本主義國家和各主要新聞學院為中心並由索羅斯基金或彭博社資助的媒體非政府組織絕非說真話及獨立報導的擁護者。

　　在利他主義的表層下，身為同謀者的西方媒體選擇性地收集流言蜚語和有偏見的聲音，在非洲等選定的目標地區組織將政府首腦妖魔化為貪污者和殘暴者的行動，就如同美國、英國和法國沒有腐敗一般。情報機構及受雇於它們的國防承包商招募和訓練黑幫成員領導民兵組織，將他們的憤怒發洩在無辜村民身上以製造最大新聞效應。報導西方援助人員被綁架現已成為媒體組織援引「國家保護責任」（R2P）的標準做法。為什麼會允許非政府組織派遣援助人員到敘利亞西部或利比亞戰區等尖銳問題都有待解答。

　　人道主義干預及隨後的直接或代理軍事占領導致國家財產和國家資源轉移到西方商業利益集團和跨國企業手裡。親手挑選的「國家領導人」一旦即位，就會立即簽署財政投降條款，將國家債券和本地貨幣分別與國際貨幣基金組織和美元體系下的外國央行掛鉤。對於烏克蘭和波蘭等較不發達國家和中等發達國家而言，結局與破產一般無二，本地農場和工廠關閉後被西方企業經營的大型公司所取代。外國投資的益處則包括第三代汽車、電力設備以及為歐洲和北美所禁止、以未經證實藥物人體試驗為基礎的醫學研究。

　　如果未與聯合國達成一致，那麼這些進展根本無法實現。如果將這一道德缺失的機構重新定義為超國家的國際非政府組織，那麼事情就會變得

很清晰。到了上世紀90年代，很明顯的一點就是美國和歐盟的跨國公司在為聯合國的主要專案提供資金以推進企業的議程，而聯合國成員國的捐贈則變得越來越不重要。聯合國全球契約加入大型企業的主要目的是「以人權、勞工、環境和反腐敗的普遍原則調整戰略和行動」。然而，實際操作中的目標卻變成在處於發展中階段的獨立國家裡製造不穩定，這在聯合國對人權事務的有選擇性行動及安理會為西方國家軍事行動提供背書中都有體現。全球契約很快就被納入一個單一的指揮和控制結構之下，即預防性行動機構間協調框架或簡稱為框架小組（FT）。框架小組監管著聯合國22個機構的運行。

自成立以來，聯合國就扮演著非政府組織全球母船的角色。非政府組織對聯合國的支援體現在「資訊傳播、提高認識、發展教育、政策宣傳、聯合運營項目、提供技術專長及與聯合國機構、專案和基金合作。相關工作在國家和聯合國層面以正式和非正式的方式進行開展。」而聯合國祕書處則透過經濟和社會事務部（DESA）及公共資訊部與非政府組織進行協調。

非政府組織也與特定機構進行合作，例如與聯合國兒童基金會合作銷售節日賀卡。聯合國兒童基金會的主管安東尼·雷克（Anthony Lake）曾是美國前總統比爾·柯林頓的國家安全顧問。許多聯合國機構的主管都是美國情報人員，而祕書處的員工往往都是北約國家政府的忠誠雇員。

儘管有著巨大的公共影響力和龐大的擁護者群體，非政府組織並不能制衡大企業和大國強大現金流的說服力。相反，非營利組織是西方金融、官僚和軍事精英「文明使命」的次級合夥人，負責對遭受致命干預的弱國提供援助。因此，在抗擊全球饑餓的行動中，非政府組織力推來自西方生物技術實驗室的轉基金克隆技術而非保存傳統種子。在援助熱帶地區時，非政府組織並未提供當地所需的醫療技術，而是協助大型製藥企業在非洲和南亞進行未經證實藥物的人體試驗及對營養不良的嬰幼兒進行大規模疫苗接種。而聯合國支持的國際刑事法庭（ICC）雖然追蹤和起訴了許多非洲國家首腦，但卻未起訴托尼·布雷爾和喬治·布希製造戰爭騙取暴利並

造成大規模侵犯人權行為。

與此同時，儘管人權保護和法律援助類的非政府組織急於對影響西方統治地位的競爭對手進行譴責，但是它們卻對特別引渡安排、無人機轟炸民宅及貧鈾彈等非人道武器保持沉默。服務於權力和財富的系統性雙重標準從根本上侵犯了任何有關人類尊嚴的概念。非政府組織需要一種基於公平理念並輔以耐心和理性的新型平衡，同時希望相同的新型平衡精神可以為發展中國家和新興經濟體的立法者、監管者和法官提供指引。

災難性的民主化進程

「非政府組織問題」已不能再掩蓋，而本書則旨在就何處出錯以及如何以社會美德取代非政府組織的惡習引發公眾討論。當如此之多的國家政府都「捲入」它們的骯髒遊戲，故作無知已是不可接受。非政府組織被濫用的問題必須得到正視。

非政府組織非法活動的負面影響變得突出是在阿拉伯之春結束後。這場民主化運動帶來了諸多影響，包括街頭暴力、政治恐嚇、公然利用媒體進行宣傳、幕後策劃活動以及恐怖分子接管多個地區甚至整個國家。一些知名的全球非政府組織不再代表民主和民粹主義社會專案，而是引發難以消解的巨大災難。

三個階段：非政府組織的公然政治化廣為詬病。在當前時代，所謂人道主義干預及地區戰爭這種態勢的出現經歷了三個階段的漸次發展。

1. 為顛覆行動鋪路

在柏林牆倒塌後，公眾對於東歐合法不滿情緒的怨憤越來越多地為人權組織所操縱和控制。所謂的顏色革命因其幕後策劃活動及與西方新聞媒體的緊密聯繫被認為與對沖基金大亨喬治・索羅斯運營的開放社會研究所密切相關。在巴爾幹半島戰爭，西方基金會資助的非政府組織積極鼓吹分裂南斯拉夫共和國。儘管五角大樓和北約利用非政府組織洗白空襲科索沃和貝爾格勒的行為遭到詬病，但是倫敦和布魯塞爾的官方卻拋出故弄玄虛的胡話將當時的人道主義干預定性為防禦性的預防措施而非好戰的侵略。

2. 起步階段

在後911阿富汗及伊拉克戰爭期間，根據北約「保護」條款或者五角大樓的直接命令，軍方力量多有嵌入西方非政府組織。援助人員、醫生、教育工作者、人權觀察員和記者被鎮壓叛亂的占領軍所收買，其中許多非政府組織員工都曾自願或不經意間被利用收集情報，甚至編制所在社區的目標清單，這嚴重違反了倫理道德和人權法律。更令人震驚的是，五角大樓資助的國防承包商居然成立「非政府組織」支援自己的准軍事行動和非法暗殺計畫，以便利用額外國防開支推高預算，並開展網路資訊傳播活動以散佈虛假資訊或提升自己的公眾形象。非政府組織由此捲入暴力更迭政權，這與它們公開宣稱的和平發展國家的宗旨大相徑庭。

3. 迅猛發展階段

阿拉伯之春運動帶來了諸多災難，而其中的冒險主義則根植於過去十年的學界思潮，這為北約精心策劃人道主義行動干預巴爾幹半島局勢提供了合理正當性。在布雷爾和柯林頓政府期間，安東尼奧·葛蘭西的公民社會和文化規範理論被歪曲使用以便為大國服務。由北約引發的分裂南斯拉夫的行動被誤導性地解釋為當地人民反對獨裁政權、爭取人權和普遍倫理規範的鬥爭。在墨索里尼法西斯統治時期，被囚禁的社會理論家葛蘭西將公民社會理解為一個各種人民運動彼此競爭的文化政治空間，而非掌管國家權力的保守精英制定的社會制度占據支配統治地位。與之相對應的是，在巴爾幹半島戰爭的策劃階段，學界智庫和權利組織與北約一起篡改了「公民社會」的概念，將其當作在基層自治反對派中沒有任何基礎的西方大國霸權的延伸。

於是，西方基金會在巴爾幹半島地區廣泛招募、資助和培訓學界、藝術及宗教領域的民權組織，並將它們塑造成自由價值捍衛者的形象呈獻給新聞媒體，卻恰當好處地忽視了它們的國家首腦參與了戰時法西斯武裝組織、宗派主義宗教運動及有組織犯罪集團。美國國務院後來將這些虛假的人道主義標準應用於埃及、突尼斯、利比亞和其他阿拉伯國家，以期促成

政權更迭。戰略計畫是由非政府組織煽動示威，從而促成親西方的世俗民主治理模式。西方大國依靠伊斯蘭極端組織完成大部分巷戰，而後將這些組織納入新型自由民主黨派中。這一宏偉的妄想已被極端組織的崛起、殘暴和政治不穩定所粉碎。

　　非政府組織為所謂的人道主義干預提供了藉口，而人道主義干預實際上卻是西方大國和企業為接管被征服地區而進行的戰爭。收買公民社會為帝國服務使得公共領域變成國家間爭鬥的戰場，而不再是一個民主論壇。在資助合約和相關戰爭義務的重壓下，本來應是慈善調停人的許多全球非政府組織變成了軍方的附庸。不幸的是，在美國外交政策層級結構中，非政府組織軍事角色的機構批評者給出的建議只是局限在人道主義組織須接受美國國際開發署（USAID）的監管和資金管理。美國國際開發署則因其與中央情報局的聯繫而惡名昭著，而後者與五角大樓一樣都深度參與了侵略戰爭。

　　巴爾幹地區、阿富汗和伊拉克的人道主義干預以及隨後由阿拉伯之春引發的隱蔽戰爭使得非政府組織完成了政治化的轉變，成為一個並行機構。在許多飽受戰爭創傷的貧困國家，非政府組織已取代國家政府成為醫療救助、教育、住房和緊急通信等「贏得人心」的基礎服務的主要提供者。在越戰（這一術語較為寫實）期間，篡奪國家權力的行為被稱為鎮壓叛亂。

　　美國禁止境內非政府組織參與政治互動：與資助非政府組織干預別國內政不同，美國政府嚴格禁止境內非營利組織進行任何政治活動。禁止的活動包括資助政客或政府官員、對選舉活動捐款、支持候選人、遊說或反對立法以及就贊成或反對立法法案發表媒體聲明。違反聯邦或各州法規將導致相關組織失去501(c)(3)非營利地位。如果代表外國政府或僅有「准政治能力」的外國利益集團進行任何政治活動或遊說，那麼該非營利組織將被起訴，或許還會被解散。只有登記註冊的組織（多數是律師事務所或註冊的遊說集團）才能根據外國代理人註冊法案（FARA）以「外國代理人」的身分代表非國內利益集團。

建立新共識：考慮到非政府組織部門存在許多倫理、犯罪和金融問題，本緒論提出以下問題：有鑒於非政府組織在受援國的違規行為，非政府組織應繼續存在或被解散？自非政府組織被作為前蘇聯群眾組織親市場的替代品在冷戰期間引入新獲獨立的前殖民地國家以來，一整代政策制定者已經過去。

　　在代替或與政府部門合作提供公共服務時，非政府組織部門曾發揮了「中觀」（中間）結構的作用。在中觀區域，非政府組織能將國家宏觀結構與微觀結構、過程及地方社區需求聯繫在一起。事實上，這正是印度政府給出的允許非政府組織落實政府教育、醫療保健和福利專案的官方原因。

　　20世紀80年代和90年代印度學界的主要討論都集中在這一方面，並最終達成了普遍共識，即大規模經濟體需要一個強有力的非政府中觀結構以說明過渡實現持續、統一且具包容性的社會經濟發展。國家甚或地方政府被認為是太大的實體，不能完全應對單個村莊或多個村莊中存在的微觀問題。

　　然而，在提議把非政府組織用作中觀結構以前，幾乎從未討論過如果結構性工具未能帶來益處，第一步應該是從根本上對這些結構和治理程式進行重構。儘管不曾經歷自我改革這一關鍵步驟，各方還是認定非政府組織將為人民的利益和需求提供最好的服務，並提議建立利用民間社會機構和團體的架構。

　　這一安排的確帶來了一些積極的結果，但是也造成了大規模的失敗及浪費稀缺資源。例如，退化的流域和生態系統可能覆蓋了多個地區或者村莊群落，而這些地區和村莊群落各自又有土地生產力、灌溉用水、生計選擇、健康危害等具體問題。此類大型問題需要跨學科規劃、多種類型的專業知識和持續的努力，而這超出了地方社區甚或地區政府的能力範圍。只有國家政府才能擁有這些人力資源和預算，這遠遠超出了即使是最大的非政府組織的能力範圍。

多餘和過時的創新手段

在新興經濟體時代，金磚集團或者中國能自行建立大型開發銀行、啟動大型專案、說明整個地區實現現代化、創造數萬個就業崗位及提供新的住房和社會服務，因此較大非政府組織正在被逐漸被趕超並變得越來越多餘。有鑒於冷戰時代已是古老的歷史，因此許多非政府組織為了獲得持續的資金來源，開始嘗試召喚新的魔鬼以拓寬自己的效用。問題是敘利亞、利比亞和奈及利亞伊斯蘭武裝分子等新威脅並不遵守舊式遊戲規則，而是將援助人員看作需要趕快挖坑埋葬的麻煩。狂熱武裝分子將非政府組織認定為西方主導的二次殖民化的重要組成部分，這給工作在潛在敵對社區的孤身志願者們的生活帶來了極大危險。那麼，狂熱武裝分子的認知是錯誤的還是符合實際情況的呢？非政府組織在反對極端主義的鬥爭中試圖反對和推翻一線政府，這其實是在反對它們的保護者。胡斯尼・穆巴拉克走了，而在經歷過解放廣場事件和阿拉伯之春運動後，埃及新上臺且受軍方影響的政府對人權言論的容忍度更低。在一個日益多極化的世界裡，國際社會對於許多主要非政府組織懷有的隱祕議程表現出更多的猜疑及不友好。正在復甦的金磚國家政府已經吸取了關於「援助之手」的教訓：「援助之手」是幫助他們自己獲得了受援國的國家財產。為了不把本國財富拱手送人，政府的概念也正在重塑，並且比以往任何時候都要更強更大。

自前蘇聯解體結束冷戰時代以來四分之一個世紀已經過去，而非政府部門的發展則受到了七個不同趨勢的影響。這些觀察的得出基於公開發布的資料，但也考慮到一個附帶情況，即捐贈者、信託公司、稅務機關及其他政府部門尚未公布（如果會公布）有關有關非營利組織的大量資訊。

1. 註冊和未註冊非營利組織的數量都呈現飛速增長。聯合國機構和許多宗教慈善組織公開的名單和數位並不完整。據非政府組織世界聯合會（WA非政府組織）估算，有多達53,962個組織被列為聯合國合作夥伴，但實際與聯合國系統合作的組織的數量卻有5到10倍之多，因為各個機構都有自己的國內非政府組織合作夥伴團隊。例如，聯合國兒童基金會在全世界範圍內與3,100個非政府組織有合作，但卻未公布有關這些關係性質的

細節。

　　金磚國家集團成員國則提供了更為確實的資料。金磚國家集團約有300萬個註冊非政府組織服務於約30億人民，即平均每800到1,000人有一個非政府組織。官方機構承認他們的統計不完全，並不包括未註冊的非政府組織。

　　儘管擁有世界上最多的非政府組織，印度的非政府組織部門卻幾乎沒有監督體系。例如，印度最高法院對中央調查局（簡稱CBI，是印度國家執法機關）一份報告的評論節選解釋道，「CBI向法院提交的一份報告提出了關於非政府組織運作透明度的問題。報告中提到，在20個州（另外9個州的資料還有待披露）裡的2,239,971個非政府組織中，只有223,428個非政府組織提交了它們的年度帳目報表，僅占總數的10%。」

　　在印度周邊欠發達的南亞鄰國裡，基本也不存在對非政府組織部門的監管。未註冊的非政府組織往往是志願者因大型自然災害或地區衝突等某一具體事件而組成的非正式組織。例如，地震後的尼泊爾就充斥著數百個非正式救助組織，它們不瞭解當地社區的情況，也未在加德滿都註冊。

　　2. 全球的國際非政府組織（I非政府組織s）、傳教士協會和聯合國機構利用當地非政府組織或者因某項具體任務而設立的較小當地非政府組織的專案來完成自己的議程和目標。

　　這些目標往往與基層社區或東道國的更迫切需求不匹配。經由合約條款和條件，大型外國捐贈組織、國際非政府組織、聯合國或官方發展援助機構對附屬非政府組織的控制越來越嚴密。歐盟往往透過自己批准的國際非政府組織把海外發展援助分發給小型尼泊爾非政府組織，並透過自己設在孟加拉達卡的辦公室控制尼泊爾的具體運營。事實上，這些監管網路的結構是跨越國家邊界的，反映及再現的是西方大型企業總部、地區承包商和地方分包商的全球外包層次結構。因此，尼泊爾的一個鄉村手工藝合作社與孟加拉的一個血汗製衣工廠幾乎沒什麼不同，差別僅在於在尼泊爾家庭式手工作坊工作的工匠所得到的報酬更少。

　　3. 許多基金會和非政府組織都試圖把它們的文化規範和發展標準強加

給有著迥異習俗、信仰和期望的發展中國家，這或許是有意識的選擇，又或許是一種社會心理習慣。嘗試「現代化」和「教化」地方合作夥伴的努力會引發難以承受的認知矛盾，導致士氣低落和充滿敵意的反應（在某些情況下）。如果涉及到不是很隱藏自己宗教皈依或者意識形態極端主義議程的非政府組織，那麼福音派教會集會或者充滿挑釁的女權主義示威遊行會引發傳統宗教組織的負面反應。西方新聞媒體通常很快就會把這些策劃好的、有違宗教神聖的活動錯誤地當成「人權」事件來進行報導，例如，滿口髒話的女權主義者對俄羅斯東正教的示威抗議。而美國或英國的晚間新聞從來不會稱讚類似的褻瀆華盛頓、梵蒂岡和威斯敏斯特大教堂經典紀念場所的行為。這其中的偽善由此暴露無遺。

儘管他們擺出一副好心人的樣子，給世界各地忍饑挨餓的人民送來食物，但基督教慈善組織也為他們自己的國家利益提供了三項重要服務：第一，減少政府補貼糧食的庫存，以便中西部的農業綜合企業和大宗商品貿易商致富；第二，與當地犯罪組織建立了利潤豐厚的祕密夥伴關係，以服務於政治目的；第三，向飽受戰爭之苦的地區發放《聖經》和麵包，以購買人民的忠誠。沙特資助的慈善機構在招募方法上就誠實很多——他們在世界各地讚美聖戰暴力、分發武器並訓練武裝組織成員和恐怖分子。儘管基督教福音派和伊斯蘭遜尼派在巴基斯坦無法和諧相處，但是他們卻在印度找到了抨擊印度教這個共同事業。

4. 作為重要的智力資產，但非政府組織已在爭奪資源和發展中國家市場的地緣政治鬥爭中淪為棋子。9個發達經濟體既是國際非政府組織和非政府組織國際援助和活動的背後主要推手，同時也是間諜活動的主要中心。這9個發達經濟體包括美國、英國、日本、德國、法國、義大利、加拿大、澳大利亞、瑞典、挪威、荷蘭和比利時。非政府組織，特別是烏克蘭等爭議地區或者戰區的慈善組織，是自朋友、敵對或中立等多種源頭獲取新鮮人際情報（HUMINT）的主要機構。

如果剝去人道主義的偽裝，不少非政府組織其實就是服務於西方情報和軍事部門的主要情報收集機構。在衝突地區運營的非政府組織為人類學

家和政治學家們提供了一個安全港，而這些人在智庫任國家分析師並通常直接向高級情報主管彙報。在18個發達經濟體中，法律上並沒有禁止向非政府組織的專案中安插訓練有素的特勤工作人員和分析師。

美國國際開發署（USAID）等由國家政府運營的大型國際非政府組織會專門設計一些捐助和工作描述，以便在慈善事業的掩護下向戰區和政權更迭目標國家派遣間諜人員。儘管職業祕密特工一般都會受到保護，及時從危險地區撤出，但是西方情報機構會利用愛國言辭說服非政府組織工作人員中的「有用白痴」深入敵後地區執行有生命危險的任務。這些註定要被犧牲的人得到的只是15分鐘「伊斯蘭國」線上視頻新聞或者基地組織新聞稿中一閃而過的名聲。

在美國主導入侵阿富汗和伊拉克時，機構間的競爭已成為一個嚴重的內部問題。當時，五角大樓在阿富汗、伊拉克、葉門及利比亞等其他戰區都有「嵌入」美國國際開發署（USAID）進行情報工作的先例。

5.對於以任務為先的軍方而言，派遣援助工作人員到聖戰或者什葉派武裝分子地區進行自殺式任務絲毫不會感到良心不安。美國中央情報局的特別引渡專案和無人機空襲都曾廣泛利用非政府組織員工進行偵察和監視，這很快就被各類武裝組織和當地的特勤人員所發現。祕密已不再是祕密，以非政府組織做掩護已成為人盡皆知的事情。對於援助工作人員的人身安全近乎偏執般的冷酷這在一定程度上解釋了為何迅速崛起的是「伊斯蘭國」而非其他較為緩和的聖戰武裝力量。在實施干預行動及阿拉伯之春運動後，非政府組織已不可能再在中東重拾公平公正的聲譽。

6.包括聯合國機構合作夥伴在內的許多非政府組織都在執行實施西方企業的議程，損害了當地的傳統社會秩序、既有生計和資源基礎。這些與企業合作的非營利組織通常以任務為基礎，承擔著重要的職責，包括技術調研、遊說政府監管部門批准、拉攏政府資金、影響政府領導人及策劃公關活動。由於它們的企業贊助商有著潛在的營利動機，因此這些非政府組織往往都是詐騙高手，利用反面證據的缺失為自己的偏見服務，炒作可疑技術可能帶來的好處，並把搶占資源的詐騙戰略偽裝成開發專案。

所有參與外國市場的主要行業都有出錢資助自己的非營利組織小集團。巨大的菸草生產商因其滿口謊言而獲得最大惡名，與之相對的是醫生和癌症患者要求公共場所禁煙。大型製藥企業也許更不誠實，它們從聯合國教科文組織（UNICEF）和世界衛生組織（WHO）資助的大規模疫苗接種活動中獲利，就未授權藥物進行非法人體實驗，並與軍方運營的生化武器項目保持密切合作。能源部門則運行著一個龐大的「洗綠」活動以贏得環保非政府組織的沉默，並創立假冒組織對後福島時代核電的安全性進行虛假宣傳。消費者安全、公共衛生保護和環境健康等曾經的反企業機構已越來越多地看到他們的活動受到基金會及來自這些主要行業部門隱蔽資金的限制。

7. 在一個充斥著失敗的大環境下，「一如既往」成了主導思潮。無論以何種進步標準來衡量，非政府部門都避免提出任何需要激烈內部改革的基本問題。儘管聯合國指定的29個優先活動領域（包括健康、飲用水、衛生、環境和森林、兒童健康、教育、殘疾人福利及各類權益事務）已花費數十億美元，但是沒有任何一個國家的任何一個專案可以被援引為範例以進行推廣效仿或者擴大規模。相反，一旦聯合國機構對某個領域進行干預，該領域內的問題就會變得更加棘手。終於，正如聯合國政治事務部網站所言，「機構間預防行動協調框架（或稱為框架小組，簡稱為FT）這個由聯合國總部和東道國彼此聯繫的22個機構和部門組成的平臺」成為一個執行實施一小撮西方例外論者議程的制度機構。

這七大趨勢導致非政府組織行業已成為世界第八大經濟體，其年交易量約合1萬億美元，而且主要由西方捐助者資助。巧合的是，這一總額幾乎與美國的軍事安全預算相等，而非政府組織和美國軍事安全預算對透明度都一貫持有漠視態度。有諷刺意味的是，儘管非政府組織和聯合國機構都想把良治納入它們的後2012年發展議程，但是它們自己的內部管理卻不僅受到東道國的質疑，也受到許多內部雇員的質疑。

高級捐贈機構公開資料分析顯示，她們的總資產和可用現金規模比絕大多數較小國家的經濟規模都要大。百家美國基金會的資產規模可以高達

2,900億美元，在此之上額外還有1萬多個殷實的私人捐贈者。單單歐盟的基金會每年就會向各類非政府組織下撥30億歐元的款項，而布魯塞爾也會在世界範圍內直接資助非政府組織。總部設在沙烏地阿拉伯和卡達的伊斯蘭慈善組織也擁有數十億的資產，向世界各地的伊斯蘭團體下撥金額不明的資助。

自相矛盾的是，15個負債最重的困難經濟體卻來自由18個發達經濟體組成的18國集團。它們國家政府的負債高達年國內生產總值的200%到400%之間，但它們同時也是最大的捐贈國以及地緣政治中最具支配欲的實體。雖然受困於經濟增長萎縮、債務不斷增加、福利支出被削減、天價醫保開支以及教育品質不斷下滑，這些負債最重的經濟體還是能像「百眼巨人」一般故作冷靜和警惕。

最令人疑惑的是，18個發達經濟體2014年的國內生產總值約為38萬億美元，並處在收縮之中；而金磚五國的國內生產總值卻是32萬億美元，並處在擴張之中。聯合國本來也是依靠捐贈運作。因此，這裡有一個重要問題需要被提出並被回答：哪裡能有一萬億美元的盈餘來資助全球的非政府組織？非政府組織不生產用以交換的商品，也不能產生附加值。這導致我們提出有關美元和歐元的令人更為不安的問題。美元和歐元本身並沒有價值，但卻被當成硬通貨來對待。另外，眾所周知的是自世界被強制接受石油美元以來，美聯儲開始瘋狂地印刷美鈔，而布魯塞爾同樣也不誠實。非政府組織是否處在一個浮士德式聯盟之中？

正如本書中所介紹的，一些非政府組織及它們的法律顧問正散佈關於發展中國家和新興經濟體制定的針對非營利組織的監管措施的毫無根據的擔心，甚至聲稱早該實施的改革其實是飽受壓制的排外情緒的反攻。本書旨在平息這些關切，並敦促非政府組織要把更高標準當作將最終有益於它們非營利地位的必要步驟來對待。當然，那些利用慈善組織掩蓋犯罪或恐怖活動的違法者也應該有理由為自己擔憂。

如果可以打個比方，那麼這就好比是當前世界範圍內隨處可見的機場安檢。儘管機場檢查給人們帶來了諸多不便，甚至有時對於那些被誤認為

威脅的旅客而言還是個巨大的麻煩，但是沒有人會真的試圖要求立即停止機場安檢。儘管恐怖主義爆炸和劫機事件發生的概率和可能性都很低，但是過往的事件已證明旅客檢查是一種明智的做法。

對比上述示例，我們來看一下國家主權和領土完整的問題。眾所周知，雖然頂著「人道主義干預」的名頭，但是參與巴爾幹戰爭的許多或者可以說大多數非政府組織都被政治化了。

非政府組織在推進引發分裂運動的民族事業方面發揮了一定作用，但這並不是說有著民族主義情緒的政治家們沒有煽動民族間矛盾。前南斯拉夫聯邦共和國有著2,200萬公民，最終被分裂成七個小國。這就相當於把擁有3.2億人口的美利堅合眾國分裂成90個新國家。美國和歐洲的非政府組織會支援這一做法嗎？畢竟美軍在世界各地犯下了更大規模的侵犯人權的罪行。

對於參與分裂蘇丹和將伊拉克推入分裂邊緣的其他同樣被政治化的非政府組織而言，它們的主管支持建立一個獨立的巴斯克共和國、自由的蘇格蘭和威爾士共和國或者魁北克共和國嗎？如果一個富產石油的海灣國家資助數百個非政府組織在英國、法國、西班牙或者加拿大和美國進行分裂活動，那麼這是可以被接受的行為嗎？這些國家有沒有法律禁止有組織地支援顛覆活動，例如美國的國土安全法案或英國的恐怖主義預防法案？如果有的話，那麼為何發展中國家或者中國和俄羅斯就應該隨意允許非政府組織資助和推進分裂集團的分裂活動，特別是有些組織已被證明有著在本國或其他國家製造政治暴力的紀錄？

簡而言之，非政府組織的領導人應該以一種冷靜服從的態度對待新的非營利組織法規。如果他們發現有些法律法規不合理或者不具有可行性，那麼他們應該呼籲與監管者合作進行必要的調整。國家政府有權決定允許何種類型及何種性質的機構組織在社會服務領域運營，而非政府組織則需要學習如何在行政指導方針內開展工作或者直接被關停。這是每個非政府組織需要根據自己的使命和目標作出的選擇。

本書並不是指導非政府組織進行合乎規定的「指南」，而是旨在說明

發展中國家政府有合法依據對非政府組織部門進行監管改革。非政府組織，特別是外國非政府組織，沒有同時也不應該有權力或特權推翻政府或要求政權更迭，這是該國公民和國內政治組織的責任和義務。而外國非政府組織要求本國政府實施所謂的「人道主義干預」是純粹的自大行為，而且考慮到目前阿富汗和伊拉克的情況，也是不合情理的。

非政府組織的改革不應僅留給各國政府進行，而應由非營利部門自身發起。透明化倡議執行到現在不過是譁眾取寵和一派胡言，只是保護高級主管和捐贈者的另一道屏障罷了。迄今有一個非政府組織高階主管被曝光、起訴或者被處以巨額罰款或者監禁徒刑了嗎？

客戶、工作人員和捐贈者需要組織內部調查，以便對投訴和資訊洩露問題作出快速和正式的反應。如果有高階主管參與欺詐、任人唯親、存在利益衝突或者與有組織犯罪一起犯下了洗錢或販賣兒童等其他罪行，那麼非政府組織的網站應該點名該高階主管並列出詳細罪行。美國前總統與大毒梟和暴徒拍了合影並不意味著非營利部門也可以接受這種關係。

除了經濟犯罪，非政府組織必須更加警惕對反叛武裝領袖和有魅力英雄人物的支持。教會人士和非政府組織的董事會成員很容易對傳奇的救世主英雄印象深刻，例如持槍的傳教士山姆‧奇德斯（Sam Childers）、溫和的有些像遊擊隊員切‧格瓦拉的阿富汗北方聯盟首領沙赫‧馬蘇德（Ahmad Massoud）。此類英雄的英勇行為很容易讓西方的捐贈者們神魂顛倒。在對雙方進行實地調查後發現，人人唾棄的塔利班武裝其實禁止種植罌粟，嚴懲戀童癖者及性侵者，並試圖解散邊遠農村的武裝，而馬蘇德卻允許毒品販子自轄區內透過，並與自販賣兒童和人體器官中獲利的武裝組織合作。

最後，非政府組織自我改革最為重要的一步就是給「人道主義干預」立下一塊沉重的墓碑，因為「人道主義干預」比世界上所有獨裁政權帶來的危害都要多。非政府組織率領美國騎兵推翻邪惡暴君並清除有罪政客的冒險主義行為已接近嚴重的心理疾病。在家園盡毀及家人遭受侵犯後，伊拉克人和阿富汗人已不想再看到更多的自我任命的解放者。非政府組織高

階主管應該為「保護責任」的政策承擔大部分責任。如果正義果真存在，那麼支持「保護責任」這一恐怖政策的許多人現在都應該因謀殺、襲擊、搶劫和強姦而被判入獄服刑。應該有一個專門為製造暴力的慈善組織而設的紐倫堡法庭。應公開每個「保護責任」政策支持者的名字，並禁止他們在援助機構、救援組織和非政府組織工作。

慈善是人類的美德，但在非營利部門遭遇噩夢般的經歷後，這種美德需要重新被發現。慈善行為應該被善良和道德操守而非暴力和政治化所規範。善良的人自身不應該被恐懼和愚蠢所折磨，而應謙卑地服務於鰥寡孤獨以及處於不利地位和被忽視的人。現在，新的一代人需要從自己的內心和努力中重新發現同情和給予的真正含義。唯我獨尊的雄心壯志

和平，這個詞本應意味著透過妥協和互信而達成的社會和諧，但如果和平意味著沒有宣戰，那麼說明這個詞已遭到了濫用。停戰期間指的是交戰各國之間暫時的休戰。發動戰爭的實力通常不會在停止敵對行動後立即消除；即便是戰敗方進行裁軍也難免其日後軍備重整，例如第一次世界大戰後的德國以及此時此刻的日本（儘管日本曾在其戰後憲法中承諾和平）。另一個例子是在大衛營和平進程中，敵對雙方紛紛升級核武器庫，這從以色列對哈馬斯的火箭發射器所進行的高科技打擊中便可以看出。

威斯特伐利亞和約（The Treaty of Westphalia）終結了三十年戰爭，也常常被認為是各國透過條約外交而不是軍事衝突解決爭端這一歷史趨勢的起點。然而，在條約法下循序漸進地建設和平這一理念已被證明是靠不住的。正是該條約系統本身讓塞拉耶佛1914年的刺殺事件點燃了戰爭的導火索，暴力衝突不斷蔓延至幾個大陸，最後發展成為第一次世界大戰。如此殘酷的衝突並沒有如預言的那樣「終結所有戰爭」，就像古代的羅馬和平時期也沒能夠創造永恆的安寧，就像原子彈的發明和在廣島升起的蘑菇雲沒能阻止當今世界侵略行為的發生。

「和平」這個詞，即便是取其最善意的釋義，對於那些將在下一輪暴力衝突中慘遭苦難的人來說也是一種危險的幻覺。人類有一日會從社會暴力的動機中解脫出來——這一神聖的理想正在世界各地被數十個國家打

破，首當其衝的便是想要將其全球統治的觸手深入發展中國家的各個北大西洋強國。

所謂以和解求安全

「和平建設」一詞被大量濫用，名義上的「和解」並不是真正追求和平的過程。在越戰中，和平政策成為了鎮壓叛亂的同義詞，大量農村居民被趕至隔離區內生活，同時美軍對其自行設定的「自由開火區」利用凝固汽油彈進行地毯式轟炸導致無數無辜平民的死亡。

法律理論家喬治・里賈科斯（George Rigkos）認為，自美國反恐戰爭開始，「和解」這一動詞已經成為了「實現安全」的同義詞。里賈科斯解釋道：「安全（Security）一詞是有反動含義的：首先，它意味著不斷警惕威脅，將一切鬥爭和阻力視為危險；其次，它必定會招致反抗。」

和解政策的雙重功能——找出潛在威脅並將這些危險勢力變成武器為自己所用——使這種政策成了建立霸權最成熟的手段。這樣的風險回報比率也適用於考量社會價值觀、文化特性、個人行為、專業方法論和管理體系。潛在的威脅勢力被評估篩選，以納入主導體系或者被直接忽略，在少數的情況下被武力清除。

從軍事干預到和平征服

正如令人吃驚的論文《非政府組織乃是新殖民主義者》中所說的，非政府組織界正在認真地重新審視非政府組織與北約組織和五角大樓的關係。在阿富汗戰爭和第二次海灣戰爭中，非政府組織中的一大部分承認自己聽命於並歸屬於美國和北約組織的軍事命令，因為時任美國國務卿鮑威爾要求他們這樣做（詳見對於非政府組織軍事角色的案例分析）。這種軍事化心態深入美國政府的骨髓，美國和平研究所甚至不屬於和解政策的討論範圍，而是被劃為威懾手段、軍事干預、戰爭宣傳、戰爭和占領的輔助手段。

另一種觀點儘管還未能在非政府組織界的討論中形成氣候，但已由

大衛・里弗（David Rieff）在《新共和》雜誌上提出，那就是軍事組織在基於公民社會和公民治理的主要國際戰略中所扮演的角色應受到嚴格的限制，甚至完全消失。

儘管這個理念帶的火藥味輕一些，聽上去也比軍事干預更符合道德準則，但和解政策的誘惑也可能給弱國帶來比短時間的外軍入侵更長遠的危害。對於當地的從政者和居民來說，外國部隊進入他們的國土不僅意味著威脅，同時也傷害了該國的國家尊嚴。然而手無寸鐵的志願者善良又無害，往往會受到當地人歡迎。大多數當地人——甚至包括國家元首和政要在內——對外國救援人員的看法是不全面的，他們只看到善意的志願者和志願者救助窮困人民的共同理想。

然而，善心的氾濫有時會招致悲劇。被援助國和救援人員自己都忽視了一點，那就是海外發展援助的機制框架和戰略目標在西方外交議程中所起的作用。救援人員不會獨自作戰，成群結隊的非政府組織也是由各國海外發展援助部門和外交使團統一管理和指導，而這些部門和外交使團本身就受限於北約組織和美歐所達成的協約。不管救援志願者願意不願意（請相信，很多頂尖志願者是並不情願的），他們都是自己國家外交政策、國家利益、社會價值觀和文化限制的傳導者和代理人。

製造出來的族格障礙

一旦外國非政府機構及其地方分支開始在重要的社會功能（如醫療、就業和教育）中變得不可或缺，被援助國便往往開始服從並漸漸融入西方國家及其主導機制的規範、標準和方法。當這些民族國家在融合之路上越走越遠不能再回頭時，它們就喪失了行使主權的能力，因為當地母語已被降格成為地方性語言，社會精英階級都已遵從外國價值觀和習俗，當地人的心理期待發生了變化，對自己的國家的看法則越來越輕蔑。

這樣的形勢可以從這些國家的「人才外流」看出來，更近的證據則是最新的一股移民潮，當地人賺到了足夠的錢交給蛇頭以偷渡到歐洲或澳洲。其中很多人，也許是大多數的人移民並不是幻想著外國的馬路都是金

子鋪成的。透過電視、社交媒體和定居國外的親戚，他們對發達經濟體已經非常熟悉。事實上，很多發展中國家是自願選擇成為西方國家事實上的「成員國」或非正式省，而不是選擇應對挑戰發展成為一個獨當一面的主權民族國家，一些法語島國的人口外流變化就是最顯而易見的例子。

被侵蝕的國家認同

海外援助組織減輕了發展中國家政府提供公共服務所需的經濟負擔，卻也不知不覺地造成了援助國政府的空洞化。當海外發展援助緩解了農村貧窮人民的困苦，暴動出現的可能性也被消除，該國家政府領導人就可以用國際援助貸款來建機場、港口、辦公大樓和宮殿，而且往往是受到了國際銀行、西方建築工公司、建築師和工程公司的慫恿。隨著一項項貸款、貿易協定和援助協定的達成，發展中的國家越來越依賴於並且越來越屈從於其西方夥伴。

不斷增加的經濟和文化融合往往會適得其反，使得城市中產階級與農村和城市貧民之間的政治脫節愈演愈烈。另一個造成的主要影響是讓政治派系間互相較勁，在野的黨派越來越激進。

與西方結盟的精英階級與其政治對手之間經濟差距不斷加大，使非政府參與者獲得了一定政治空間，這其中包括起義農民，暴動士兵、犯罪團夥、革命者、恐怖分子、政治派系、下臺政黨以及政府自己培養的祕密間諜。這些小組織迅速地利用起不斷推進的全球化，利用流動性、通訊技術的優勢，利用不同法律轄區的漏洞和比較市場優勢。這種做法與跨國企業在一些方面很相似，因為跨國企業也養成了跳出本國稅務和法律規定之「框架」來運作的習慣。

西方國家安全力量——軍隊、警方及私營國防承包商——為了在沒有全面軍事占領的情況下對付這些威脅，便向駐紮當地的非政府組織輸送專家。這些暫時或長期被調職的人員包括退休的軍官、執法官員、律師、傳播專家、資料處理員、密碼專家、後勤專家、公關人員、媒體人員、培訓師、心理工作者以及為這些專家提供輔助幫助的翻譯和工作人員。以此為

基石，非政府組織就在被援助國虛弱的政府機構中建立起自己的體系，從而管控多數戰略性的國家職能。

不僅僅是支拐杖

非政府組織並非僅僅是虛弱的當地政府的拐杖，越來越密集的援助組織形成了一種永久性的結構，接受國際化的管理，將該體系中總部地區的資產（大學、技術、資料、消費）與邊緣結構地區中的資產（自然資源、勞動力、市場、有待研究的流行病以及其他挑戰）聯結起來。最終的結果就是全球殖民主義的誕生，這種殖民主義不同於老式的由一個歐洲國家進行的重商主義殖民統治，而是在北大西洋國家聯手下協調一致的，對非洲、拉丁美洲和亞洲一大片區域的權威控制。

儘管可能聽上去很奇怪，但在不遠的將來，這樣一個由西方控制的網路裡的全球政府將不是以自上而下的方式而是以自下而上的方式建立起來。大量集中在肯亞、加德滿都和曼谷等樞紐地區的非政府組織正在嘗試建立並加強一個集傳播、組織間決策制定、人員合作、招納政策、培訓項目、公共關係和私營部門支援服務於一身的完整體系。全球殖民事業就這樣拼拼湊湊開了張，某些程度上與就殖民主義很相像，儘管新的殖民多了自西方學術界、智庫和大學的高智商資本和更先進的解決方案。

主要的非政府組織樞紐都位於本國政府勢力軟弱的區域性中心地帶，比如肯亞因民族種族差異而混亂；尼泊爾則深陷政治腐敗的泥潭裡；曼谷因派系對立而癱瘓。由於當地政府監管體系的無能或缺失，讓非政府組織管理機構有機可乘，進入了當地的政治領地，在國家公共服務機構身後垂簾聽政，有時甚至實權大過政府。這樣的專案是由協議與合同來「自動駕駛」的，其優勢在於援助國不能直接插手微調其外國援助行動。

如此高度協調的非政府組織部門以一種顛覆性的方式在運作，有點像外星人題材電影中所描繪的虛構的爬蟲，在宿主的體內複製自己的DNA，消滅反抗的獵物。民族主義政治人士若被指控侵犯人權、選舉舞弊和腐敗，便可以很輕易地被清除。在一些嚴重的情況下，國家政府體系被

侵蝕，只剩下一個空空的骨架，而非政府組織成了實際主體，寄宿在這骨架的空腔中。

超越國家的「航空母艦」

這樣的非政府組織體系樞紐位於發展中地區的城市中心，其分支機構深入偏遠地區，並與美國和歐盟政府機構、大型私人基金、世界銀行及其他主要金融機構、技術提供商、社交媒體、醫院和大學和其他公共服務機構的管理部門直接相連。這些機構間的鏈條聯繫越來越緊密，好像纜繩一樣捆綁眾多國家組成的一艘全球性大船，而這艘大船的船長和舵手則都是歐洲人的後裔。

這艘大船也許能乘風破浪，但卻不能放鬆警惕，要時刻審視前方的地平線。和解政策就等於透過嚴密的監視獲得安全。對通訊工具的截取和分析是無時無刻無處不在的，為的是找出即便是一絲絲的潛在威脅。全球和解行動缺乏像戰爭那樣明確的戰線，這就意味著任何一個人——流氓、瘋子、銀行家、士兵、兒童尤其是成為告密者的內部人士——都可能是潛在的安全隱患。

消除一個特定的威脅可能易如反掌，有時只需要封掉他們的網站或電子郵箱帳戶。一些風險因素則可以用一張支票、一項商業合同或者一份大學獎學金來收買。然而，那些頑固抵抗分子和亡命之徒則需要用更強力的打擊。全面的警方或軍事行為可能會造成過度的傷亡和混亂，驚動指揮中心，而對非政府組織准政府來說公眾的審查是最可怕的。當地人必須繼續認為這些工作人員只是一些在奈洛比大商場裡喝著昂貴咖啡的觀光客和背包客。

針對個人而進行的軍事行動、警方突襲和私營國防供應商行動必須非常精準，而且要讓「卡車事故、自殺、反對派襲擊或私人積怨」來背黑鍋。只有在極端情況下例如救援工作人員被劫為人質時才可派出無人機或突襲部隊，事後相關組織的人權專員或專家會在當地新聞媒體上撰文譴責這樣的強硬手段是殘暴的五角大樓的過度反應。也就是說，非政府組織部

門的安全事務還是應該由更機智的中情局或者軍情六處來指導，而不是聽五角大樓和皇家部隊的。

為什麼？這樣一項價值萬億美元的龐大事業其最終目的到底是什麼呢？不管是洛克菲勒還是羅斯柴爾德家族的後裔，甚至是喬治·索羅斯恐怕都不能給出一個明確的答案。

法律專家喬治·里賈科斯認為，獲取安全的目的是在資本主義經濟中維護資產關係，即保護金融機構、基金經理和股東不斷擴大的投資和核心利。安全即是保護財富。

時髦的貧困

非政府組織組成的集群的功能是在發展中國家營造好的社會環境並穩定其經濟，這樣跨國公司和大銀行就可以獲得穩定的投資回報。非政府組織清理場地、深耕播種後，全球的資本家們就可以坐享其成。

像任何一種景觀建設一樣，在選取合適的發展中國家時，也有許多烏托邦式的考慮因素；比如，烏干達肥沃的農田，肯亞的獵場和泰國的海灘。這些城市也必須要營造一種推動炫富消費的氛圍——名牌產品、電子螢幕、饕餮盛宴、街頭時尚一應俱全。因此國際大牌特別熱衷於出資贊助非政府組織，尤其是婦女和環境組織。貧困的農村女孩搖身一變成了幹練的專業志願者為非政府組織工作，給人們做出表率。街頭五光十色炫目多彩，音樂聲震耳欲聾，這場在教育援助和慈善工作協助下的消費資本主義轉型可謂是史上規模最大的一場心理戰。在性感火辣娛樂至上的泰國和緊隨其後的巴西，欲望與需要被混為一談，成功故事走著貓步登臺亮相。時尚讓窮人們不再覺得窮。

在這些非政府組織組成的帝國的樞紐地區，因為聯合國機構、大型銀行、跨國公司和西方國家使館的駐紮，手機和互聯網速度越來越快，連接越來越順暢。這裡拿鐵咖啡的口味更純正，公共交通設施也更乾淨更高效。為什麼其他地方不能變成曼谷或者里約這樣呢？因為泰國的曼谷不是真正的曼谷，巴西的里約也並不是真正的里約，城中的平民窟和被迫搬遷

到郊區的工廠區被視而不見。這些城市邊緣的爛攤子全都留給了當地政府那些被忽略的、與火辣性感毫不沾邊的公務員和清潔工來處理。

全球主義者的思維中有一個嚴重的缺陷，那就是他們相信自己的妄想。非政府組織和其主要捐贈國僅代表世界上一小部分人口，但他們卻要去拯救全人類，而且他們真的相信自己能比那些「腐敗落後」的國家政府做得更好，也堅信自己每天都在這個愚昧的星球上推動著進步。慈善工作是費力又不討好的，因為好處都進入了開發應用軟體的科技公司、生產四驅車的車企和轉移資金的銀行的腰包。這聽上去很傻，但卻沒人笑得出來。

巔峰過後

什麼才能終止這些帝國冒險主義者和他們「隨軍人員」？

大英帝國國旗已經退出歷史舞臺，而想要取而代之的新日不落帝國也已快要曲終人散。希臘和南歐國家的金融危機已經敲響了歐盟的喪鐘。2008年的華爾街危機讓大型私人基金的股票紅利化為烏有，資助金預算不得不大幅削減。許多國際非政府組織經歷了資深員工流失和運營規模縮小。金融危機還導致失業愈演愈烈，使公共服務和慈善工作變得力不從心。即便是世界上最大的幾個西方經濟體也開始債臺高築。

在地緣政治舞臺上，俄羅斯指責北約虛張聲勢卻沒造成什麼影響。中國對消除美國影響力深入西太平洋的態度中規中矩，但中國同時也是美國聯邦債務的最大持有國。印度民族主義重新抬頭，外國「傳教士」成了過街老鼠。巴西像它的足球隊一樣獨具風格，也一直是拉丁美洲的領頭羊。南非躲過了碎片化的局面，仍是非洲地區希望的燈塔。金磚國家最大的優勢在於它們並不想建立一個新帝國，不想成為新的北約，也不想主導世界，而是繼續獨立成為沒有被神化的主權國家。

這些國家與發展中地區的關係隨著中國建立亞投行和金磚國家建立金融機構的計畫將會進一步深化。其金融機構可能會迅速成長為超越美聯儲、歐洲央行，乃至超越國際貨幣基金組織和世界銀行成為新的國際儲備

銀行。面向整個地區甚至整個大陸的超大型投資項目將會以前所未有的力度推動發展。

　　與此同時，西方非政府組織經費預算不斷縮減，將會陷入越來越虛弱悲慘的失敗國家而無法脫身。到下一代，非政府組織如同上個世紀的傳教團體一樣，影響不再，過去毀譽參半的業績只有歷史迷和好奇的遊客才會感興趣。

　　世界的面貌將會大不相同，希望那時我們可以迎來真正的和平。到那時如果對非政府組織還有任何評價，那將不會是對其顛覆活動、私吞經費和痴心妄想的指責，而會僅僅說它們是無用的陳舊的歷史遺跡。

　　慈善事業的高尚就在於奉獻而不期待回報甚至感謝，因為同情是一種沒有理由和解釋的發自內心的感情。而慈善機構的惡行在於它們把自己想要打造的樣子強加於陌生人身上，這種行為是強迫，與慈善毫不沾邊。將殖民遺留性質說成是受害者的錯，這是一種自私的懦夫行為。個人投身於應對發展中世界的挑戰不應被看做在道義上與階層化的西方做抗爭，而西方世界則正醉心於自己妄想中的進步。直面世界的苦難需要我們放低身段。奉獻而不抱期望，奉獻而不妄想改變，不收取華盛頓、倫敦或巴黎的機構送上的獎勵，也不要認為自己是救人於水火的騎士——希望這些信條可以指導你們的征程。超於這些的要求都是商業活動，而不是慈善。

　　切記，美德因純粹而高尚。

「顏色革命」後世界各國規範 非政府組織立法的兩次高潮與特點

勞倫特‧王（Laurent Wang）

　　在過去三年裡，有幾個在推進全球治理方面影響很大、頗有號召力的宣導型國際非政府組織，由於其內部管理不善，領導人理念不同，糾纏於無窮無盡的傾軋和庸人自擾式的「發展路線」之爭當中，以致財源枯竭，陷入災難深重的惡性循環。未來它們將鳳凰涅槃，還是泥牛入海？頗值得世人關注。

　　這幾個組織的曲折沉浮，折射出2008年金融危機後西方國家實力消退、不得不逐年刪砍對非政府組織的資金援助，與此同時，世界上卻有52個國家推出98項立法限制非政府組織活動，在這兩股潮流的前後夾擊下，非政府組織正面臨著掙扎求生的殘酷現實。今年英國退歐公投，讓日薄西山的大英帝國更加捉襟見肘。近日又宣布從明年開始，將大刀闊斧地刪砍給全球各國非政府組織的資金援助。消息傳來，聞者色變。

　　西方理論界近年來對民主在全世界範圍內引人注目的退潮現象的分析和論述已經很多，但是，這些書生論政，卻鮮有論及在全球範圍內，伴隨著民主熱情和浪潮消退的是西方輸出民主努力的四處碰壁；世界各國的非政府組織和公民社會在「阿拉伯之春」後生存環境急劇改變和大幅萎縮的現實。

　　2008年全球金融危機後，「華盛頓共識」破產，「新自由主義」光芒褪色，西方國家經濟實力急劇下降，元氣大傷。與此形成鮮明對比的則是金磚國家的崛起。以俄羅斯、印度、以色列和肯亞為代表的幾個不同類型

的國家，紛紛在國內推出新法，對非政府組織實行嚴格規範。那些在西方文化精英眼裡曾經無比神聖、不容挑戰的全球化意識形態，以及基於這些理念構建的全球化治理理想世界，正在遭到許多曾經沉默的國家越來越強烈的反抗。它們低調而強烈的反制，對不可一世的西方精英和媒體來說是一種巨大的政治挫折。

一、非政府組織冷戰後強勁崛起蓬勃發展

冷戰後，隨著柏林牆的倒塌，「新自由主義」自詡在全球取得了「歷史終結」的勝利。一時間，一場以公民自由結社，在所在社區、國家和全球各個層面的治理和發展過程中積極參與奉獻、搖旗吶喊，發揮巨大作用為特點的「結社革命」橫掃全球；從發達的北美和歐洲，到貧困積弱的非洲，從剛從軍人獨裁中走出的南美，到剛剛解體的蘇聯東歐陣營，從剛剛結束種族隔離的南非，到世界最大的民主國家印度，公民對結社和參與展現了一種前所未有的熱情。非政府組織在世界各國如雨後春筍，茁壯成長。

各種各樣的社團、基金會，以提供人道援助、促進經濟發展、制止環境惡化、保護人權為目的，在政府失能和市場失能的領域發揮作用，贏得了人們的稱道。這些非政府組織，具有自願、組織、獨立自主和非營利、非政府等特質，且具有強大的草根動員能力，它們的興起，極大地改變了公民和國家的關係，其影響遠遠超越了它們所提供的物質服務範疇。美國《外交事務》在1994年7/8月刊發表一篇文章《非營利部門的崛起》，把這個時期非營利部門的發展和壯大譽為一場「全球結社革命」，為此賦予極其重要的意義：如果說19-20世紀的世界以「民族國家」的崛起和發展為特徵，那麼，21世紀則是「公民社會」的時代。特別是，當20世紀人們對引以為豪的政治參與，如組黨、投票、選舉和罷工的熱情大幅度消退和倦怠的時候，這種新的公民參與創造了新的政治參與形式，它將成為引導世界走向一個更加民主、平等、公正、透明與和平的境界的另一條道路。

很多學者把冷戰後出現的前所未有的公民參與規模歸功於這一時期全

球政治、社會文化和社會經濟方面所發生的巨變。比如，柏林牆的倒塌、互聯網的普及和交通工具的進步，打破了地區和國界的藩籬，大大降低了溝通和交通的成本，削弱了國家主權，改變了公民與政府之間的力量對比。全球化帶來的資訊交流革命和中產階級的崛起，極大地推動了冷戰後非政府組織在全球範圍內爆炸式的增長和迅猛發展。它們伴隨著人們由來已久的對政府的不信任，創造了一個賦予公民力量的環境，為人們在政府和市場之外如何建立更加有效的治理機制，開闢了一條新的途徑。這種全新的公民集體行動，不但在數量上，而且在品質上遠遠超過歷史上任何一個時期。

君不見，不論是東歐的「顏色革命」。還是中東的「阿拉伯之春」，抑或是印度和巴西的反腐敗洪流，參與民眾動輒超過百萬人，最終導致總統下臺、政權輪換。2000年9月，聯合國大會透過的《新千紀宣言》高度讚揚了非政府組織，這是非政府組織最風光的時刻。

二、非政府組織的特點

非政府組織在冷戰後磅礴發展，也是對自80年代起在世界各國普遍出現的「國家危機」或是「政府治理危機」的一種回應。這種挑戰，在西方國家表現為人們對福利國家急劇膨脹、政府機構大而不當的質疑，在發展中國家是老百姓對政府主導的經濟發展緩慢的失望；在蘇聯東歐國家，則是對昔日社會主義失敗的反彈；而在非洲，長期的殖民統治給當地留下了爛攤子，不論什麼主義的政府都難有作為。

毋庸諱言，過去幾十年理論界對非營利部門或是公民社會到底應該叫什麼眾說紛紜。但比較一致的解釋是，公民社會是一個獨立於家庭、市場和政府調節、管轄之外的領域；從提供就業、融資和消費的能力而言，它又被稱為第三部門（第一部門是政治，第二部門是經濟，第四部門是非制度性組織）。統計數字清楚告訴我們，非政府組織及其所屬的非營利部門具有以下特點：

非營利部門是一個國家的重要產業部門和一支重要的經濟力量。在西

方發達國家，這個部門提供就業的人口一般占全國就業人口10%左右，超過傳統就業人數最多的運輸部門和建築部門；它一般集中在三個行業：教育（30%）、健康（20%）和社會服務（18%）。非營利部門創造的經濟貢獻一般占各國GDP的5%左右，而過去十年非營利部門對GDP的貢獻增長，超過GDP增長的速度。特別是在2008年金融危機後，在工商業、製造業和金融業普遍不景氣和裁員的情況下，第三部門逆向增長，吸收了大量的就業人口。非營利部門在美國也是第三大就業部門，它在2013年有大約200萬個註冊非政府組織，提供了1,140萬個工作崗位，資金周轉超過1.9萬億美元。

最引人注目的是，非營利部門的資金並非來自慈善捐款，其資金來源的大頭還是來自政府，占32%。這就是為什麼歐洲國家非營利部門的規模和就業人數都遠超過美國，因為它們社會福利的支出遠遠超過美國。

三、對非政府組織的非議和批評

非政府組織在冷戰後經歷了極大發展，特別是在非洲，它們投身於扶貧、賑災和教育項目，推動社區發展，在政府不能、市場不願的領域裡，發揮了重要作用。

但是，它們被西方國家直接指揮去執行扶貧、賑災重建和普及教育等公共服務，完全替代政府部門，反過來卻削弱了政府的功能，也削弱了國家主權，這種越俎代庖在實踐中造成了很嚴重的後果。而其不營利的特點，使得發展中國家的非政府組織，完全仰賴西方國家的援助資金；西方國家對發展中國家的資金援助又都是從其對外援助中克扣、削減而來，由此造成受援國政府部門和非政府組織為爭奪這些資源產生激烈衝突和矛盾，兩者互不信任。

西方國家利用發展援助資金在受援國豢養了一大批上層貴族和社會精英，建立起密切的人身隸屬關係和「主僕」模式。這些貴族和精英，領著數倍於、甚至數十倍於當地政府工作人員的薪水，罔顧百姓疾苦，完全脫離了他們所「代表」的社區和基層民意，脫離社會現實。他們只聽從金援

機構指揮，其活動方向和內容依照出資國的戰略規劃來擬定，而不是根據當地需求。他們的言行只要符合西方國家的政治正確標準，充當西方的傳聲筒就好，成為不折不扣的寄生蟲。但是他們的決策和財務又不接受社會大眾和輿論的監督，這種蛻化和變質，導致非政府組織在發展中國家廣受公眾和輿論的嚴厲批評和質疑。

2000年9月，聯合國大會透過《新千紀宣言》，高度讚揚非政府組織所發揮的作用，讓很多非政府組織領導人飄飄然，但是好景不長，2001年「911」兩聲轟響，全世界陷進了恐怖主義襲擊的噩夢中，非政府組織一夜之間變成「恐怖組織」陪綁的標靶。小布希總統在頒布《凍結恐怖分子資產總統行政命令》時宣稱，「這些恐怖分子經常利用那些冠冕堂皇的非政府組織作為掩護其活動的偽裝。我們一定要打擊它們，就像我們要打擊所有資助和教唆恐怖活動的組織一樣。」

更荒唐的是，小布希總統發起反恐戰爭，推翻塔利班和海珊以後，又迅速做出決策，拋出一個要「在從摩洛哥到巴基斯坦的大中東地區推進民主的『自由議程』」，綁架非政府組織，把它們作為其推行「單邊主義」政策的工具。很多非政府組織一夜之間變得裡外不是人：在一些國家，它們被視為恐怖組織的掩護，在另一些國家它們又被視為美國顛覆敵對政權的幫凶。發展中國家非政府組織也從傳統的執行人道救援、賑災、扶貧、提供教育等專案，轉變成「推進民主進程」、「促進人權保護」，從在現場救死扶傷、賑濟災民，變成到投票站監督投票過程，批判政府侵犯人權，這種巨大的轉變導致非政府組織在很多國家不受歡迎。

四、國際上兩波新的規範非政府組織活動的立法高潮的背景和考量

但是，真正顛覆了世人對非政府組織的觀感還是21世紀頭十年的幾次「顏色革命」和「阿拉伯之春」。2003年格魯吉亞的「玫瑰革命」和2004年烏克蘭的「橙色革命」，推翻了這兩個國家透過選舉產生的合法政權。這兩次顏色革命堪稱為非政府組織發展由盛轉衰的歷史轉捩點，從

這時開始，許多自90年代開始搭上向民主轉型末班車的國家，如白俄羅斯、吉爾吉斯斯坦、烏茲別克斯坦等國紛紛跳車，改弦易轍，甚至拒絕被稱為「轉型國家」。許多國家則修訂立法，管理非政府組織在其國內的活動。這一波旨在管理非政府組織活動的立法浪潮，在2005年聯合國「巴黎援助峰會」上達到了第一次高潮：會議透過的《提高援助實效巴黎宣言》第一次提出了「受援國所有權」概念以及「援助應符合夥伴國家優先領域和重點目標」的理念。從此開始，許多國家開始加強對西方國家利用非政府組織興風作浪的防範，立法調節國際援助資金，不止是雙邊的援助，還包括所有跨境捐款和資助。

　　冷戰後，儘管「新自由主義」取得了「歷史終結」般的勝利，但是西方對俄羅斯的進逼沒有稍稍停歇。普丁上臺後跟西方針鋒相對，展示強悍，西方媒體紛紛把矛頭對準他。它們指責普丁上臺後，倒行逆施，大幅度限制非政府組織的活動空間。但事實是，在2004年至2010年間，全球有50多個國家把規範非政府組織活動列入其立法規劃中，其中甚至包括以色列、肯亞、印度和孟加拉這樣一些民主國家。可見，立法調節和管理非政府組織的活動是一個全球趨勢，而不是一個單純的「俄國現象」。但是普丁在同美國為首的西方陣營較量中，強勢應對、透過對「馬格尼茨基事件」處理，一舉把在葉利欽時期進占莫斯科，在俄羅斯深耕十年的傾向反對派的美國「非政府組織」清理出俄國，給這場打擊西方非政府組織的行動，賦予極大的戲劇性，使得這場政治較量，演變成一場具備黑社會、謀殺和政治報復所有元素的戲碼，籠罩著濃重的普丁個人色彩。

　　話說馬格尼茨基（Sergei Magnitsky）本是莫斯科一名律師。2008年，一家名叫赫米蒂奇資本管理公司的美國投資公司被俄羅斯內務部官員設局詐騙，公司文件被盜取，公司隨後被人敲詐勒索，要其繳付已經支付過的稅款。馬格尼茨基受公司委託，調查這宗大型騙稅案。隨後，他指控內務部官員用騙稅得來的2.3億美元巨額贓款，在海外建立公司，開設瑞士銀行戶頭以及在迪拜、黑山、莫斯科等地購買豪華別墅。馬格尼茨基隨後被逮捕，罪名是逃稅。在被關押一年後，於2009年11月16日離奇死於看守

所。

馬格尼茨基之死在西方國家掀起了一場強烈的政治風暴。美國眾議院在2012年底透過《馬格尼茨基法案》，禁止100名俄羅斯涉案官員入境美國並凍結其在美資產。歐洲議會隨後也對涉嫌馬格尼茨基死亡的俄國官員實施相同的措施。

外界對這起案件的認知，僅僅停留在「侵犯人權」的表面文章上，對俄、美兩國背後的較量卻不甚了了。事實上，馬格尼茨基事件發生時，俄羅斯正同美國就「入世」展開艱難的談判，《傑克遜-瓦尼克修正案》是俄美談判的核心（以下簡稱修正案）。這個修正案制定於1974年，是冷戰中美國打擊蘇聯的拿手武器。但冷戰結束後，美國國會以人權和腐敗為由，裁定該法案繼續適用於俄羅斯，禁止給予俄羅斯貿易優惠政策並對俄羅斯進出口進行嚴格管制。美國方面一再表示，即便俄羅斯能夠加入世貿，只要《修正案》有效，美國就不會對俄羅斯的貿易適用世貿規範云云。

其實美國人也知道，以人權與腐敗藉口為國家經貿合作設置前提，這種做法會損害美國的經濟利益，拖累美國經濟在金融危機後的復甦，適得其反。因此美國國內要求廢除《修正案》的呼聲也很強，許多企業和工商業團體都希望恢復對俄羅斯的永久性正常貿易關係，其領軍人物則是副總統拜登。這些工商團體擔心《修正案》阻礙美國企業進入俄國市場，特別是一旦歐盟放開對俄市場限制，美國將作繭自縛，蒙受極大損失。2010年4月，拜登開始在兩院尋求廢除《修正案》的支持者，並勸說那些國家不要妨礙俄加入世貿組織。而參參議員約翰·麥凱恩班杰明·卡丁則針鋒相對，要求歐巴馬政府暫緩批准俄羅斯入世，並提醒國會「不應忽視俄羅斯人權紀錄」。馬格尼茨基在這個關鍵節點死去，讓他們抓到了著力點。美國國家民主基金會與美國國際開發總署負責俄羅斯業務的幾個領導人此前一直在關注俄羅斯的反普丁遊行運動。這時他們抓住天賦良機，跟麥凱恩和卡丁商議，拋出了《馬格尼茨基法案》，以確保在《修正案》被廢除的情況下，華盛頓仍能繼續對莫斯科經濟貿易活動進行制裁。

2012年9月初在海參威召開亞太經合組織會議期間，俄羅斯拒絕美國

提出的增加對敘利亞政府施壓的要求後，美國國務卿希拉蕊對普丁表示，美國會以《馬格尼茨基法案》來接替《修正案》，以回擊俄羅斯的不合作！普丁認為，西方人權組織無時無刻不在監視俄羅斯的一舉一動，「即便沒有馬格尼茨基名單，也會有別的什麼名單」！用人權來牽制對俄貿易是美國的一貫做法，「美國利用『馬格尼茨基名單』挑起反俄法案，遲早還會發生」、「如果俄羅斯聽任西方非政府組織在俄羅斯土地上為所欲為，就無法掌控自己的民主發展進程」。

莫斯科此後開始祭出對華盛頓的一連串反制：從禁止美國國會和政府人員進入俄羅斯，到禁止美國公民在俄羅斯領養孩子，這讓很多美國人笑彎了腰！他們覺得，普丁一定是瘋了，居然搞這麼一個惡作劇：難道真有美國官員會想在俄羅斯擁有資產或去俄羅斯度假？被列入禁止入境俄國的十八位美國國會議員如南茜等，甚至在白宮召開記者會，表示很自豪，很榮幸上榜！但是，很快他們就笑不出來了：莫斯科把矛頭對準了非政府組織——指責它們利用外國資助，在俄境內製造政治動亂，煽動反普丁的遊行宣傳，特別是美國國際開發總署直接插手非政府組織活動，干預俄羅斯內政，莫斯科限令該機構關門。2012年7月，普丁簽署《非政府組織法》修正案，規定接受國外資助並從事政治活動的俄羅斯非政府組織，將被認定為「外國代理人」。美方這才驚覺事情不妙，國務卿柯林頓不得不致函俄外長拉夫羅夫，請求允許美國國際開發署繼續工作至2013年5月，不要馬上掃地出門。

普丁這一招一舉扭轉了馬格尼茨基案後被西方窮追猛打的被動局面。西方媒體對此紛紛口誅筆伐。但是，俄羅斯所制定的這部限制非政府組織活動的法律，其母本恰恰是美國人自己在1938年制定的《外國代理人登記法》。當時尚不夠強大的美國為了「防禦共產主義的侵襲」，制定了這部法律。如今，卻被俄羅斯以其人之道還治其人之身。不惟如此，吉爾吉斯斯坦、烏克蘭也套用了這個法律，就連以色列也以此為依據，要求接受外國資金的非政府組織在其網站上公開其外國代理人的身分。

2008年的全球金融危機加劇了阿拉伯國家的經濟困難，就在俄美就

馬格尼茨基案件進行博弈的同時，以沙特為首的中東遜尼派瓦哈比君主國同西方國家一起支持、慫恿、資助中東遜尼派國家裡的瓦哈比信徒，掀起一場規模空前的反政府運動。這股狂潮在短短一年時間裡席捲整個阿拉伯世界，推翻了突尼斯、埃及、利比亞和葉門四個國家的政權。在這次運動中，現代移動通訊技術和互聯網社交媒體，特別是非政府組織扮演了重要的推手。

五、兩波新的規範非政府組織的立法的法理基礎

不明就裡的局外者彈冠相慶，把這場浩劫譽為「革命」。但是，許多國家對這些顏色革命造成的多國政權更迭結局卻感到憂慮，特別是非政府組織被相關國家利用，在前臺搖旗吶喊，動搖目標國的局勢方面所發揮的作用。作為應對，從2012年起，全世界有50多個國家相繼公布了98個法律，分別從規範非政府組織成立的條件和要素、釐清非政府組織活動範圍和內容，公布其獲取國外資金的數額和為捐贈國服務的內容等三個方面做出更加嚴格和清晰的規定，嚴格規範和管理非政府組織的活動。這一輪新的博弈表明，在21世紀，當世界各國公民以新的技術開發出新的表達方式的時候，各國政府也在尋求新的方法，管理公共政治空間，增強對非政府組織的透明和問責、提高國際援助的有效性和協調性、維護國家主權和保護國家安全，進一步增強其反恐和打擊洗錢的能力，防止外國勢力干涉。此所謂道高一尺，魔高一丈。

各國政府在訂立新法調節非政府組織活動的時候，是基於以下四方面的理由和考慮：

- 國家主權、國家安全
- 外國援助的有效性和協調
- 非政府組織的透明和問責
- 反恐、反洗錢

（1）國家主權和國家安全

各個國家在立法規範非政府組織活動時，國家主權都是第一個考慮的

因素。也正是國家主權賦予立法單位權力去制定合適的法律去捍衛國家利益。加蓬、波札那、布吉納法索和納米比亞以及其他七個非洲國家的代表在聯合國人權理事會上便發表集體聲明：必須由每一個國家以合符主權和合法性的方式審議其立法到底怎麼樣違法了人權。

同樣，2014年9月，印度代表在回應愛爾蘭代表提出的「公民社會空間」決議案時，反駁道：公民社會必須在國家法律允許的範圍內活動。以厭惡、屈尊的態度來看待國內法並不是保護人權的最好方式，即便是對那些本來懷有善意的公民社會來說。我們認為公民社會在宣導其主張時必須謹言慎行。這個決議案以不恰當的條款規定我們，要求一個國家的立法應該做什麼，不應該做什麼。變成了這些國家公民的特權。

在解釋俄羅斯《外國代理人法》的時候，普丁說，這個法律的唯一目的就是確保那些代表外國利益而不是俄羅斯的利益的外國組織，不能干預我們的內部事務。這是任何一個有自尊的國家都無法接受的。

2014年7月，匈牙利總理歐爾班‧維克托（Orbán Viktor）在為建立國會監督公民社會組織的委員會辯護時宣稱：我們並不是要處理公民社會成員，而是要對付那些要在這裡推進外國利益的的政治活動人士。所以，建立一個國會委員會來監督、記錄和公開由公民社會組織推進的外國影響，是一件好事。

埃及有43個非政府組織成員被以「建立沒有許可證的外國組織分會和接受外國資金來維持其運作而損害埃及國家主權」罪名受到檢控。埃及官員宣稱這些非政府組織助長了國際勢力對埃及內部事務的干預。

2011年以色列草擬制定《外國代理人法》，官方解釋道，這是以色列在清除那些對以色列不友好的外國勢力對以色列國內政治進行干預時的一個主要障礙。這是以色列國家的權利和義務按照公眾的意願去制定法律，以制約外國勢力在以色列內部收買人馬製造影響的行為。以色列國會議員在2014年審議一個相同的議案時說，在以色列有很多組織很活躍，它們從外國政府那裡獲取資助，以便讓它們在以色列國內去促進這些非以色列公民實體的利益。即便到今天，這些組織仍然沒有義務去公開它們的收

支，它們其實必須這麼做，以便讓公眾知道它們並不代表以色列利益，而是代表外國利益。

2014年8月，亞塞拜然總統府官員在為該國鎮壓非政府組織的行動時辯解道，亞塞拜然一些非政府組織在「人民外交」偽裝下，跟亞美尼亞的特別服務部門控制的組織合作，成為敵對國家利益的代言人。

2013年12月，玻利維亞以「干涉內政」為由，驅逐一個名為IBIS的丹麥負責教育的非政府組織，在記者會上玻利維亞總統府部長聲稱，我們已經受夠了IBIS在玻利維亞的政治干預了！

2014年9月，美國《紐約時報》發表文章，聲稱「外國資金正在把曾經的穩重的智庫世界變為外國政府的有力工具，在華盛頓遊說。」一周以後，眾議院弗朗克・伍爾夫致函布魯金斯研究院，要求它們停止接受外國政府資金，這樣它們的工作就不會受到來自外國政府的影響，不管（這種影響）是實際的還是預料的。

一些政府認為，外國人不但尋求干涉它國內政，而且企圖在某些特定國家製造動亂乃至政權更迭。由此必須加強對外國資金的管理和控制，以挫敗它們推翻政權的企圖。

2013年，斯里蘭卡政府在解釋其對非政府組織實行註冊登記的決定時說：有必要提防某些非政府組織以從事社會工作的名義，卻在涉入政治，孕育政權更迭的陰謀。

俄羅斯在草擬《外國代理人法》時官方說明，「有很多證據表明，以前在南斯拉夫所發生的政權更迭，現在又在利比亞、埃及、突尼斯和科索沃發生。一些國家的政府就是要不斷推翻別的國家的政權。俄羅斯民主國家不得不保護自己，防範外部的影響。」

2005年，衣索比亞總理在該國驅逐了一批非政府組織後解釋道：我們不希望在衣索比亞選舉後在這裡發生什麼「玫瑰革命」或「綠色革命」——指剛剛發生在格魯吉亞和烏克蘭的「顏色革命」。

2012年6月，烏干達內政部長解釋政府要登出一些非政府組織的註冊登記時，說道：那些非政府組織企圖搞亂這個國家，他們拿錢就是幹這個

的……它們忙著要在政府背後捅刀子，表面上卻在宣稱他們在做人道主義工作。

2014年3月，吉爾吉斯斯坦總統阿特巴耶夫就該國草擬的《外國代理人法》對記者說，一些非政府組織推廣的活動，明顯就是在我們國家製造動亂。它們不管從哪裡找到資助、執行誰的命令、從事什麼樣的專案。它們只知道要搞亂吉爾吉斯斯坦，在中亞地區製造動亂，並向中國滲透。

（2）非政府組織的透明和問責

另外一個為大多數國家政府最經常引用來證明其規範外國資金輸入的理由是要透過提高透明和監督來保證非政府組織的廉潔。在聯合國人權委員會裡表達這種態度和立場的國家有埃及、馬爾地夫、亞塞拜然、衣索比亞、巴基斯坦和印度。

巴基斯坦代表在代表伊斯蘭合作組織發言時表示，非政府組織要募款是其權利，但是確保資金運用的透明和規範則是政府的責任。

埃及代表表示，我們認為公民社會的活動必須秉持問責、透明和廉潔的原則。同時，這不限於對捐助者和出資國的監督。各國應該建立監督這些實體所進行的這類活動的機制，其獨立性必須受到尊重。

馬爾地夫代表表示，公民社會需要資金來執行其人權專案，但是，同等重要的是他們必須確保其工作具有高度的廉潔，並且以一種合符道德負責任的態度來進行。

亞塞拜然稱，我們國內關於非政府組織的立法是著眼於提高這個領域的透明，從這個角度來看，這些修訂只會對那些以不透明方式在我們國家運作的非政府組織造成不便。

2014年3月在聯合國人權委員會討論關於促進和保護公民社會空間的動議時，很多國家代表表示相同的增加透明和監督的理由。

衣索比亞在代表非洲國家發言時表示，國內法必須跟各國在國際法上承擔的義務相一致，以確保行使自由表達、自由集會和結社權利時，應該充分尊重他人的權利，確保公民社會的獨立、問責和透明。

印度在2014年3月1日代表「持相同立場的國家」向委員會提交的共

同聲明裡提出：「公民社會的宣導必須輔之以相應的責任和這些組織應該承擔的公開和透明、問責的義務。」而這些「持相同立場的國家」包括阿爾及利亞、巴林、孟加拉、白俄羅斯、中國、古巴、埃及、印度、印尼、馬來西亞、巴基斯坦、俄羅斯、沙特、新加坡、南非、斯里蘭卡、蘇丹、烏干達、阿拉伯聯合大公國、越南和辛巴威。」

（3）國際援助的有效性及協調

過去十年，一個全球性的趨勢是，各國都在呼籲增強國際援助的效率，提出了一個新的理念：「受援國所有權」以及協調各種發展援助。

2014年7月，尼泊爾政府發布一個新的《發展合作政策》要求捐助國把援助款項撥到尼泊爾的財政部，而不是直接撥付給非政府組織。

2014年7月，斯里蘭卡財政和發展部發布布告，要求該國非政府組織在接受外國資金的時候必須首先得到政府批准。因為這些外來資金不在政府預算之內，破壞國家發展計畫的平衡。

在回應聯合國特別報告員報告時，埃及代表強調：「國際合作和對外援助的多元化加上原來對國家的援助被導向資助公民社會，分散、分薄了本來就十分有限的國際援助資源。由此，援助的協調對增加援助的有效性有極其重要的意義。」

在最近舉行的一次非洲領袖高峰會上，貝南外交部長強烈指責非洲許多國家的非政府組織：「只想著對給錢的金主負責，而不是向所在國家政府負責，這是一個很嚴重的問題。」他指出，貝南以及非洲國家都需要建立規章制度，為來自國外的資源和管理這些資源創造一個透明的環境。

印度情報局在2014年6月發布一個報告，直指國外援助的非政府組織阻礙印度經濟發展，拉低印度GDP增長2-3個百分點。報告還宣稱，很多非政府組織，接受來自美國、英國和德國、荷蘭以及斯堪的納維亞國家的資助，一直都在利用「以人為中心」的議題來營造一種環境而拖延許多阻礙發展的專案。

（4）國家安全、反恐和反洗錢

世界上許多國家，從國家安全、反恐和反洗錢角度出發，都會對來自國際的資金提出限制，要求規範其流向。國際金融行動小組（The Financial Action Task Force, FATF）指出：國際反恐運動很不幸地顯示出恐怖分子和恐怖組織正在利用非盈利部門來募集和轉移資金、提供物流服務、鼓勵恐怖分子招募，支援恐怖組織及其活動。這種濫用不僅促進了恐怖主義活動也破壞了捐助國的信任、破壞了非盈利部門的信譽。

多國政府都對恐怖組織和洗錢議題表達關切，以此證明立法限制國際資金自由進出的必要性。

在回應聯合國特別報告員的報告時，十三個非洲國家集體回應道：「這是政府的責任去確保社團的資金的來源與投放不被用於恐怖活動目的或指向那些鼓勵仇恨和暴力的活動」。

2013年，斯里蘭卡政府代表在人權委員會決議案時陳述道：我們承認獲取資源對一個活躍的公民社會的運作來說至關重要，但是，我們也注意到，人權委員會沒有完全意識到如果對社團獲取資金沒有足夠的規管時會對國家安全和反恐活動產生什麼樣的消極影響。

2014年8月，斯里蘭卡國防部宣稱該國內部有些公民社會團體跟猛虎組織——一個堅持極端分離主義宗旨的團體，有密切關聯，它們對國家安全構成了嚴重威脅。斯里蘭卡政府宣布它草擬法律，要求公民社會組織必須在國防部註冊登記，這樣才能開具銀行帳戶接受國際資金。

以上是各國政府在為其國內規範非政府組織活動時的立法辯護時提出的各種理由。

但是事實上，這些理由並非孤立，而是相互關聯的。在上述印度代表古巴、沙烏地阿拉伯、白俄羅斯、中國和越南等21個國家駐聯合國人權理事會代表提出的集體聲明中，就提出了一連串的關切，包括外國干預、非政府組織的問責和國家安全等等：「沒有清晰的界定，公民社會就難以有效運作……，公民社會必須學會保護自己的空間，不要把自己變為捐資國的機器，而這些捐資國被極端意識形態主導政治動機，其援助隱藏政治

動機。如果不予制止，會給公民社會空間帶來災難。公民社會裡也有些組織，違背初衷，而只是致力於推進捐資國交下來的任務，推進它們的議程。由此，非政府組織要確保它們接受監督，為其行為及其後果負責，也切不可置國家安全和國際安全於不顧。」

六、兩波新的規範非政府組織活動立法的特點

縱觀世界各國這些新的規範非政府組織活動的立法，它們具有以下特點：

（1）立法旨在規範非政府組織成立的條件和要素、規定較高的登記／註冊條

各個國家為成立非政府組織設立不同條件，有些是限制結社權利，如沙烏地阿拉伯規定只有皇家敕令允許才可以成立非政府組織；有些是規定結社人數門檻，如土庫曼斯坦規定，全國性的社團必須有至少400創始人；另有一些是規定最起碼註冊登記運作資金數額：厄立特里亞規定，從事賑災和重建工作的非政府組織必須有至少價值一百萬美元的可支配資金——這是該國人均月收入的15,000倍。

另外一些國家則規定註冊登記地點，如布隆迪和巴拿馬都規定非政府組織必須在首都登記註冊。

在巴林，政府則可以以「社會是否需要這種服務」，或「是否已經有社團提供同類服務」為理由拒絕一個社團登記。委內瑞拉則拒絕所有名字上包含有「民主」和「人權」字樣的組織登記註冊。

（2）釐清非政府組織活動範圍和內容、要求公開其組織結構和活動內容和運作範圍

公民社會或稱第三部門的茁壯崛起是二戰以後的現象。世界各國以前對這一類社團的立法，基本是有關商業性和宗教性的組織，特別是在英聯邦成員國範圍內。所以很多國家在本世紀初新成立的許多宣導性的非政府組織，面臨無法可依的境地，許多法律和條文都難以適用。有鑑於此，

冷戰後這兩波新的立法趨勢跟以前世界各國調節非政府組織活動的社團法有很大區別，主要是各國立法對公民社會可以開展的活動範圍和形式訂立了各種各樣的限制，有些是明文限制從事某些領域的活動，例如，奈及利亞規定不能登記註冊「同性戀社團／俱樂部／組織」一類的團體，而厄立特里亞則規定非政府組織必須是從事救災和重建方面工作的才可以註冊登記。

有些是規定強制的監管、隨時終止和解散。

在柬埔寨，內政部要求非政府組織如果要在省裡舉辦活動，必須提前五天通知地方當局。在烏干達如需到農村舉辦任何跟當地人民有接觸的活動則需要提前7天以書面形式知會地方當局。奈及利亞草擬新法裡要求在項目實施前要得到批准，特別是那些針對某些特定族群和團體的項目。

塞內加爾基金法規定，政府可以指定一名代表擔任基金會理事，進行審議投票。這些代表受派出機關的監督；在厄瓜多爾，政府可以向非政府組織要求提供任何檔。

2013年7月生效的俄羅斯法律允許政府代表參加受監督的非政府組織的所有活動，不得有任何阻礙，包括內部戰略會議。政府還有權進行審計、索取組織內部管理制度檔，包括日常決策、管理監督和財會監督。

玻利維亞2013年的《批准法人地位法》及其施行細則規定，政府可以以「為了公共利益」的理由，中止非政府組織的活動甚至解散非政府組織。

（3）立法調節國際資金流向，規範非政府組織舉辦活動和參與國際合作的空間

國際非政府組織不只是國際援助資金來源，而且是資訊來源和觀念的來源。在後殖民時代，國際非政府組織往往充當著先鋒和橋樑的作用，它們利用其跟發展中國家非政府組織的合作，繞開當地政府，直接執行救災、重建任務，遞送救災物資，直接提供服務，這種僭越，代替了政府的職能。

這種從上世紀90年代開始的越俎代庖，更加削弱了發展中國家本來就效能不彰的政府。但是，政府不管怎麼樣，還是受到社會監督的，而非

政府組織在這樣做的時候，根本就不受監管！因此，在新一輪立法規範非政府組織活動的高潮中，一些國家在規範外國資金流向的同時也會限制國外非政府組織的介入。

各國新的立法裡對接受外國資金的非政府組織所做出的規定有以下幾類：

• 規定非政府組織在跟境外非政府組織交往要獲得政府許可和批准

埃及法律（84/2002）限制公民參與非埃及的非政府組織。法律還規定，本國非政府組織未經許可跟外國非政府組織交往，會面臨被解散的懲罰。阿聯酋《公民社團和公共利益基金法》規定，本國非政府組織在參加境外活動時必須事先得到社會事務部批准；烏茲別克斯坦規定如果本國非政府組織邀請國際組織到該國參加會議，必須事先得到司法部批准。越南法律也規定國內非政府組織組辦國際會議必須得到政府批准。2010年利比亞發布的部長布告要求外國組織在利比亞與當地非政府組織舉辦活動、培訓和提供技術諮詢時，必須經過一套登記程式。2014年史瓦濟蘭總理對本國非政府組織派代表參與在華盛頓舉行的非洲領導人峰會不滿，要求國會議員採取行動禁止他們今後類似的活動。

• 規定非政府組織在獲取國際資助之前要獲得政府許可和批准

阿拉伯國家，特別是埃及規定，非政府組織在獲取國際資助之前要得到社會團結部批准；阿爾及利亞、約旦和巴林則規定要申請外國來源的資金必須逐案申請批准。烏茲別克斯坦規定，獲取外國資助要先送部長會議審閱專案是否值得申請外國資金；土庫曼斯坦要求提供資金的外國組織先向土外交部申請，批准後，土國非政府組織才能夠提出申請資助。白俄羅斯和亞塞拜然規定非政府組織要事先登記贈款協定；孟加拉、尼泊爾和厄立特里亞都規定申請和使用外國資金要獲得國內相關部門的明示同意。

• 把接受外國資助的非政府組織列為「外國代理」

俄羅斯規定所有接受國外資金及參與政治活動的非商業性組織都必須在司法部登記為「外國代理」；吉爾吉斯斯坦、以色列也制定有相同要求的法律。

- 限定非政府組織接受外國資金的上限

衣索比亞和肯亞立法規定本國非政府組織接受外國資金不能超過其總收入的10%。

- 規定外國資金必須透過政府規定的管道

尼泊爾、烏茲別克斯坦、厄立特里亞、獅子山、烏干達、肯亞和奈及利亞等國規定，外國進來的資金必須透過政府規定的部門。

- 限制利用外國資金可以從事活動的類別

蘇丹規定外國資金只能用於人道服務方面專案；辛巴威嚴禁外國資助「投票教育」專案；印尼限制外國資金用於「可能引起社會緊張」的項目；玻利維亞禁止附加政治和意識形態條件的援助；委內瑞拉禁止有政治目的的或為了促進政治權力的組織在該國獲得資產和收益。

- 禁止非政府組織接受來自特定國際捐助者的資金

俄羅斯禁止國內非政府組織接受來自美國的資金；厄立特里亞則禁止接受聯合國及其附屬機構的資金。突尼斯禁止來自土耳其及其跟土耳其有外交關係的國家或組織的資金，實際上是防止來自以色列的資金。

- 以反洗錢和反恐名義限制外國資金
- 對國際捐助課稅

俄羅斯、白俄羅斯、哈薩克和土庫曼斯坦、尼加拉瓜規定經政府批准可以接受的外國資助必須繳納稅收。

- 對接受外國資金規定詳盡的報告義務

烏茲別克斯坦、巴拿馬、土耳其、印度、突尼斯等國家規定，接受外國資金的非政府組織必須在一定的期限內向政府相關部門報告其數額、來源及其用途。

- 援用誹謗法、叛國法對接受外國資金的非政府組織提起刑事訴訟

孟加拉、亞塞拜然、科索沃規定非政府組織不能從一個來源處一天獲得超過1,000歐元。

七、中國《境外非政府組織境內活動管理法》述評

《中華人民共和國境外非政府組織境內活動管理法》經十二屆全國人大常委會第二十次會議透過，已於2017年1月1日起生效。該法案開宗明義地用「境外」，而不是「外國」或「海外」，是特指包括臺灣與香港這兩地的非政府組織，這點恐怕不是很多人都能理解；這也是針對一些國際組織幻想著在香港建立立足點，向大陸傳輸什麼思想和主義的如意算盤。

非政府組織是伴隨著中國改革開放的進程逐漸進入中國開展活動，2000年後其數量與活動領域都呈爆發式增長態勢。目前在大陸的境外非政府組織已超過萬家，其活動領域涵蓋許多重要的民生和社會發展議題，如扶貧、救災、重建、環保、教育、愛滋預防和慈善，並且擴展到鄉村治理、反腐敗、企業治理等現代社會治理議題。這些境外非政府組織每年投入數億美元的發展資金，協助大陸政府與民間社會改善不同領域的發展問題。除資金援助之外，它們也提供許多先進的發展經驗與技術，有力推動了中國與世界的全方位交流和合作。

與此同時，大陸雖然一直歡迎境外非政府組織提供的豐富資源，卻又對其潛在的政治威脅抱持戒慎的態度。特別是在東歐「顏色革命」和「阿拉伯之春」後，大陸跟世界上很多別的國家一樣，對境外敵對勢力借非政府組織來推動「和平演變」，實現政權更迭的可能性充滿了警惕，對境外非政府組織抱有疑慮。這次制定的《境外非政府組織境內活動管理法》就是這種思維的折射。

過去中國大陸一直缺乏對境外非政府組織的明確管理規範，以致各種境外非政府組織在實踐中不得不自己摸索，發展出不同的生存方式：一些境外非政府組織透過《基金會管理條例》或《外國商會管理暫行規定》進行登記註冊，而大多數組織只能透過工商註冊、成立辦事處，與各級政府部門進行專案合作等方式取得有限的合法身分，或是透過與大陸的非政府組織的合作開展活動。雜亂無序的管理制度對境外非政府組織的正常運作形成障礙，也使大陸政府難以完整掌握境外非政府組織的活動情況。這個《境外非政府組織境內活動管理法》是中國第一部對於境外非政府組織的

立法，它旨在建立統一的管理規範，填補規範缺失和秩序空白。

《境外非政府組織境內活動管理法》共七章五十四條，其主要內容分為行為規範，監督管理，法律責任，以及便利措施等四大部分。

如上所述，到目前為止在大陸落戶、發展的非政府組織已有上萬個，但真正在民政部門登記的數量不過寥寥數十家，大量的境外非政府組織還游離在法律之外。這種生存的灰色領域使得許多守法的境外非政府組織在中國難以開展正常活動，遑論持續發展。

《境外非政府組織境內活動法》儘管延續了過去的「雙重管理體制」，但是明確規定了政府的義務，讓境外非政府組織能夠按圖索驥尋找業務主管單位，同時明確了登記和備案程式，在解決「登記難」方面邁出了一步。跟同時期訂立新法規範非政府組織活動的其他國家相比，大陸在這方面並不算離譜。

目前，許多國家都在制定新法，規範國際非政府組織在其境內的行為。而中國到目前為止，所有的法律規定都缺乏為境外非政府組織在中國境內開展活動的明確的行為規範。而這些境外非政府組織屢屢被曝光有許多招搖撞騙等不法行為，而政府部門卻因執法無據而無可奈何。這個法律第一次明確規定了境外非政府組織在大陸開展活動需要遵守的法律條文，也為有效解決上述困境。

事實上，中國經過改革開放37年，在與西方國家在和平共存和合作方面積累了相當的經驗，在制度和道路的競賽方面也展示了相當的自信。反映在這部法律中，我們可以看到，其中的條文規範，比諸上述世界各國立法都更寬鬆。值得指出的是，大陸並沒有把接受外國資助的非政府組織列為「外國代理」；限制它們在利用外國資金方面可以從事活動的類別；也沒有禁止非政府組織接受特定國際捐助者的資金，限定它們接受外國資金的上限和限制它們在利用外國資金時可以從事活動的類別。

附錄
相關非政府組織與機構目錄及簡介

◎ 政府間合作組織（Intergovernmental Organizations－IGO）

國際貨幣基金組織（International Monetary Fund － IMF）：

1945年布雷頓森林體系下成立，國際貨幣基金組織的核心功能是為陷入償還債務利息困境的國家發放貸款。二戰後，其理念是使遭受戰爭破壞的國家能夠借貸足夠的資金，以促進貿易發展從而重建其經濟、加強國際貿易往來。近幾十年來，國際貨幣基金組織系統因貸款國家與長期陷入主權債務危機惡性循環之中的貸款國間的關係而變得複雜。另一個長期存在的問題是其不願意接受結構性改革，在未意識到本金不斷減少的糟糕前景下，最終導致救助資金被用於償還國際貨幣基金組織的利息。國際貨幣基金組織總部設在華盛頓特區。www.imf.org

國際紅十字會（ICRC）委員會（International Committee of the Red Cross － ICRC）：

成立於1864年，主要為在現代戰爭中受傷的士兵和平民提供幫助。後來，根據1949年日內瓦公約相關規定，國際紅十字會被授權向戰區運送救援物資以及提供醫療救助，其中國際紅十字委員會是唯一被特別提及的組織。國際紅十字委員會並不是一個非政府組織。由於只有瑞士公民被允許成為其雇員，因此國際紅十字委員會也不是一個國際組織。在事實上其身分與紅新月運動是不同的。www.icrc.org

世界銀行（World Bank）：

創建於1944年的布雷頓森林會議，世界銀行致力於防止因衝突導致的資金緊張。其最初任務是協助戰後重建，但到了20世紀70年代，其提供的貸款主要為履行全球化新自由主義議程而服務。對大型項目的借款人經濟狀況影響有限等浮現的新問題以及壞賬促使官員要求進行結構調整和實施緊縮政策。這些問題導致對世界銀行政策以及其賦予捐贈國絕對領導權的強烈批評和抗議。世界銀行總部設在華盛頓特區。www.worldbank.org

◎ 聯合國附屬機構

國際刑事法院（International Criminal Court － ICC）：

國際法庭對種族滅絕行為，危害人類罪和戰爭罪具有管轄權。法院的法律基礎是1998年羅馬規約。與（聯合國）國際法院（世界法庭）不同，國際刑事法院並不附屬於聯合國，儘管其

承認聯合國安理會的某些規定。它傾向於反對非洲人以及其對伊拉克和利比亞進行干預的北約領導人免於起訴導致國際刑事法院遭受大量抨擊，批評認為國際刑事法院已成為西方政策的工具。國際刑事法院的設立得到了國際刑事法院（CICC）聯盟中的非政府組織的支援。國際刑事法院設在海牙。www.iccnow.org

聯合國兒童基金會（UN Children's Emergency Fund — UNICEF）：

政府間組織（IGO）為兒童和母親提供了長期的人道主義援助和醫療援助。其政府間組織地位使得聯合國兒童緊急基金會能夠透過國家兒童基金會委員會與各國政府建立工作關係，其中國家兒童基金會委員會進行籌款以及其他援助活動。總部位於紐約聯合國廣場。www.unicef.org

聯合國發展計畫署（UN Development Programme — UNDP）：

為各國的可持續發展提供幫助，主要職能有應對災害、民主執政以及建立和平。它促進千年發展目標的實現。地址：美國紐約聯合國廣場1號，NY 10017。www.undp.org

世界糧食計畫署（World Food Programme — WFP）：

聯合國下屬機構，號稱成為世界上最大的人道主義援助項目，在70個國家為8000萬人提供食品援助。世界糧食計畫署成立於1961年，由美國食品與和平計畫專案組發起，該專案以消除饑餓為名義將美國過剩的的農業綜合企業引進到發展中國家。地址：義大利羅馬。

Via Cesare Giulio Viola 68,Parco dei Medici 00148,Rome，Italy。www.wfp.org

世界衛生組織（World Health Organization — WHO）：

聯合國機構，其繼承了國家衛生機構聯盟，一直致力於衛生領域的跨界流行疾病，但近幾十年來同時資助疫苗研發。世衛組織是與國際原子能機構達成的WHA 12-40 協議的多方之一，它幾乎放棄了所有對輻射暴露的監視。總部設在日內瓦。www.who.int

◎ 海外發展機構（捐助國）

澳大利亞國際發展署（Australian Agency for International Development — AusAID）：

獨立的辦公室在2013年11月被整合到外交事務和貿易部。該項目被稱為澳大利亞援助和支持最低水準的發展中國家項目，這些國家主要是在東南亞和非洲，項目致力於減少貧困和實現可持續發展，通常與澳大利亞商業利益緊密相關。http：//dfat.gov.au

加拿大國際發展援助專案（Australian Agency for International Development — CIDA）：

該援助專案於1968年由總理皮埃爾·特魯多設立於國際合作部之下推出，至今在2013年3月已經融入了外交部。其強調保護環境和減少貧困。

美國國際開發署：

美國政府援助機構。在國務院的領導下，美國國際開發署是海外發展計畫的戰略策劃者和資助者。其政治議程、宣傳以及情報職能被廣泛抨擊。羅奈爾得‧雷根大廈（RRB），賓夕法尼亞大道1300號，NW，華盛頓。www.usaid.gov

政府部門和機構：

國稅局（IRS）：

稅務機構是美國財政部國稅局。國稅局負責 國內稅收法規，涵蓋個人收入，企業盈利，資金轉帳和有關非以營利為目的的金融交易。 憲法大街1111號，紐約，華盛頓特區。www.irs.gov

美國國務院：

- 公共規劃辦公室：國務卿的智庫和政策發明機構
- 國際移民辦公室：資料運算和趨勢分析
- 人口局，難民和移民：政策發展
- 負責民用安全的副國務卿，民主和人權

國際和平學會：

半自主的軟實力論壇和民主運動發、選舉監督和政權更迭的資助者。 憲法大道2301號，紐約，華盛頓特區。www.usip.org

全國民主基金會：

成立於20世紀80年代中期，全國民主基金會是美國國會和其他政府部門為促進民主和發起民主運動而提供資金的管道，該機構經常被控為情報部門服務而取得收益。總部設在華盛頓特區。www.ned.org

◎ 企業贊助商

BP（英國石油）：

成立於1908年，當時被稱為盎格魯‧波斯石油公司，英國石油公司是七大產油巨頭之一，其在70個國家擁有開採、煉油和行銷業務。英國石油公司是與俄羅斯有爭端的尤科斯石油公司的股東之一。其2億美元的海洋清洗活動，超越了石油領域範疇，由於2010年墨西哥灣深水區石油洩漏導致的巨大污染。國際總部：倫敦聖詹姆斯廣場1號，SW1Y4PD，英國。www.bp.com

荷蘭皇家殼牌石油公司（殼牌）：

由羅斯柴爾德家族財團於1897年組建，殼牌以及其美國分支殼牌石油公司是全球石油巨頭。

在尼日爾河三角洲地區開採石油和北極鑽探過程中，該公司創造了跨國逃稅以及環保戰的紀錄。Carel van Bylandtlaan 16,2596 HR The Hague,The Netherlands。www.shell.com

◎ 監督與法律組織

國際委員會法學家（ICJ）：
這是一個擁有60名法學家的固定團體，也是國際刑事法院的重要宣導者。www.icj.org

透明國際（TI）：
腐敗和賄賂的問責監督機構，其總部設在柏林。www.transparency.org

◎ 承包商和盈利性服務供應商

替代品發展股份有限公司（DAI）：
是一所由三名甘迺迪學校畢業生於1979年創立的私人發展企業，管理著道路、自來水廠和其他建設項目的合同。總部設在馬里蘭州貝塞斯達地區。dai.com

創意聯營股份有限公司（CAI）：
從事教育行業、受戰爭影響的社區的轉型問題、選舉和其他努力。www.creativeassociatesinternational.com

奧米迪亞網路：
始建於2004年，這所民營「非營利」公司在慈善和投資都有業務，但它更是一個為了最終利益的社會企業家孵化器。皮埃爾·奧米迪亞是僅次於eBay的金融家，其公司與Facebook和穀歌有著類似的日常工作事項，都是利用社交媒體發展民主變革和財富再分配，使之達到技術上的理解。但從根本上來說，它就是消費者資本主義的廣告代理商。奧米迪亞網路與索羅斯的開放社會平行運行，就像一對未看到父母的雙胞胎一樣。位於加利福尼亞州雷德伍德城百老匯1991號，套房200。www.omiyar.com

◎ 私人軍事承包商

Academi-XE服務－黑水：
這個私人軍隊是由黑水海軍海豹埃里克王子組成的，此人為國務院外交安全局投標以保衛身處波士尼亞、阿富汗、伊拉克和以色列的美國官員。伊拉克政府指控雇傭射殺17名平民事件。公司隨後被出售，以避免法院判決的責任成本。

DynCorp公司：
該公司是私人軍事承包商，主要負責為美國政府租賃飛機和安全團隊以便進行海外業務和警

衛布控。該公司已經參與了波西尼亞、阿富汗和其他國家的槍擊事件。

軍事專業資源（MPRI）：

L-3 MPRI是私人軍事承包商，也是L-3通信公司部門的細分。其連同情報、監視和偵察（C3ISR）專門從事指揮，控制和通信工作。MPRI由美國退役陸軍軍官領導，主要由克拉伊納塞族人負責指控有武裝組織的克羅埃西亞軍隊，主要針對造成平民高死亡率的克羅埃西亞軍隊的地面進攻。

三蓬（Triple Canopy）：

Academi和黑水的前身，由美國陸軍突擊隊組成。

◎ 激進主義、抗議和煽動性運動

反法西斯主義無政府組織（ANTIFA）：

「黑色街區」無政府主義的街頭戰鬥隊，與極右翼之間進行對抗，無固定架構網路進行運作。

IMI（軍事化單位或軍事化資訊部）：

總部設立於德國圖賓根，收集各種軍事衝突與各國擴張資訊。www.imi-online.de

無國界組織（No Border）：

英國支援難民的活動分子組織，他們協助非法越境者和難民示威，以打破國家障礙。

艾爾伯特・愛因斯坦機構：

吉恩・夏普於1983年成立，該中心組織並培養非暴力策略中的積極分子，儘管這一術語的目的是觸發暴力政權的變化。其總部設立在麻塞諸塞州東波士頓。

適用非暴力行動和策略中心（CANVAS）：

在奧托波反米洛舍維奇的運動理由塞爾維亞激進分子建立。CANVAS變成埃及青年的培訓中心，為了解放廣場起義做準備。解放廣場起義導致了一場徹底的民主災難。

「基地」組織（Al Qaeda）：

在CIA的聖戰支持者名單出現後被命名為「the base（基地）」，這個反叛組織是透過來自美國和阿拉伯的隱蔽資金由奧薩馬本拉登組織，旨在對抗上世紀80年代阿富汗境內的蘇聯軍隊。車臣叛亂過程中，美國中央情報局企圖暗殺其創始人提供衛星電話資料，這引發了「基地」組織對西方利益的反叛。

自由古巴中心CFC：

反對古巴政府的古巴流亡運動。美國國際開發署（USAID）發現領導人貪污後斷絕援助，目前資金由右翼新聞集團支持。www.cubacenter.org

古巴裔美國人全國基金會（CANF）：

儘管擁有販毒、暴力抗議和反對恐怖襲擊古巴資產等等不良聲譽，該古巴流亡組織仍收到NED的資金。其總部設在佛羅里達州邁阿密地區。canf.org

戈洛斯協會：

意思是「投票」，俄羅斯集團是選舉監督組織，經費由美國國家民主基金會和USAIDm提供。據俄羅斯中情局稱，該協會已被指控為政治抗議。www.epde.org

伊斯蘭國家伊拉克和黎凡特（ISIL,ISIS）：

也被稱為DAESH,ISIS，由解散共和國衛隊的退伍軍人成立於2006年。被反對伊拉克遜尼派三角費盧傑的美國戰爭罪犯所怨恨。此叛亂集團於2013年取得了突出成就：進入敘利亞，建立通往地中海的卡達沙烏地阿拉伯管道走廊。

歐洲愛國主義者反對西方的伊斯蘭化（PEGIDA）：

由發言人盧茨·巴赫曼領導，德累斯頓愛國主義運動因其反對德國開放邊界政策的街頭抗議而得到了普遍支持，這煽動了2015年「武器大規模移民」的難民危機。

◎ 社會企業與企業發展

格萊珉銀行：

把資本主義帶到每一個貧窮的村莊的概念是由吉大港大學尤努斯·穆罕默德教授開創的。在芝加哥岸銀行建議下，福特基金會為鄉村的「小額信貸」和「小額信貸」提供啟動資金。儘管其對百分之九十以上貸款回收率大肆宣傳（這還為尤努斯獲得了諾貝爾獎），但這些數字並不能在記帳標準上站住腳，並且格萊珉銀行從來沒有在任何事件中盈利，使其成為了孟加拉資本主義中的破產模型。www.grameen-info.org

◎ 基金會和信託－FDT

阿嘎可汗基金會：

由卡里姆·阿爾·侯賽尼、阿迦汗四世和尼桼里伊斯瑪儀派穆斯林教派頭目於1967年成立。該基金會側重於對中亞最貧困地區的經濟改善。總部設在瑞士日內瓦。www.akdn.org

比爾和梅琳達·蓋茨基金會（BMGF）：

由微軟創始人，他的妻子和投資者沃倫·巴菲特所支持，蓋茨基金會側重於保健，尤其是透過GAVI聯盟的疫苗接種活動。因為其共同主席比爾蓋茨的思維影響，該基金會在發展中受到公眾的懷疑。比爾蓋茨是大亨的父親，計劃生育的熱心支持者，以及全球人口減少的宣導者，這一思想影響了整個經濟的發展。總部設在西雅圖。gatesfoundation.org

卡爾弗特基金會（Calvert Foundation）：

卡爾弗特投資的慈善機構和其他捐助者於1995年創建。該基金會是「社區發展金融機構」（CDFI），也是為了經濟發展而分配紅利和股票其他收入並且對美國服務水準低下的社區分配服務。位於美國馬里蘭州貝塞斯達地區威斯康辛大道7315號，套房1000西，郵編20814。www.calvertfoundation.org

柯林頓基金會：

成立於2001年，該基金促進衛生保健的初衷已被柯林頓全球倡議（CGI）取代。CGI是一個與全球精英親切交談並擴大美國軟實力福音的中心機構。雖然現在並沒有取得強有力的紀錄成果，此基金會卻更好地被認為是滿裝來自毒梟，對沖基金運營商，石油酋長，企業馬屁精和其他可疑人物大筆錢的牛皮紙袋。這些人都是前總統稱為「美元」的所有朋友。基金會總部設在阿肯色州的小石城和紐約市。www.clintonfoundation.org

德國阿登納基金會（KAS）：

德國基督教民主黨下的自治慈善機構，側重於民主促進，市場經濟和保守文化。總部設在聖奧古斯丁和柏林。www.kas.de

自由之家：

由第一夫人羅斯福・埃利諾支持的自由派成立於1941年，這個由政府資助的小組從成立之初就把民主放在了戰爭的基礎上。其辦公室在第五十一街32號樓的一個不誇張的房子裡，是由戰時盟友（指英國）捐贈的。用它自己的話來說，「自由之家與另一個二十個世紀的極權主義威脅作鬥爭，即共產主義。」蘇聯解體後，自由主義騎士重點推動專制神王達賴喇嘛。自由之家並不是自由主義左翼激進的高雅例子，只是虛榮的外表，也只可能在紐約活動。

Hans基金會：

這個基金會是基層非政府組織的捐贈者，也是睜大眼睛能量飲料商馬諾・巴爾加瓦和受軍隊中朋友幫助的該・拉瓦特家族的共同創意。該項目實際上是區域性舉措引發地方利益的最優秀的例子之一。基金會總部位於德拉敦。www.hansfoundation.org

美洲基金會（IAF）：

由美國國會創建於1969年的美國獨立政府機構，旨在引導發展向非政府組織提供補助金的援助，使他們能和拉丁美洲和加勒比地區的窮人一起工作。華盛頓特區賓夕法尼亞大道西北1331號，套房1200北，郵編20004。www.iaf.gov

約翰和凱薩琳・麥克亞瑟基金會：

這是1978年成立於50個國家的非政府機構，也是美國第十大私人基金會。65億美元捐贈的大部分來源於創始人的銀行家人壽保險公司。它的邁克亞瑟獎被稱為所謂的真對藝術領域中的創意者，環保主義者和社區服務的「天才獎」。地址美國伊利諾州芝加哥南迪爾博恩街140號，套房1200，郵編60603。www.macfound.org

拉蒙‧麥格賽賽獎基金會：

一位菲律賓總統稱為麥格賽賽基金會。該獎項始於1951年，由來自紐約的洛克菲勒兄弟基金會資助。總部在在馬尼拉。www.rmaf.org

國家慈善信託（NPT）：

一個獨立的公益慈善機構，專門針對個人、家庭、公司和透過「捐贈」基金資助的基金會進行慈善事業。它的合作夥伴是金融服務公司和提供慈善產品和服務的專業顧問。NPT幫助捐贈者管理和投資他們的慈善資金，並允許他們對慈善事業提出自己所需支持的要求。地址：賓夕法尼亞州詹金敦鄉道165線，150號房，郵編19046。www.nptrust.org

洛克菲勒基金會：

1913年由標準石油大王約翰‧洛克菲勒和他的兒子約翰D.創立的私人基金會，旨在「促進全世界人類的福祉」。對於科學研究機構和大學的廣泛捐款促進了許多科學和社會的進步，但是洛克菲勒的執政思想是針對種族優生（引起了納粹的種族主義）與綠色革命（化學農藥和基因改造的促成者）。總部設立在紐約。www.rockerfellerfoundation.org

Saifee Burhanee 提升信託：

一個貧民成為百萬富翁嗎？夢想不僅僅是寶萊塢，它實際上是客觀存在的。根據這種想法，孟買的心臟成立了這個大規模的城市重建計畫。地址：馬哈拉施特拉Bhendi BazaarMumbai地區 Raudat Tahera街道47號／49號。

◎ 國際非政府組織（INGO）兒童福利和培養計畫

國際計畫：

寄養家長和兒童收養組是由英國無政府工團主義旅的支持者在20世紀30年代西班牙內戰期間成立的，這是為了戰鬥者對孤兒的收養和隨後被弗朗哥政權控制的平民。為了支援非洲和拉丁美洲貧困地區的兒童照顧，該組織已將其重點從培養教育到社區發展。地址：英國GU21 5BH薩里公爵法院，公爵街A街區。plan-international.org

救助兒童會（STC）：

1919年成立於英格蘭。STC旨在獲得更多兒童權利、基本需求和教育並且從剝削中被釋放。STC創始人依格蘭坦傑布是反對平民經濟制裁的早期反對者，他起草的兒童權利的原則之後被國際聯盟和聯合國通過，這是兒童權利宣言的行程基礎。總部設立在倫敦。www.savethechildren.net

◎ 教育類機構

教育發展研究院（AED）：

美國國際開發署調查發現其在阿富汗和巴基斯坦挪用資金後，（解散）AED集中在教育和經

濟發展被終止。在支付了5萬元美金的罰款後，所有剩餘的財產都被轉移到承包商家庭健康國際組織（FHI）了。

◎ 人權與民主進程

大赦國際（AI）：

見書中具體描述。

國際危機組織（ICG）：

波士尼亞戰爭期間，ICG被喬治‧索羅斯，世界銀行劃署署長馬婁克‧布朗和卡內基國際和平基金會的莫爾頓‧阿布拉莫維茨共同創立，他們為了考慮對徹底戰爭的軟實力替代品，並要求顏色革命用同樣的方法對待東歐以外的地區。他們的目標是西方列強對政權更迭的影響和北約擴張沒有不必要的流血事件，該事件擊退了歐洲選民。媒體的歪曲和政治顛覆是首選的權謀方法，這有利於國家強大和反對戰鬥，因為一個人永遠無法總獲得勝利。ICG把其觀察員送到衝突區，用很多和其他的索羅斯軟干預臂相同的方式讓全球見證。地址：布魯塞爾路易絲149大街14b-1050。icj.org

人權觀察組織（HRW）：

創立於1979年，為了監視蘇聯合規與關於人權的赫爾辛基協定，人權觀察組織已成為全球人權問題的報告和資料的一個主要的來源。人權觀察組織批評了20世紀80年代干預的在美國中部和阿富汗和伊拉克戰爭下的小布希政府的美國紀錄。其主要偏離客觀的報導一直針對中國，其名譽主席羅伯特‧L‧伯恩斯坦強迫固定，此人是資助了中國人權的書屋的退休的出版商。組織總部位於紐約。www.hrw.org

開放社會基金會：

該基金會創建於1986年，前身是開放社會研究所。它是結合對沖基金大亨索羅斯（George Soros）和匈牙利科學院之間的協議，旨在鼓勵東歐國家移離蘇聯體制。資金是分配給教育的（大學部門的滲透和控制，特別是新聞學校，民主促進、宣傳禁毒法制化、開放邊界、移民和媒體滲透。）結合嫻熟的宣傳，朗朗上口的口號和線上媒體，這些方法是顏色革命取得成功的關鍵。新自由主義議程推進了金融市場放鬆管制和民族認同的消解。OSI過去的角色即作為資金機構已經被附屬索羅斯基金接管。www.opensocietyfoundations.org

人道主義和多業務援助：

孟加拉農村發展委員會（BRAC）：擁有超過10萬名員工，作為一個服務超過14個國家的邊界的組織，該世界上最大的非政府組織本身就是一個範疇。作為孟加拉從巴基斯坦獨立的回應，法澤‧哈桑‧阿比德於1972年建立孟加拉農村發展委員會。該組織已經從説明貧困村莊轉變為提供「從搖籃到墳墓」的社會服務，醫療保健以及教育基礎設施的組織。75 Mohakhali，Dhaka-1212 Bangladesh。www.brac.net

援助行動：

塞西爾・傑克遜・科爾斯在1978年推出培養計畫，該計畫已經擴展到45個國家，主要是在發展中國家和地區。該組織將強勢與大膽的行動與謙卑的價值觀相結合，旨在動員社區成員來維護自己的需求和目標。4th Floor,West Wing。

158 Jan Smuts Avenue Building(entrance on Walters Avenue)Rosebank，南非約翰尼斯堡。www.actionaid.org

凱爾國際（Care International）：

「捍衛尊嚴，與貧困作鬥爭」是援助和救濟合作社每到一處的座右銘，其遍布全球的援助和衛生保健需要者交付紀錄證明該組織的無宗派性和公正性。全國組織聯合會還支援代表女性和窮人的社會行動。凱爾是一個為國際紅十字與紅新月運動簽署行為準則的組織，制定標準範圍以及人道主義夥伴關係（HAP）的問責原則。www.care-international.org

關注世界（Concern Worldwide）：

愛爾蘭最大的人道主義組織，起源於1968年，作為對比夫拉戰爭的回應，其關注的是一個會員控制組。其特色的專案為1000天，為孕婦和嬰兒提供營養和保健，以確保貧困兒童有一個良好的成長開端。總部設在都柏林。www.concern.net

樂施會（Oxfam）：

始於1942年，前身為牛津饑荒救濟委員會，組織行動反對二戰時期德國占領希臘後實施的經濟封鎖。透過給窮人提供解決緊迫生存問題的方案以及克服週期性貧困和無力感為基礎設計戰略，宣導社區的自我發展。總部設在英國牛津。www.oxfam.org

◎ 醫療保健和殘疾人援助

國際殘疾協會：

1982年成立於泰國，最初由兩名法國醫生發起，為遭受地雷傷害的柬埔寨難民而提供幫助。該組織旨在說明遭受排斥和有身體缺陷的殘疾人。該組織是禁止地雷運動的發起人之一。主要辦事處設在法國里昂。www.handicap-international.org

無國界醫生組織（MSF）/無國界醫生組織：

見本書相關具體描述。

◎ 難民權利和移民服務

歐洲邊界組織、邊界監測組織：

總部位於德國的激進組織，旨在支援開放邊界。本書內有詳細介紹。

丹麥難民委員會和挪威難民理事會（NRC）：

支持難民權利的政府機構，基督教團體與活動人士聯盟。

開放邊界：

研究越軌行為與社會控制（EG-SDS）的歐洲組織的研究活動與專案，開放邊界和反民族主義的議程，支持新自由主義全球化的學術支持者。

歡迎到歐洲（W2eu）：

歐洲難民和流亡者理事會（ECRE）：一個在1974年啟動並在歐洲範圍內為難民提供安置援助的網路團體和機構，目前是難民權利和難民服務的主要遊說團體。Secretariat Rue Royale 146, 1st Floor 1000 Brussels Belgium。www.ecre.org

◉ 宗教信仰團體

美國公誼服務委員會（AFSC）：

成立於1917年，美國公誼服務委員會是關注和平問題、基本人權和救災的基督教公誼會（貴格會）的國際慈善機構。美國猶太人聯合分配委員會（JDC或聯合會）：成立於1914年，主要以幫助生活在歐洲奧斯曼土耳其統治下的巴勒斯坦猶太人，美國猶太人聯合分配委員會是一個主要的猶太複國主義援助計畫，該援助計畫旨在「挽救」飽受社會壓迫的猶太人並讓他們在以色列他們定居。總部設在紐約。www.jdc.org

美國猶太人世界服務會：

美國猶太人世界服務會是唯一的專門致力於消除發展中國家貧窮和提升其人權的猶太組織，同時教授猶太人民世界對正義的需要。它的總部設在紐約市。www.ajws.org

世界基督教會聯合會：

1905年在倫敦創立，教會聯盟保護人權和宗教自由。教會為發展中國家提供援助。www.bwanet.org

聖約之子會：

由希伯來語「聖約的孩子」翻譯而來，協會捍衛猶太人民的生存，與反猶太人的歧視戰鬥並且保護以色列國。由猶太社會團體組建，該團體繼續做慈善工作，如照顧老人。1120 20th St NW Suite 300 N Washington DC。www.bnaibrith.org

世界麵包組織：

作為一個非宗派的基督教團體在成立1972年，致力於為無家可歸的人和窮人提供糧食援助，世界麵包組織在家庭農民的代表權、可持續的耕作和剩餘收穫種子的分配等方面為「種子的變革」而鬥爭總部設在美國華盛頓特區。www.bread.org

天主教救濟服務：

屬於美國天主教會的人道主義機構，主教委員會的下屬，涉及和平，解決貧困和救災的需要。總部設在美國馬里蘭州巴爾的摩市。www.crs.org

教會世界服務（CWS）：

援助團體由主流新教國家委員會教堂（美國）贊助，成立於1946年，以促進和平、正義、扶貧，宗教對話和難民權利以及建立避難所的必要性。475 Riverside Drive,Suite 700 New York,NY。www.cwsglobal.org

科爾多瓦基金會：

Anas Al-Tikriti在2005年創立，透過培訓和為西方穆斯林的促進不同信仰間對話。盡是和平機構，但因其與哈馬斯和穆斯林兄弟會的關係而遭到指責。www.cordobafoundation.com

直接救濟：

1945年在California的Santa Barbara成立，商人William Zimdin運送救援包到飽受戰爭蹂躪的愛沙尼亞，他的私人慈善後來改名為國際直接救濟和獲得分發藥品作為物資援助的許可證。它已經引導捐贈了測試包、疫苗和醫療包到災區並平息了疫情。27秒。27 S.La Patera Lane,Goleta,California。www.directrelief.org

國際美慈組織：

1979開始幫助柬埔寨難民，專門重建被戰爭和自然災害破壞的地區。46 SW Ankeny St,Old Town, Portland,Oregon。

航空宣教使團（MAF）：

「讓孤立的人粘合希望」、「航空宣教使團」為偏遠地區提供飛機、通訊設備和運輸任務輸出。www.mafc.org

撒瑪利亞國際救援：

福音派基督教救援組織，其總裁佛蘭克林‧格雷厄姆是葛培理牧師的兒子，指揮在戰區和大規模的自然災害中的救援工作。Boone,North Carolina。www.samaritanspurse.org

世界宣明會（World Version）：

由羅伯特‧皮爾斯1950年成立的福音派基督教慈善機構，為了迎合傳教士緊急擴大的需要，在1975年轉型發展，現在活躍在75個國家。800 West Chestnut,Monrovia,California。www.wvi.org

斯尼哈拉亞聚會所（Snehalaya Ashram）：

成立於1989年的馬哈拉斯特拉邦阿邁德那格爾，一個旨在為印度農村地區受貧困和色情業影響的女性、兒童、同性戀提供教育，保健和就業培訓的慈善運動。

伯大尼教育協會：

由主教R.F.C. Mascarenba於1948年成立於印度班加羅爾，學校提供帶有基督教教義的K-12教育。地址位於印度卡納塔克邦州芒格洛爾伯大尼修院。

約書亞項目－福音民族：

資料彙編表明全球族群中基督徒的比例較低，將資料提供給有針對性的轉換活動的福音派傳教士。開始於西元2000年以前，約書亞專案在一系列贊助商之間傳遞，最近的一次是美國普世宣教中心。總部設在科羅拉多斯普林斯。Joshuaproject.net

◎ 相關大學

喬治城大學艾德蒙・沃爾什外事學院（Edmund A. Walsh School of Foreign Service at Georgetown University - SFS）：

這是一所美國天主教大學，擁有一流的國際關係研究生和本科課程，位於美國首都華盛頓特區（sfs.georgetown.edu）

保羅・尼采高級國際研究學院（Paul H. Nitze School of Advanced International Studies- SAIS）：

作為一個獨立的研究生院1943年成立於美國首都華盛頓特區，現在歸屬約翰霍普金斯大學管理，主要從事訓練與教育從事國際研究的美國學生如何承擔全球領導角色（Global Leadership Role），現在該校國際關係專業在美國大學中排名第二。www.sais.org

塔夫茨大學弗萊徹法律與外交學院（Fletcher School of Law and Diplomacy at Tufts University）：

該學校成立於1933年位於麻塞諸塞州梅德福城專注於安全事務與安全技術，雖然該校專業沒有專門的法律學位，但其課程訓練學生需要全面瞭解國際法。Fletcher.tufts.edu

美國國防大學（U.S. National Defense University - NDU）：

1976年美國國防部下屬的數個軍事研究學院被合併到美國國防大學，該校位於首都華盛頓特區的麥克奈爾要塞（Fort McNair），並提供理科碩士課程，學生畢業生多成為職業軍官或國防部官員。其課程強調地緣政治研究與戰爭軍事技術等。許多研究機構包括那些從事地區問題研究的都與美國國防大學有聯繫。www.ndu.edu

◎ 媒體和公共關係機構

智威湯遜廣告公司集團（J. Walter Thompson）：

世界上歷史最悠久的廣告公司成立於1864年，是世界四大頂尖廣告公司之一，總部位於紐約，在全球90個國家有200所分公司和事務所。不僅從事商業廣告，也從事資訊溝通與社會

趨勢預判的研究；透過發布邊緣性的廣告視頻，諸如在YouTube管道投放視頻影響非政府組織領域。Jwt.com

◎ 政治黨派為基礎的團體

國際事務全國民主研究所（National Democratic Institute for International Affairs － NDI）：

1985年美國國會創立全國民主基金會（NED）後不久成立，主要民主黨背景的政要建立了國際事務全國民主研究所（NDI），該機構主要任務旨在促進民主建設和海外援助。國際事務全國民主研究所（NDI）也是自由主義國際（Liberal International）與社會黨國際（Socialist International）的合作組織。該組織總部位於美國首都華盛頓特區麻塞諸塞大街455號西北區八層。www.ndi.org

國際共和研究所（International Republican Institute － IRI）：

國際共和研究所（IRI）成立於1983年，主要工作是協助外國建立民主基礎體制與推動私營企業建設。該機構高層與顧問多為共和黨背景成員，在「阿拉伯之春」後埃及軍方曾經逮捕該機構在埃及的雇員，所以目前國際共和研究所（IRI）更多注重進行更為保守的培訓項目和改革。該組織總部位於美國首都華盛頓特區一號大街1225號西北區800號辦公區內。www.iri.org

NGO與顏色革命
Helping or Hurting

作　　　者—艾倫·希拉瓦斯特瓦（Arun Shivrastva）
主　　　編—島津洋一
編　　　譯—柴曉明
責任編輯—謝翠鈺
行銷企劃—曾睦涵
美術編輯—楊珮琪
封面設計—莊麒生
第二編輯部總監—蘇清霖
發 行 人—趙政岷
出 版 者—時報文化出版企業股份有限公司
　　　　　10803 台北市和平西路三段二四〇號七樓
　　　　　發行專線—（〇二）二三〇六六八四二
　　　　　讀者服務專線—〇八〇〇二三一七〇五
　　　　　　　　　　　（〇二）二三〇四七一〇三
　　　　　讀者服務傳真—（〇二）二三〇四六八五八
　　　　　郵撥—一九三四四七二四時報文化出版公司
　　　　　信箱—台北郵政七九～九九信箱
時報悅讀網— http://www.readingtimes.com.tw
法律顧問—理律法律事務所　陳長文律師、李念祖律師
印　　　刷—勁達印刷有限公司
初版一刷—二〇一七年十一月十七日
初版三刷—二〇二一年九月十六日
定　　　價—新台幣三五〇元
（缺頁或破損的書，請寄回更換）

ISBN 978-957-13-7212-9
Printed in Taiwan